힐링 코리아, 첫 번째 배꼽이야기

한국인, 자부심, 문화열차

'가장 중요한 것은 눈에 보이지 않는다.'

박종원

1949 서울출생
서울교육대부속초교
중앙중학교. 경신고
고려대 국어국문학과 졸업
1975~2012 고등학교국어교사
2012.02 은광여고정년퇴임
상고사학회 학술위원, (사)한배달
한민족사중앙연구회 상임회장
춘천 고조선 유적지 보전협의회 공동회장
독립기념관 관보, 한국 NGO신문, 코리안 스피릿 칼럼니스트
해외동포 한민족사연구위원
한민족대통합협의회운영위원
심야토론 출연, 역사·문화 강의

추천
문화체육관광부 한류참고도서
대한민국 홍보영상 제작 참고문헌
국방방송 추천 및 출연
독서신문, 주간조선 등 10여 군데 인터뷰
및 해외여행, 유학 시 필독 도서 추천
캐나다 뱅쿠버 한인회 필독서 주문
독일 함부르크 다물학교 교과서 지정

백산 박성수

한국학중앙연구원(한국정신문화연구원) 명예교수·국제평화대학원
대학교 총장. 민족사연구원 원장·대한상고사학회 공동대표

이 책을 권하면서 – 머리맡에 두고 읽어야 할 책

2008년에 노벨 문학상 수상자인 프랑스 작가는 서울의 어느 여자
대학의 석좌교수로 와 기자들의 한국문학에 대한 질문을 받고서 "일
본과 중국 같은 강대국 사이에 에워싸여 있으면서 용케도 한국은 독
자적인 문학을 발전시켰다."라고 답하였다. 나는 이 기사를 읽고 경
악을 금치 못했다. 문학은 문화의 핵심임으로 문학을 문화로 바꿔도
상관이 없을 것이다. 프랑스인이 한국에 독창적인 문학 즉 문화가 있
었다는 것을 시인한 것은 고마운 일이었지만, '한국이 중국과 일본이
란 대국 사이에 끼어 어떻게 독자적인 자기 문화를 발전시킬 수 있었
는가?' 하는 그릇된 인식에서 놀라운 충격을 금할 수 없었던 것이다.

하기야 한국을 대표하는 양심적인 지식인으로 유명했던 H씨는 「뜻
으로 보는 한국사」에서 "우리나라에는 민족고유문화가 없었다. 있었
다면 밀림에서 발가벗고 나와 북치고 춤추는 야만인의 원시문화였
다. 그러니 그것은 문화가 아니다."라고 폭언한 일이 있었다. 이러한
책이 지금도 서점에서 버젓이 팔리고 있고 장기베스트셀러의 대열에
끼어 있으니 외국인에게 무어라고 변명할 여지가 없는 것이다.
참으로 부끄러운 일이 아닐 수 없다.

일제침략사관이 문제라 하면서 앞대문에 나타난 호랑이의 습격에 대비하고 있었는데, 얼마 전부터는 뒷문에 중국의 동북공정이라는 이리떼가 나타나 놀라게 했다. 그리고 미처 대비하기도 전에 중국은 고구려와 백제, 신라, 발해의 역사가 모두 중국사의 일환이며 고조선 역사까지도 중국의 역사라 선언하고 말았다.

우리나라의 학자들은 그동안 무엇을 하고 있었는가?

제 나라가 아무리 부족한 나라라 할지라도, 자신의 뿌리문화와 뿌리역사를 알아야 당당할 수 있고 세계는 그를 인정하는 법이다. 우리에겐 중국과 일본의 문화와 다른 고유의 민족문화가 있는데 그것은 동양은 물론 세계의 중심문화였다. 그런 훌륭한 문화를 가지고도 그것을 모르면 아무 소용이 없다. 우리 문화는 이미 세계화된 문화이다. 좁고 답답하고 오만한 민족주의 문화가 아니라 겸손하고 아름다운 세계보편적인 문화이다. 그런 문화를 가지고서도 우리는 외래문화에 오염되어 상처투성이로 살고 있다.

단재 신채호(丹齋 申采浩, 1880-1936)는 "지금 우리는 서양문화와 사상을 받아들이고 있는데 장차 그 노예가 되어 민족문화는 영영 소멸하고 말 것인가?"하고 물었다. 우리가 비록 양복을 입되 우리의 정신문화는 우리 것으로 단장되어야 한다. 서양문화를 받아들이되 우리 문화를 잊어서는 안 될 것이다.

이 책은 바로 잊어버린 아(我.나)와 오(吾.우리)를 알게 하는 책이다. 잃어버린 본(本, 근본, 정체성)을 깨닫게 하는 책이다. 이 책을 읽지 않으면, 내가 누군지를 모르고 일생을 마치게 될 것이다. 이 책은 서가에 꽂지 말고 머리맡에 두고 눈만 뜨면 읽어야 할 책이라 감히 추천한다.

이돈희

전 교육부장관·전 민족사관고등학교장·숙명학원 이사장

우리나라에서는 그리스·로마신화를 알면, 품위 있는 사람으로 인정받아도 우리의 신화를 말하면, 마치 미신을 믿는, 격이 떨어지는 사람으로 폄하하고 만다. 정작 우리의 신화는 알지도 못하면서. 국적 있는 교육이 이루어지고 있지 않다. 그래서 우리의 아들과 딸들은 교육을 받아가면서 오히려 조상을 자랑스럽게 생각하지 않고 우리나라를 사랑하지 않게 되는지 모른다. 이것이 우리의 교육현실이고 우리 사회의 모습이다.

진정한 세계화를 위해선 우리를 먼저 알고 세계로 나아가야 하는 것임에도 우리의 유학생들은 정체성에 대한 아무런 준비와 고민 없이 해외로 나가고 있다. 그래서 설혹 나름의 성공이 있을지언정 우리 모두의 기쁨으로 여겨지지 않고 있다. 심지어 조국을 버리고 외국에 귀화하며 세계화라고 자부하기까지 한다. 우리의 뛰어난 인재들이 해외에 수없이 내던져지고 있다.

우리에게는 스스로 한국인임을 감사하며 세계에 감동을 주는 강한 글로벌 인재가 필요하다. 그리고 이들에게 한국인의 정체성 속에 들어 있는 문화의 잠재력을 깨닫게 하여 큰 한국인, 큰 세계인으로 성장할 수 있는 기회를 주어야 한다.

이제 내 아들딸이 조상을 존경하고 나라를 사랑하게 하고 싶다면, 존중받는 어른이 되고 싶다면, 해외의 많은 동포가 문화적 자긍심을 갖고 제 조국을 사랑하게 하고 싶거든 그리고 외국인에게 우리의 문화적 역량과 역사적 자부심을 알리고 싶다면, 부디 이 책부터 읽기를 권한다.

김산호
한민족역사문화연구원원장·LA쥬신대학원대학총장·SF 대작
정의의 사자 라이파이 저자

예전, 만리장성의 중국안내인에게서 **"옛날 같으면 이 (만리)장성 밖부터는 당연히 선생님의 나라(한국)가 아니었겠소?"** 라는 소리를 듣고서 큰 충격을 받고 그때부터 우리 역사에 숨겨진 비밀이 있음을 깨닫고 잃어버린 역사를 파헤치기 시작했다.

그리고 그제서야 **"어떻게 하면 우리 2,000만 동포의 혈혈누누(血血淚淚)를 나라를 위해 솟구치게 할 것인가? 오직 역사로 할 뿐이니라."**

라는, 일제하 민족사학자이자 독립운동가였던 단재(丹齋) 신채호 선생의 절규가 귀에 들어왔다.

이제 역사의 패러다임(paradigm)은 바뀌어야 한다. 일본과 중국 그리고 서구중심의 역사인식에서 벗어나야 한다. 한반도 중심의 좁은 역사인식에서 탈피해야 한다. 우리는 결코 한반도의 작은 토끼가 아니라, 동아시아 대륙을 호령했던 거대한 호랑이였다!

지금 우리 겨레에게 가장 필요한 것은 '우리 겨레의 정통 역사를 살려내는 것'이다. 무엇보다 스스로의 역사에 대한 편견과 멍에를 없애야 한다. 마침 장대한 한민족사에서 겨레의 살아있는 문화DNA를 엮어내어 바른 정체성을 확립하고 겨레의 자존심을 회복하려는 새로운 시각의 책을 보고 나의 힘을 보태려 한다.

부디 힐링 코리아로써 대한민국의 기운이 새롭게 바뀌었으면 한다.

이계진
방송인 · 전 국회의원 당대변인

내 나라가 국가 브랜드 순위에서 31위란다. 당당했던 역사와 품격 있는 문화를 인정받지 못해서이다. 문화를 모르기에 자신감이 없고 역사를 버렸기에 스스로 혼과 의식을 느낄 수 없는 것이며 외국인 앞에서는 더욱 위축되는 것일 것이다. 그래서 세계의 봉 노릇에 침묵

할 수밖에 없었나 보다. 더불어 "우리에게는 나라는 있어도 없는 것과 마찬가지예요."라는 일본 노교포의 눈물어린 원망 속에서 우리 역사의식의 상실증을 본다.

나는 우리 한국이 뛰어난 문화적 자존심을 되찾아 품격을 갖추어 존경 받는 나라, 변칙이 아닌 원칙과 상식이 통하는 당당한 나라, 우리의 아들딸들이 조상의 혼을 느끼며 자랑스럽게 생각하고 조국을 사랑할 수 있고 세계인의 존경을 받을 수 있는 나라이기를 꿈꾼다.

수많은 역사 왜곡으로 굴종된 우리의 역사 속에서 심원한 시원문화를 더듬어 겨레의 정체성을 복원하려는 지은이의 발상과 노력에 정말 감사한다. 저자는 우리 겨레의 문명과 문화가 우리가 아는 것보다 훨씬 더 장엄하고 크게 세계를 감동시켜왔음을 일깨우고 있다.

때마침 한류가 세계를 감동시키고 있는 지금 한국인이 먼저 정체성의 패러다임을 바꾸어야 한다. 우리의 선조가 결코 인류 문명의 조역이 아닌 주역이었으며 문화의 주인이었음을 크게 깨달아 당당해져야 한다. 당당한 한국인으로, 당당한 부모로 살아가게 하기 위해 어른들이 먼저 이 책을 필독하기를 권한다.

김장훈
국민가수·독도지킴이·대한민국 역사문화지킴이

나는 내 나라의 국가나 아리랑을 듣고 있으면 왠지 가슴 속에 울컥 뜨거운 무엇인가가 솟구쳐옴을 느낀다. 나는 내 조국 한국을 사랑한다. 가끔씩 한국인의 홀대에 대한 기사를 접할 때마다 구겨진 자존심으로 분통을 터뜨린 적이 한두 번이 아니다. 우리에게 무슨 문화가 있을까? 한국인으로서 알아야 할 것들을 우리는 알고 있을까? 황하문명권이다 한자문화권이다 언제나 우리는 중심이 아닌 주변문화와 들러리역사였음을 배웠을 뿐이다. 모르는 것보다 더 무서운 것이 잘못 알고 있는 것이라고 생각한다.

한때 소리가 나질 않아 영혼을 팔아서라도 나의 진정한 소리를 내고 싶었던 적이 있었다. 우리는 이제 역사 앞에서 침묵이 아닌 진정한 소리를 내야 한다. 역사에 침묵하고 있기에 그 속의 문화와 정체성과 자긍심을 다 잃어가고 있다. 그러면서 우리는 극일(克日)을 외치고 일본이 사과하지 않는다고만 말하고 있다.

내 조상의 나라가 이렇게 위대한 문화대국이었으며 그것도 인류의 시원문명과 문화이었음이 너무나 자랑스럽고 이를 총체적으로, 감명으로 알게 해 주신 저자에게 감사한다. 외국공연 시 많은 교포들이 그렇게 갈구했던 정체성의 답을 이 책은 제시하고 있다. 또한 우리가 어른으로 성장하면서 참으로 궁금했던 사실들을 친절하게 일깨우고 있다. 바라건대, 「힐링 코리아」가 국민의 책이 되어 참된 우리의 조상을 찾고 문화적 자존심을 되찾아 에너지가 팡팡 터지는 대한민국에서 우리 모두 행복했으면 한다.

끝으로 화려하지 않은 곳에서 평생을 겨레의 참역사와 참문화를 찾으시는 많은 학자들에게 나의 한없는 존경과 감사와 사랑의 마음을 보낸다.

박종명

시인·예일여고교장·민족사관고 사랑회 2대회장·BPW한국연맹 BPW Young BPW 위원장

생각이 다르고 느낌이 같지 않다면, 피를 나눈 형제나 겨레라도 언젠가는 남이 되어버리는 것이다. 언제인가부터 우리 사회는 다른 곳을 보면서 다른 생각을 하고 나와 같지 않다고 불평만 하며 '우리'를 마음에서 내려놓은 것 같다.

우리 역사의 끈을 놓아버렸기 때문은 아닐까? 그래서 남의 신화를 마치 우리의 것인 양 착각하고 정작 우리의 신화는 미신이라며 구석에 던져버린 것은 아닐까? 신화가 없기에 우리에겐 금기(禁忌) 또한 없어지고 그래서 어른도 스승도 무서운 것도 없이 치닫는 힘든 사회가 되었다. 그래서 종로의 인사동에서마저 우리의 문화를 지켜내지못한 지 오래되었다. 근본도 모르는 한국이 되어버린 것 같아

마음이 쓸쓸할 뿐이다. 심지어 민족주의와 국수주의마저 분별 못하는 수준까지 되어서 개천절에 국가의 원수인 대통령이 참석하지 않는 유일한 나라가 되었나 보다.

역사와 문화를 찾지 않은 한, 우리는 세계사의 객쩍은 손님일 뿐이요, 우리의 시(詩)는 고향을 잃은 통곡일 뿐이다. 문화는 시멘트와 같아서 사회와 겨레를 '우리'로 '하나'로 결속시켜주는 힘이 있는 것이다. 나는 우리 겨레가 자랑스러운 조상을 만나 인류 문화를 이끌어 온 문화대국으로서의 정체성을 깨닫고 자긍심과 자신감 속에 힘찬 맥박을 이어갔으면 한다.

이때 우리의 배꼽문화 속에서 배꼽역사를 찾아 자연스럽게 상처난 정체성을 복원하고 사건 중심의 죽은 역사가 아닌 우리의 삶 속에 살아 있는 문화로써 겨레의 역사적 역량을 총체적이고도 쉽게 이해시키면서, 어른에서 아이까지, 해외의 동포까지 우리의 정체성을 찾아주고자 하는 작가의 새로운 시도와 의욕에 큰 박수를 보낸다.

이 책으로 부디 잃어버린 우리 겨레의 고향을 찾고 '우리'를 찾아 정겨운 우리의 이야기를 만들어 나가고 '문화'(文化)에 눈을 떠 배달겨레의 '품격'(品格)을 되찾고 밝은 미래로 나아갔으면 하는 바람이다.

Prologue

머리말

'우리에게 문화는 있는가?'

'없다!' 고 말들 한다. '우리 엽전이 뭐가 있냐!' 고 '자 술이나 먹으라.' 고. '쓸데없는 말 그만하고 일이나 하라.'고. 한국인은 지금 방황하고 있다.

그런데 못난 우리에게 세계 최초의 문화가 왜 이리 많을까?

현 인류 최초의 마제석기가 전남 장흥에서 쏟아지고, 인류 최초의 신석기 토기가 경남 창녕에서 쏟아지고, 인류 최초의 재배볍씨가 충북 소로리에서 출토된다. 이 모든 것이 인류의 신석기 연대를 뛰어넘는 세계 최초의 유물이었다. 여기에 세계 최초의 고인돌과 수많은 한민족의 피라미드, 세계 최초의 소나무배가 발견되고 세계의 학자들은 한국인이 고래잡이와 목축을 최초로 한 민족이었음을 발표한다.

어찌하여 우리가 쓰는 문자를 인류 최고라 하고 왜 한국인의 IQ는 제일 좋은 것일까?

40년을 넘게, '우리는 누구였을까?' 를 공부해 오면서 많은 사람들로부터 빨리 책을 쓰라는 말을 들어왔다. 사실 2000년이 되기 전에 책을 쓰려고 했다. 그러나 아직 풀리지 않는 궁금한 점이 많았기 때문에 미뤘다. 그런데 2000년 들어 이 땅에서 인류사의 미스터리를 푸는 마지막 퍼즐조각들이 발견됨으로써 인류사에 혁명을 가져오게 된다. 드디어 우리의 문화적 정체성에 확신을 갖게 되고 이제는 적어도 큰 실수는 없을 것 같고 중국의 동북공정은 극에 달해 우리의 정체성마저 진멸하게 되었기에 누군가 빨리 시작을 해야 한다는 의무감에서 이야기를 시작한다. 찬란하게 아름답고 최고였던 조상의 문화를 써가는 동안 너무도 고마운 마음에 참 많이도 울었다. 그리고 참으로 행복했었다.

2012년 국제적 평가기관에서 실시한 **국가브랜드** 순위에서 한국이 50개국 중 31위인 것을 보고 한참 멍했던 적이 있었다.

언젠가부터 우리 사회는 뜨거운 우리의 문화로 서로 공명하지 않고 외국의 문화를 앞세우고 죽은 역사만을 고집해 왔다. **존중받아야 할 문화이며 존경받아야 할 한국임을** 강하게 심어 놓지 못했다. 무엇보다 우리의 참문화를 근거로 하여 한국의 정체성을 총체적으로 제시해 주는 한국학 도서도 없었다. 기껏해야 단편적인 민속 답사기 정도일 뿐 부모가 우리 자식에게 선뜻 내 놓을 만한, 온 국민이 쉽게 읽을 만한 책이 없었다. 그래서 우리에게는 뜨거운 조상도, 뜨거운 자식도, 뜨거운 우리도 없다. '한국인, 우리는 **왜** 봉인가?' 그 화두의 답은 언제나 문화적 자존감이 없어서였고 우리를 몰라서였다.

대대적인 역사 강탈과 왜곡으로 **뿌리를** 잃은 한국은 중국과 일본의 **주변문화로, 아류문화로** 전락하였고 유구한 역사의 문화민족은 스스로의 자긍심을 하얗게 잊은 채 **문화후진국으로 꾸역꾸역** 살아오면서 이제 독도마저 남의 눈치를 살피고 있다.

해외 2세, 3세 **한국청년들이 '조국의 정체성'을** 찾으려고 굳이 어머니의 나라를 찾아 군입대까지 하지만 판문점이나 가고 고궁이나 배회하고 인류 최고의 문화유산 석굴암도 5분 안에 관람을 마치게 하고 결국 유명하다는 음식점이나 찾고 술자리예의나 배우고 건배 삼창이나 외치게 하면서 "별거 있냐? 이것이 한국이다!" 라는 소리를 들으며 **정체성은커녕 오히려 실망과 혼란으로 귀국시키고 만다.**

세계화시대니 글로벌리더니 하는 사이 국내외국인노동자 200만(공식130만)이 넘고 지난 해 혼인 중 약 11%의 다문화가정을 이룬 사람들과 10만이 넘는 외국인유학생에게 우리는 한국을 알리는 **어떤 책을 자신 있게 손에 쥐어 주었을까?** 또 30만이 넘는 한국인유학생이 무슨 정체성을 갖고 유학을 하고 있으며 정체성을 열망하는 700만이 넘는 한국교포와 그리고 수십만의 입양아와 한국인의 피로 이어 외국인으로 살아가는 수백만의 사람들은 이제 한국의 참모습을 알아야 한다. 마침 한류로 인하여 **많은 세계인들이 한국은 어떤 나라인가?** 궁금해 한다. 우리는 여기에 자신 있게 답하여 한국을 사랑하게 하고 **한국을 존중하게 해야 한다.**

세계는 지금 문화전쟁을 하고 있다.
선진국들이 문화의 자본화로 경제의 큰 몫을 보태고 있는 반면, 우리는 문화자본은커녕 문화에 눈도 뜨지 못한 상태이다. 많은 이들은 음악과 미술, 무용과 연극 등만이 문화인줄 알고 있다. 역사가 문화인 것을 알지 못하고 있다. 더구나 지금의 왜곡된 주변문화와 중국과 일본의 변두리역사로는 결코 선진국 대접을 받을 수 없다.

이 책을 통하여 세계인들에게 대한민국을 더 이상 봉이 아닌 **인류 최고의 문화국으로 존중받게** 하고 싶었다. 아울러 인류 문화를 이끌어 온 문화대국으로서의 **자부심과 자신감으로** 정체성을 되찾아 상처투성이의 한국인을 치유하고 싶었다. **부디 문화(文化)에 눈을 떠 역사대국으로서의 겨레의 품격(品格)과 나라의 국격(國格)을 되찾고 자랑스러운 조상을 만나 우리의 상처받은 자존심을 치유(healing)받아야** 한다. 그래서 통일도 해 놔야 할 것 아닌가!

모든 민족이라고 다 같지 않다.

머리에 뿔이 난 민족이라면, 그 뿔로 무언가를 받아야 하는 것이 아닐까? 그래서 죽을지라도 말이다. 우리가 **진정 태양 민족이라면 타 죽더라도 태양 가까이 가서 타 죽어야 하는 것 아닌가?** 지금 우리는 **하늘에서 태양을 가까이 하던 봉황이었음을** 새까맣게 잊고 조잘대는 참새로 살아가고 있다. 그러나 우리가 봉황과 마주할 때 어느 민족도 할 수 없는 것들을 우리는 할 수 있을 것이다.

이 글은 가벼운 재미를 취하는 글이 아니니, 부디 **무거운 기쁨과**

진한 감동으로서 보아주었으면 한다. 만신창이가 되어버린 조상의 문화 앞에서 눈은 크게 뜨고 보다 겸허한 마음으로 조그마한 역사의 실마리라도 소중히 부둥켜안는 그런 열린 마음을 가져야 한다. 그러면 거대한 문화와 참 조상을 찾아 스스로를 사랑하게 될 것이고 '세계를 품었던 우리 봉황의 문화유전자'를 확인하면서 세계를 리드하는 한국인이 될 것이다.

한국인의 감동의 역사를 아무도 쓰지 않았고 또한 시간도 얼마 남지 않았기에 감히 용서를 구하고 용기를 내어 쓴다. 많은 격려와 응원을 부탁한다.

이 글을 쓰기까지 많은 깨달음을 주신 상고사 학회의 고 이중재회장님, 한배달 가족들, 그리고 고독한 길에서 역사에 대한 애탐을 함께 해주시는 외로운 역사동지들, 무엇보다 지금 우리가 이만큼이라도 알 수 있도록 문화를 지켜왔던 뜨거운 가슴의 조상님에게, 또한 사랑하는 부모님과 나의 가는 길에 늘 공명을 함께 해주는 아내와 내 가족, 특히 언제나 강력한 지원군인 막내 동생 종명씨, 또한 뜨거운 겨레 사랑으로 아픈 충고를 했던 벗 이재량, 이재성 화백, 독일 함부르크 다물민족학교 최양현 교장님 무엇보다 우리나라 한국을 아끼고 사랑하는 분들에게 이 글을 바친다.

개천(開天) 5911년 설날에

• 힐링 코리아 •

"우리 겨레는 가는 곳 어디에나 하늘 높이
솟대를 세웠습니다.
하늘을 향한 최초의 그리움의 안테나 입니다.
고향을 향한 영원한 그리움이며
아름다운 가치에 대한 소망입니다.
인류문화의 원형이었습니다."

Contents

차례

1부 배꼽의 비밀 그리고 정체성, 한국

"알면 참으로 사랑하게 되고, 사랑하면 참으로 보게 되나니"
(知則爲眞愛 愛則爲眞看)
유한준(1732~1811)

> **"무정신의 역사는 무정신의 민족을 만들고,**
> **무정신의 민족이 무정신의 국가를 만드나니,**
> **이 어찌 두렵지 아니한가!"**
>
> 단재(丹齋) 신채호

배꼽의 비밀 그리고 정체성
한국

"비록 지금은 조그마하지만,
우리가 '대-한국, 대-한국인'이라 말해 오는 것은
인류의 시원민족으로서 크고 넉넉하고 아름답게
역사를 시작했던 자부심 때문이었습니다.
정작, 문명과 문화의 굴기(崛起: 우뚝 솟은 산 앞에서 느끼는 마음)의 나라는
중국도, 수메르도, 그리스도 아닌 한국이었습니다."

해를 품고 있는 고구려의 삼족오(三足烏)

생명의 신, 태양을 뜻하는 우리 겨레의 신조(神鳥)

영원불멸의 새 불사조(不死鳥)

1부 배꼽의 비밀 정체성의 시작 – 한국

아이: 아빠, 왜 우린 배꼽이 없어요?

아빠: (작게)글쎄, 모르겠다.

아이: 엄마, 우린 어디서 태어났어요?

엄마: 글쎄, 배꼽이 없으니 알 수가 없구나.

아이: 아빠, 스리랑카가 빛나는 보석의 땅이라고 하네요! 그럼 우
     리나라 한국은 무슨 의미인가요?

아빠: (좀 크게)글쎄, 아– 모르겠구나.

아이: 아빠, 우리나라 역사는 얼마나 되었고 어떤 나라였나요?

아빠: 한 2000년쯤?

아이: 그럼, 엄마 2000년 전에는 원시인이었나요?

엄마: (귀찮다는 듯)아 글쎄, 모르–겠구나.

아이: 엄마 아빠, 그럼, 아리랑은 무슨 뜻인가요? 학교에서 톰(TOM)
     선생님이 궁금하다며 저에게 물으셨는데 아무 대답도 못해
     얼마나 창피했는지 몰라요.

엄마, 아빠: (아주 크게)안 배워서 모르겠구나. 넌 왜 쓸 데 없는
          것만 묻니?

아이: 저는 한국사람으로서 당연히 알아야 할 것 같아서 여쭈었는
     데, 그런 기본적인 것도 모르신다니 우리 엄마 아빠 맞나요?
     엄마 아빠는 우리것에 대해 아시는 게 뭐가 있어요? 생각해
     보니 정작 엄마 아빠에게서 '우리나라'에 대해, 우리의 문화(文

化)에 대해, 들은 것이 없는 것 같아요! 저는, 배꼽도 없고 배꼽에 대해 아무 관심도 없는 엄마 아빠를 도저히 부모로 인정 할수 없겠네요!

엄마, 아빠: ………… ……………… ?!

아빠: (땀을 닦으며 혼잣말) 내 언젠가 물어 볼 줄 알았지!

아이: 아니면 제가 태어난 배꼽을 보여주세요.

엄마, 아빠: (뒷머리를 긁으며 작게) 부모로서 정말 미안하고 부끄럽나! 그새 많이 컸구나! 사실 우리도 무척 궁금했지만 아무도 말해 주는 사람이 없었단다. 이제부터라도 '우리 것'에 대해 배워서 꼭 말해 주마. 자─ 약속!

아이: 알았어요. 약속!

아빠: (관객을 향하여 나즈막하게) 우리는 누구나 부모가 됩니다.

아이가 커가며 자신에게 뼈와 살과 피를 준 조상과 문화가 궁금해 이런 기본적인 것을 물어온다면, 우린 어떡해야 합니까? 언제까지나 "모르겠다!" "왜 쓸 데 없는 것을 묻니?" "나도 학교에서 배우지 못 했고 들은 적이 없어!"라고 회피만 하시렵니까? 그래서 부모와 멀어지는 것 같습니다.

솔직히 말하면, 우리는 다 후레자식(근본도 배움도 없이, 제풀로 막되게 자라난 자식)일지 모릅니다. 사실 우리는 '조상'에 대해, '우리'에 대해 아는 것이 별로 없습니다. 미물인 연어조차 자신의 정체성을 알기 위해 근본을 찾고, 지쳐 죽더라도 조상의 고향을 찾아 오르는데 말입니다. 이제는 그래야 할 것 같습니다. 늦기전에.

배꼽을 향한 긴 여정 연어!

또 하나 '우리에게 역사는 있는 겁니까? 우리에게 문화는 있습니까?'

누군가 말합니다. "우리나라엔 왜곡 안 된 역사책이 없다."라고. 온통 왜곡되어 무엇이 진실인지, 거짓인지 모를 왜곡된 역사라고. 그나마 우리가 배운 건 역사가 아니고 탐욕으로 얼룩진 사건 중심의 죽은 역사였다고 말입니다.

이러한 역사 속에서 우리는 우리의 역사를 경멸하게 되었고 그래서 그 안의 뜨거운 문화(文化)도 다 잊어버렸습니다. 부모와 자식이 공감을 할 수 있는 문화도, 뿌리를 존중하는 마음도, 존중해야할 이유도 없어지게 되었고, 우리도 없고, 어른도 없고 한국사회의 깊은 품격도 진실도 이젠 찾을 수가 없어졌습니다. 정체성(正體性, identity: 환경이나 사정이 변해도 결코 변하지 않는 자신만의 본모습, 본질)이 없는 사회는 잘못된 역사를 반복하면서 함께 무너져 갑니다. 이제, 상처받은 겨레와 우리나라의 자존심은 우리의 문화로써 치유(healing)되어야 합니다.

21C의 경쟁력은 문화(文化)라고 석학들은 다투어 말합니다.
글로벌화된 세계가 정작 알고 싶어 하는 것은 죽은 역사가 아니라,

사람의 마음을 움직이는 살아 있는 문화라고 말합니다. 문화가 곧 자본이요, 황금알을 낳는 닭이라고 합니다. 따라서 문화의 힘에 먼저 눈을 뜨는 자가 21C의 성공을 거머쥐게 될 것입니다. 감사하게도 우리에게는 세계에 없는 독특하고 깊고 우수한 명품문화가 산더미처럼 쌓여 있습니다. 이제 우리는 한국의 우수한 문화에 눈을 떠 브랜드화 함은 물론 지금 일고 있는 K-Wave(한류)의 지속적인 토양을 마련해 놓아야 합니다.

서양의 석학 아놀드 토인비는 일찍이 말했습니다. "역사는 홍역이고 역사는 반복된다."라고.

즉 홍역의 고열과 아픔을 겪고 아이가 성장하듯이 역사를 통하지 않으면, 그 민족은 절대로 성장할 수 없다고 말입니다. 역사에 기웃거리는 자는 결코 큰 성공과 큰 기쁨을 누릴 수 없습니다. 자국의 이익만을 위하는 맹목적 애국주의나 국수적 이기주의(chauvinism)는 마땅히 없어져야 하지만, 우리의 정체성에 대한 진지한 마음만은 잊어서는 안 될 것입니다.

이제 역사의 타임캡슐 속으로 들어가 우리의 '배꼽문화'에서 조상의 흔적을 찾고 진정한 '참한국인'을 만나야 할 시간입니다. 우리가 잃어버린 대한국의 배꼽을 찾아 서로 확인하면서 조상과 뜨겁게 포옹하고 조상님이 자랑스럽다고 감사하다고 앞으로 한국인으로 당당하게 살아가겠다고 말씀드려야 하지 않겠습니까? 우리 정체성의 근본을 말살하려는 동북공정! 아직 늦지 않고 뜨거운 피가 식지 않았다면 그래야 하는 것 아닙니까? 그래야 하는 것 아닙니까?

그럼, 우리의 배꼽 찾으러 함께 떠나 볼까요?

배꼽의 비밀 - 한국

◉ 문화열차 종합터미널 옥외 간판 안내문

"다른 사람들이 동물처럼 고개를 숙이고 땅만을 쳐다볼 때, 머리를 들어 하늘을 쳐다보며 하늘과 땅과 사람은 무엇인가, 텅 빈 것 같은 공간은 무엇이며 여기에 부는 바람은 무엇인가, 이 모든 것을 곰곰이 헤아리고 세상을 아우른 민족이 있었다. 세상의 근본을 생각하고 큰 것을 생각하고 밝고 맑게 살며 하늘과 땅을 헤쳐 모든 것을 처음으로 시작해 왔다. 이들을 한민족이라 한다."

"안녕하십니까! 승객 여러분, 여러분께서 타신 기차는 문화열차입니다. 지금부터 우리나라, 배달나라, 한국을 찾아 여행을 떠납니다. 본 선장은 여러분이 잃어버린 배꼽을 찾을 수 있는 보람된 여행이 되도록 정성을 다 할 것입니다.

무작정 여행을 떠나는 것이 아니라 옛날 먼 옛날 우리 조상님들이 가셨던 그 길을 따라 여행을 할 것입니다. 그 길을 가다 보면 어딘가에 나와 여러분의 배꼽이 있겠지요. 그리고 우리에게 배꼽을 주신 어머니도 분명 찾을 수 있을 것입니다. 틀림없이 찾을 것입니다. 그 배꼽을 찾아 나의 과거의 엄마를 만나고 나의 현재와 나의 미래를 볼 수 있을 것입니다.

승차비는 문화열차 차표 석 장입니다. 꼭 준비하세요. 차표에는 힐링코리아 첫 번째 배꼽이야기, 두 번째 배꼽이야기, 세 번째 배꼽이야기라고 적혀 있습니다. 열차를 바꾸어 탈 때마다 한 장씩 준비하세요.

아, 벌써 첫 번째 정거장에 도착했군요! 부디 좋은 여행되시길 바랍니다. 첫 번째 정거장에는 큰 하나라고 써 있네요 '. 큰 하나 정거장' 이군요. 저기 역장님이 마중을 나오셨군요. 내려서 만나 볼까요?"

🌀 하나, 큰 하나(太一, THE BIG One)

승객 여러분, 한국의 한은 하나, 큰 하나라고 합니다.

여러분의 선조는 언제나 큰 하늘을 보면서 사셨습니다. 궁금한 것이 참으로 많았던, 생각하는 이들이었지요. 그리하여 하늘의 무수한 별들, 밤하늘을 가르는 **별의 강,** 은하수(銀河水)를 '一'(하~나, 한)이라고 했습니다. 장엄한 하늘의 변화를 살피고 **더 큰 하나, 큰 집을** 우주(宇宙, the universe, the cosmos, space)라 불렀습니다. 그리고 **천지만물의 생사와 조화가 이 큰 집, 큰 하나에서 비롯된다고 여겼습니다.** 이렇게 큰 하나를 생각했기에 한(국)이라 했고 큰 하늘에서 왔다고 생각하였기에 하늘의 자손 '**천손**'(天孫)이라 했습니다. 감히 다른 종족들이 생각하지 못하는 많은 것들을 생각한 민족이었습니다.

하늘의 강 은하수 〈출처: 하늘〉

◆ 이 큰 하나, 큰 집 우주(집 우, 집 주)를 역사학자 신완순 님은 조상의 옛 서적 「삼신오제본기」의 표훈천사(表訓天詞)의 기록을 들어 말합니다.

'상하(上下)와 사방(四方) 즉 공간의 집을 우(宇)라 하고 태초로부터의 시간의 집을 주(宙)라 하니, 우주란 공간과 시간이 함께 작용하여 빛으로부터 비롯되었다.'

◆ 또한 〈한민족역사정책연구소〉 소장이며 과학자인 황청호 씨는 다음과 같이 말합니다.

'한은 저 우주에 무한대(∞)로 존재하는 모든 별들의 세계이다. 한은 저 우주의, 눈으로 보이지 않는 모든 세계이다. 한은 끊어지지 않는 하나 된 우주이다. 한은 시작과 끝이 없는 우주이다.'

이러한 조상님의 생각은 남조(南朝)때 양(梁, 502-560)의 주흥사(周興嗣: 470?~521)에게 전해져 6C에 지었다는 천자문(千字文)의 첫 구절인 '천지현황 우주홍황'(天地玄黃 宇宙洪荒) 여덟 자에 오롯이 압축되어 있습니다. '하늘 천 따 지, 검을 현 누르 황,(옛날 개구쟁이 선조들은 검은 솥에 누룽지라고도 했지요.) 집 우 집 주, 넓을 홍 거칠 황……'(하늘과 땅은 검고 누르며 우주는 넓고 거칠다.)

주해천자문 〈출처: 블로그rainbow 순천 조계산 송광사본〉

-승객 여러분, 참고로 말씀드립니다. 여러분이 말하는 한자(漢字)는 원래 우리 한국의 조상님이 만드신 글자입니다. 뒤에 나오는 문자아리랑 정거장에서 구경하실 것입니다. 우선은 이 선장의 말을 믿고 따라와 주시면 고맙겠습니다.-

우리의 선조는 이 넓고 거친 **우주의 절대자**, 우주의 힘을 천지신명

(天地神明)이라 부르며 '하느님'이라 부르며 우주의 기운이 가장 왕성한 새벽에 '정한수'를 받아 천지신명께 고하고 맑은 마음으로 두 손 모아 정성으로 기원을 했습니다. 그렇게 큰마음으로 큰 하나와 조화를 꿈꾸며 부모를 봉양하고 자식을 키워왔던 착한 겨레(결에: 물결처럼 희로애락의 결을 함께 이루며 살아온 **사람들**)였지요.

언제나 큰 하나 앞에 결코 경거망동하지 않으며 **마음을 비우고 자연과 함께 그렇게 밝게 웃으며 순박하게** 살아온 이들입니다. 이들은 **자연의 천리**(天理)를 **순리**(順理)로 여기고 자연과의 조화를 몸에 익히며 살아가기에 다른 민족과 달리 **천지의 이치를 깨달아 세상을 밝히게** 됩니다. 이것이 "**하늘을 공경하고 사람과 땅을 사랑하라!**"는 우리의 경천애인지사상(敬天愛人地思想)이라는 것이지요. 선조의 당부이자 인류의 위대한 정신입니다.

이 맑은 사람들은 큰 우주를 큰 **신**(大神)이라 하여 대감(굼=神)이라 부르고, 우주의 기를 받아 태어난 인간 또한 우주의 축소판이라 하여 작은 하나 즉 '**소우주**'로 보았습니다. 그래서 우리는 예부터 인내천 (人乃天), 즉 '**사람은 곧**(乃) **하늘**'이라 여겼습니다. 이는 하늘만큼이나 **사람도 대단한 존재**로서 사람을 하늘 대하듯 하라는 천손민족의 철학과 자긍심의 표현이었지요. 그래서 이렇게 **인간이 신**(神)**의 형상으로 태어나고 신의 형상으로 죽는 것을 역설한 민족**이 바로 우리 '**한**(혼, 하늘)**민족**'이었습니다. 한은 큰 하나, 우주였습니다.

⇨ 이를 입증이라도 하듯 1986년 영국의 과학잡지 「뉴사이언스」는

'우주의 있는 모든 별자리를 컴퓨터에 넣으면 바로 인간형상을 하고서 있는 모습이 된다.'라고 발표하여 세상을 놀라게 합니다.

이렇듯 한민족은 인간(人間)이 우연히 태어나는 존재가 아니라 근본인 천지자연의 조화와 사랑으로서 피어나는 하나의 귀중한 소우주(小宇宙)인 것을, 인간의 육체는 우주의 표상이며 인간의 영혼은 우주정신의 표상인 것을 간파한 도(道)의 민족이었다고 말합니다.

"뿌린 대로 거두리라!"

그래서 하늘과 계절의 변화를 깨달았기에 1년을 365일로 정하고 인체에서 자연의 기혈 365개를 찾아낼 수 있었으며, 봄에는 씨 뿌리어 시작하고 여름에는 힘든 관리를 했으며 가을에는 결실을 추수했고 겨울에는 다시 무(0)에서 모든 것을 계획하고 계절의 변화를 준비할 줄 알았습니다.

이 모든 것 또한 큰 하나(우주기운, 천리, 진리)에 의해 순서와 때가 있기에 절대겸손하면서, 동심(童心, childlike: 자연을 닮은 천진한 어린이 마음)으로, 양심(良心, conscience: 도덕적 기준을 갖춘 어진 마음)을 자로 하여 뿌린 대로 걷는다는 농심(農心, farmerlike: 소박하고 부지런한 농민의 마음)의 마음으로 그렇게 살아왔습니다. 일찍이 성현들이 일러왔던 인간으로서 지녀야 할 마음, 바로 삼심(三心)을 갖춘 겨레였습니다. 이것이 한국인의 순박한 마음(마음: 생각의 싹)입니다.

이 사람들은 큰 하나(세상)라는 울타리(공동체)와 조화를 이루며 울(우리) 안에서 언제나 함께 했습니다. 우주는 물론 너와 나 그리고 머리에서 발톱까지 다 소중한 한 몸이라는 것을 알았습니다. 그렇게 사는 것이 잘(조화롭게) 사는 것이라 생각했습니다. 그래서 언제나 말 앞에 '울'(우리)과 '잘'이라는 말을 즐겨 붙이며 살아 온 겨레 입니다.

'울(우리) 나라, 울 임검님, 울 아빠, 울 언니, 울 남편, 울 마누라……, 잘 살아라! 잘 자라! 잘 지내라! 잘 놀아라! 잘 먹어라! 잘 생각해라! 잘 처신하라……!'

이렇게 하늘과 자연의 조화를 알고 나(개인)보다 늘 우리(사회)를 먼저 생각하였기에 이러한 사람을 우리는 좋은(조화를 이룬) 사람이라 했습니다. '사람다운 사람'이라는 말이지요. 모두의 상생(相生: 서로를 살림)을 위한 조화를 일깨우신 위대한 교훈입니다. (아-, 그러셨구나!)

그러나 이러한 큰 하나(우주, 우주정신)를 의식하지 못하고 조화를 이루지 못하는 천둥벌거숭이에게 조상은 늘 이런 말을 해 왔습니다.

"애야, 철 좀 들어라! 언제 철들거니?"

조상의 위대한 깨우침입니다.

"승객 여러분, 빨리 승차하십시오! 다 잘 타셨죠? 출발합니다. 어떠셨습니까? 조상은 우리더러 '잘 살라' 고 말씀하십니다. 저도 여러분이 '잘' 여행하실 수 있도록 하겠습니다.

이제 두 번째 정거장에 도착하실 것입니다. 두 번째 정거장은 '시작하다 정거장' 입니다. 그런데 여러분은 마음가짐을 단단히 하시고 내리셔야 될 겁니다. 분명 큰 충격을 받으실 것이니, 특히 심장이 약하신 분은 출입문 옆에 한국의 명약 우황청심환이 마련되어 있으니 꼭 드시길 권합니다.

이제까지 배우신 것으로 마음을 붙잡고 '아니라!' 고만 하지 마시고 부디! 마음을 비우고 끝까지 역장님의 말씀을 듣고 객관적으로 잘 생각해 주시기 바랍니다. 터럭만큼이라도 우리 겨레와 관련된 것이라면, 불덩이 속을 헤쳐서라도 찾겠다는 그런 마음,

혹 부족한 것이면 함께 찾아나가겠다는 그런 마음이면 정말 감사하겠습니다. 그리고 꼭 충격을 이겨내시어 나와 우리와 세상을 보는 안목을 새롭게 갖추었으면 합니다. 저기 흰 머리 성성하신 역장님이 손을 흔드시는 군요."

◑ 시작하다(始, Start the first)입니다.

승객 여러분, 한국의 한은 시작하다는 뜻입니다. 큰 하나를 생각하고 세상을 연 겨레입니다.

1994년 〈한배달〉에서 발간한 「천부경연구」의 편집후기에는 인류역사의 엉킨 매듭이 풀리게 되는 역사적 만남이 소개됩니다.

⇨ 1971년, 세계최고의 인류학자이며 석학인, 이탈리아의 자코모(Giacomo) 박사와 이탈리아정부의 초대를 받은 대한민국의 한글학자 한갑수 박사와의 만남입니다.

인류시원의 수수께기인 '솟대'를 비롯한 11가지 문화에 대해 질문을 하고 한 박사의 설명을 듣게 됩니다. 그리고 자코모 박사는 2시간……이나 감격의 눈물을 흘린 후 다음과 같은 말을 하였다고 합니다.

인류의 시원문화의 열쇠 솟대
〈출처: 심리안정교육센터〉

'코리아, 당신의 나라가 세계에서 유일하게 최고의 선진국이었습니다.

왜냐하면 당신의 나라가 분명히 세계에서 제일 먼저 절대자를 모신 민족이기 때문입니다. -중략- 이것은 틀림없는 학설입니다.'라고 말했다고 합니다.

반생의 피나는 연구 속에서도, 그 어느 나라에서도 풀지 못했던 <u>인류시원의 수수께끼</u>(mystery)들이 한국의 사상과 문화와 종교 속에서 오롯이 존재하여 풀림을 깨닫고 한국이 인류역사의 시원국임을 깨닫게 되는 감격에서 나오는 뜨거운 눈물……이었던 것이죠.

그 후 그는 우리에게 충격적인 사실들을 더 일깨워줍니다.
'인류의 위대한 시원사상이라고 일컫는 〈3위1체 사상〉이 정작 이집트나 이스라엘도 아니고 바빌로니아나 인도나 중국도 아닌 코리아(COREA)에서 나왔음'과 또한 '코리아는 고대 이집트인보다 2세기 반에서 2세기 전에 황하연안에서 인류문명을 싹틔운 민족임'을 발표하면서 더불어 '당시의 황하유역에는 중국인(CHINA)이 한 사람도 없었음'을 강조하고 '황하문명(BC 2000)과 황하문명의 어머니문명인 홍산문명(BC 4500~BC 3000년)이 바로 코리아(COREA)의 문명임'을 밝힙니다.

참으로 가슴 벅찬 사건이었지요.
스스로도 풀지 못한 우리의 역사의 실마리를 외국인이 일깨워 주는 사건입니다. 그러나 우리는 "이게 말이 되는 소리냐고! 터무니없는 소리"라며 잊어버리고 맙니다.

⇨ 1908년, 일본의 고고학자 도리이 류조(鳥居龍蔵)는 인류사를 뒤바

꿀 발견을 합니다.

이어 1963년 1979년, 1987년 대거 발굴된 요하의 적봉(赤峰, 붉은 산, 밝달)에서는 **고고학계의 지축을 흔드는 충격**과 함께 물건들이 쏟아져 나왔습니다. **붉은 땅**(밝달, 배달)**에서 나왔다 하여** 홍산문명(紅山文明)이라 말하는 문명입니다.

한국 고유의 문화였던 '적석총'과 '석관묘' 그리고 신을 모시는 둥글고(하늘) **네모난**(땅) **'제단'**(천단)**과 '(마고)여신상'** 또한 옥(玉)문화의 기원인 정교한 '옥장식'들이 쏟아져 나와 황하문명도 사실은 한국의 배달문명(홍산문명)에서 발원된 것임을 만천하에 드러냅니다.

우리가 뜻도 모르지만 늘 배달겨레라고 전해 왔던, 전설 속에 묻혔던 고대한국의 문명이 신화나 전설이, 허구(fiction)가 아니고 실체가 있는 시원역사였으며 한국의 '홍산문명'(紅山, 붉은 산, 밝달, 배달)이 세계로 전해서 세계의 문명이 시작되었음을 자코모 박사와 많은 석학들은 이미 꿰뚫어 알고 있었던 것이 증명되는 사건이었습니다. 이렇게 하여 **한국인의 국통과 정체성**은 점차 그 모습을 드러내게 됩니다.

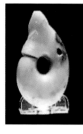 

용(龍) 상징 옥 여신상(女神像)
〈출처: MBC-TV〉

◆ **1993년 8월, 중국은 적봉시**(赤峰市, 붉은 봉우리: 붉은 땅, 밝달, 배달)**에서 〈중국 북방고대문화 국제학술연토회〉를 열흘간 개최**합니다. 미

국과 영국, 일본을 포함한 세계 11개국(100여명)의 학자들이 대거 참가한 이 회의에서 '이 문화(홍산)가 동이족 토착인(고대 한국)의 문화로서 동방문명의 발원지이며 세계문명의 창시문화였음'이 전 세계 학자들에 의해 공인이 됩니다. '세계 태초의 문화였지만 단지 그 발견이 늦어져 세계사의 시작으로 기록되지 못하였을 뿐'이라고 말합니다.

◆ 여기에 중국의 문자(文字)의 아버지라 일컫는 낙빈기선생마저도 그의 50년간의 필생의 대작인 「금문신고」를 펴내면서 '동이족(東夷배달민족 참고:P128,138,316~319)이 동양에서 최초로 나라를 세웠음'을 발표하고 중국의 문명 또한 한국의 문명에서 비롯되었음을 밝힙니다.

그러나 우리나라는 동이족이 우리 겨레인지도, 발해 위의 **적봉이 赤峰=붉은 봉우리=붉은 땅=밝달=배달**임을 깨닫지 못하고 그래서 홍산(紅山=붉은 산=밝달=배달)문명이라 부른다는 것도, 이것이 바로 우리가 꿈에도 잊지 않고 늘 말해 왔던 '배달나라문명'이라는 사실도 모르고, 현재 동이의 고유문화를 오롯이 간직하고 있는 민족이 우리 한민족뿐이라는 사실도 모르고 또 이 발견으로 중국이 서둘러 〈동북공정〉과 〈서북공정〉을 하게 하는 엄청난 문명임도 모르고, 단지 동이는 중국이 무시하는 **오랑캐니까** 오랑캐의 문명이니까 우리와 상관없다며 그렇게 우리는 우리의 문명과 역사를 버리며 살아옵니다. 이렇게 수십 년이 지나면서, **배달(홍산)문명도 (고)조선문명도 고구리(려)문명도 대진국(발해)문명도 다 중국의 문명이 되어버리자**(실질적으로) 2000년이 지나서야 뒤늦게 **KBS역사스페셜과 MBC-TV**에서 요하지방 적봉의 **홍산문명**(배달문명)이 우리의 문명일 가능성이 많으며 중화문명의 실질적인 기원지였음을 서둘러 방영합니다. 그러나 늦은 밤이어서 이마저 극히 일부의 사람만이 보았을 뿐, 또 잊혀져 버립니다.

⇨ 1945년, '21세기 최고의 고고학 발견'으로 세계는 또다시 경악을 하게 됩니다.

중국 북쪽을 비행하던 미군 수송기조종사의 사진촬영과 보고서에 의해 최초로 세상에 드러난 수 백기의 거대한 하얀 피라미드! 중국 북쪽에 널려있는 거대한 400여기의 피라미드들. 이를 독일의 고고학자 할트위그 하우스돌프(Hartwig Hausdorf)는 비밀리에 촬영하여 「White Pyramid」(하얀 피라미드)라는 책으로 펴내어 서방세계에 북중국의 피라미드의 실체를 알립니다.

중국정부는 이 지역들이 옛 중국의 영역이 아님을 알고 있었기에 이러한 피라미드사진과 보고서는 다 조작된 것이라고 공식적으로 발뺌을 하였으나 서구사회의 계속되는 압력과 방송으로 실체를 인정하고 맙니다. 훗날 히스토리 채널 등 서방의 많은 TV에서도 방영을 하지요! 그러나 한국국민들은 그간 먹고 사는데 바쁘고 오천 년 역사의 틀이라는 인습에 젖어 이러한 사실을 까맣게 모르고 살았습니다.

중국 북부 함양의 피라미드군(좌) 하우스돌프의 저서 「White Pyramid」(우)
〈출처: 한류의 근원지는 대한민국〉

1963년 발굴 당시, 중국의 고고학자들마저 이 피라미드를 조심스럽게 **진시황**(BC 259~BC 210)의 무덤으로 **예상**하며 희망을 갖고 발굴했으나, 고고학계의 **탄소연대측정법**에 의해 약 BC 4000년 전에 돌로 **축조된**, 그러니까 황하문명보다 한 2천 년 더 이르고 진시황의 연대보다 수천 년 앞서 만들어진 것임이 밝혀지게 되었다고 합니다.

더욱 중국정부를 당혹하게 한 것은 바로 **한민족 고유의 건축공법**들이었습니다. 돌로써 위로 갈수록 좁아지는 계단식 형태의 모양으로 **들여쌓은 옛 한국과 고구리**(려)의 건축공법인 '**들여쌓기 공법**' 그대로였지요. 그래서 하얀색 돌의 피라미드였습니다. 중국은 무덤을 돌이 아닌 흙으로 만들었던 종족이었지요. 더구나 **한민족 관련유물이 쏟아져 나오자 발굴중단명령**이 떨어졌고, 절대 비밀의 **함구령**이 내려집니다.

인류사를 다시 써야 하는 고고학의 충격적 발견이었습니다.

⇨ 이때를 증명하는 중국 서안의 **피라미드** 발굴과학자인 장문구(張汶邱)씨의 발굴실화가 담긴 임종 전 증언내용이 「**조선의 피리밋 중 최고(最古)는 티벳피라밋이다**」라는 글에 소개됩니다. (출처: 한류의 근원지는 대한민국)

- 1963년 4월, 우리 〈고적발굴팀〉 36명은 당국으로부터, '진시황의 다른 무덤으로 추정되는 유적을 조사해야하니 대기하라.'는 명령을 받았습니다. 출발 전, 조사단장은 우리 발굴단원들에게 '이번 유적은 매우 중요하니 조사, **발굴 내용을 외부에 일절 누설하면 안 되니** 이 점을 각별히 유념하라.'고 말하였고 -중략- 우리는 우리 중국에도 이

런 피라미드가 있었구나! 하는 기쁨과 경이로움의 탄성을 올렸습니다. -중략- 3일 동안 피라미드의 가장 큰 순서대로 발굴하기 시작했습니다. 3곳 다 거의 한 형태였는데 이 중 가운데 것이 대단했어요. 거대한 벽돌 피라미드 지하입구로 들어가자 약 3~5층으로 석실이 나뉘어져 있었고, 상층부 공간으로 들어갈수록 **말과 마차의 그림으로 화려하게 조성된 벽화**, 그림, 여러 **문자**(중국글, 한국글 등)들, 조각류 약 6200여점, **맷돌, 절구, 솥, 그릇** 등 생활도구 1500여 점, **배추김치**(초기김치인 백김치) 동물의 **뼈** 등 음식물 400여 점, **청동검, 활, 금관**(신라형), **칼, 창**과 장신구류 등 부장품 800여 점, 상투머리를 한 정중앙 시신(진시황의 모습과 흡사했음)등 14구과 호위상 3000여점 등이 대량 발견되었습니다.

우리는 **난생 처음** 보는 너무나도 엄청난 유물, 유적에 대해 모두 하나같이 무엇에 홀린 듯하였으며, 마치 외계인의 무덤을 발굴하고 있는 듯한 느낌들이었습니다. -중략- 작업 3일째 되던 날 대충 7할 정도 파악·작성된 상황이었고 이날 오후쯤에 발굴단장이던 모 교수에게 중간보고를 하자 그분은 큰 **한숨**을 내쉬면서 이런 말을 했어요.

"이 유적은 <u>우리 화하족</u>(옛 중국)유물이 아니라 <u>조선인들의 유적이다</u>……! <u>중화역사 이전의 조선문명이야!</u> 큰일이다……! 일단 당국에 보고한 후에 다시 지시를 받아야 하니, 지금까지 **발굴을 모두 중단**하고 유물들은 모두 그 자리에 두고 일단, 오늘은 그만 나가세!" -중략- 그날 밤 발굴중단과 동시에 철수명령이 내려졌습니다. 우리 발굴단원들은 숙소에서 현지공안에게 이곳에서의 **비밀을 지키겠다**는 서**약서를 작성·제출**하였고, 그렇게 돌아온 이후, 그 피라미드에 관해

더 이상 들은 적은 없습니다. 이게 그 피라미드에 대한 저의 마지막이었고 제가 아는 다입니다. -

그리고 인류에 대한 무거운 책임을 다 한 듯 운명을 하였다 합니다.

이 발견으로 '홍산문명'(밝달문명, 배달문명 BC 4500~BC 3000년)에 더욱 관심이 모아집니다. 황하문명(BC 2000)의 어머니 문명으로서의 유물을 대량 쏟아낸 홍산문명의 영역이 **만주지역을 훨씬 넘어 중국의 서쪽영역까지 이어지는 광대한 영역**이었기 때문이며 한국의 홍산문명이 황하문명뿐 아니라 이집트문명보다 적어도 천 년은 앞서고 더욱이 지금까지 인류 최초의 문명으로 알려진 메소포타미아문명(수메르문명BC 3500)보다도 앞선 문명으로 밝혀졌기 때문입니다.

⇨ 이러한 때 배달국(밝달국)의 홍산문명(밝달문명)에 대한 와세다 대학의 요시무라 교수의 연구가 발표됩니다.

'이 홍산문명을 검은 머리의 인종이 갖고 가 BC 3100년경 메소포타미아문명(수메르문명)을 일으키고 수메르에서 귀화한 '임호테프'란 사람에 의해 BC 2700년 전 이집트 최초의 피라미트가 탄생된다.'라는 연구결과를 발표하여 세상을 놀라게 합니다.

요시무라 교수의 이 말은 지금까지 인류의 최고문명이라고 알려졌던 수메르문명이 사실은 한국의 배달문명을 이룩한 사람들이 이주하여 만든 문명이었다는 것이며 이집트문명 또한 배달문명을 이룩한 사람들에 의해 처음 이루어졌다는 말입니다.

—여러분, 지금 어리벙벙하시죠! 이만큼이 우리가 조상에게 큰 죄를 짓고 살아 왔다고 생각하면 됩니다.—

⇨ 2000년 7월3일, 〈러시아 고고학 발굴단〉에 의해 **티베트 서쪽 끝에서 돌로 쌓은 1백 개가 넘는 피라미드가 발굴된** 사실을 중국의 톈진(天津)일보는 보도합니다.

이집트에서 제일 큰 **기제피라미드**(Gizeh Pyramid BC 2613~BC 2494, 146.5m)**보다 2배 이상 큰 것**(300m, BC 4000)도 있었습니다. 중국인학자도 말했듯이 **옛 한국**(환국 BC 7197~, 배달국 BC 3898~)**시대의 지도자와 환웅의 것으로 추정되는 문명이었습니다.**

한때, 외계인이 불시착하여 세운 것으로 알려졌던 피라미드, 그 옛날 몽골인들은 존재도 없었던 때라고 하고 흉노나 거란과 여진은 문명을 만들 능력도 없었던 단순한 유목민종족이었을 뿐이라고 학자들은 말합니다. 그렇다면 5천 년 이전, 중국북부와 만주에 있을 수 있었던 강력한 문명국가는 오직 **한국**(환국, 배달국, 고조선)**밖에 없었습니다.** 세계의 학자들은 다 알고 있습니다. 다만 정작 주인인 한국이 입을 다물고 있고 '아니라'고 부인하고 있으니 가만히 있을 뿐입니다.

이때의 감격을 시인 고청명, 고상돈씨는 〈오! 선조의 피라밑이여!〉라는 시로 표현합니다.

"오! 찬란한 태양의 제국/ 에굽의 피라미트들이여!/ 오늘, 네 머릴 숙여야겠구나. −중략− 산으로 들어가/ 산신이 되었던 단군의 산들이/ 저, 너른 만주벌에서/ 저, 깊은 몽고 터에서/ 인류사 최대의 피라밑으로/ 우뚝, 너! 근본을 보란구나."

〈명리 속의 철학〉의 저자 남제 김민기님은 말합니다. "옛날 **높은산에서** 행해졌던 배달국의 제천의식은 **사막과 평지로 이동해서는 산을 모방하여 제천단을 쌓고 그 꼭대기에서 천제에게 의식을 행했다는**

것이지요. 분명 우리 한겨레의 깊은 뿌리문명이었습니다. 이렇게 이집트보다 훨씬 많고 오래된 피라미드가 몽고와 북중국인 만주와 티벳에 존재하는 것과 동방에서 온 이들이 무리를 이끌었다는 이집트역사와 지도자들의 편두, 스핑크스의 얼굴이 광대뼈가 돌출된 동이인의 얼굴이었다는 것은 바로 우리 환웅시대와 고조선시대의 제천 문화가 어떻게 전파되었는지를 알려주는 귀중한 증거들인 것입니다."

💡 이제, 여러분은 저 중국이 무엇을, 왜 하려는 지!를 깨달았을 것입니다.

그렇습니다. 〈동북공정〉(東北工程)입니다. 거대한 공룡으로 성장한 중국은 세계 4대 문명 중에서 가장 늦은 황하문명으로는 체면이 서지 못했었는데, 옛 한국의 땅에서 홍산문명이 발견됨에 따라 그나마 **황하문명마저 중국의 문명이 될 수 없음을 깨달은 중국은 중화국**(中華國: 가장 화려한 문명의 나라)**이라는 허구의 자존심을 세우기 위해 남**(한국)**의 문명을 가로채기로 한 것입니다.**

만일 이렇게만 한다면, 세계에서 가장 오랜 역사와 문명의 시원국이 될 수 있으며 더불어 예부터 끊임없이 조작해 온 **왜곡된 그들의 거짓역사를 정당화할 수 있게 되고 중화민족의 자존심을 세워 국가의 결속력을 강화할 수 있는 일석삼조의 음모입니다.** 한국의 옛 문명을 가로채어 세계의 시원국가가 되려는 야심찬 사기극입니다.

그래서 〈동북공정〉을 하기 위한 전초작업으로 티베트의 〈서북공정〉을 서둘러 완성시켰던 것이지요. 서북공정을 통해 고대 한국의 피라미드의 흔적을 날조하여 피라미드로부터 한국의 역사의 눈을 가리려고 했던 것이었지요. 정작 〈서북공정〉(西北工程)은 실체가 없는 것이었습니다. 피라미드는 티베트의 문명이 아니었으니까요! 지금 저들은 우리의 고대유물에 흙을 쌓아 중국 고유의 능으로 둔갑시키고 심지어 나무를 심어 산으로 위장하고 훼손하고 있습니다.

이집트북부의 계단식 피라미드(좌) 〈출차: 한문화재단〉
티벹피라미드(우) 〈출차: 한류의 근원지는 대한민국〉

중국 서안의 흙을 덮어 위장한 피라미드(좌) 〈출차: 한민족참역사〉
피라미드의 원조 만주 집안의 피라미드(우) 〈출차: 한문화재단〉

또한 인류문명의 시원지인 홍산지역의 역사를 통째로 중국의 역사로 만들기 위해 중국 동북지방의 랴오닝성(료녕성), 지린성(길림성), 헤이룽장성(흑룡강성)의 옛 고구려의 성곽과 산성을 부수어 늘리어서 지금 만리장성의 길이를 2만1196.18km라고 공식적으로 발표합니다. 처음 5천km도 되지 않던 (만리)장성에서 신의주 옆 단동(요녕성)까지 이어 8천851.8km를 쌓고 다시 백두산 부근의 통화와 길림성의 고구려 산성을 만리장성의 유적이라고 주장하더니 결국 흑룡강성의 대진국

(발해)까지 무려 처음보다 4배나 늘어난 장성으로 왜곡을 했습니다.

만리장성의 확장 〈출차:한민족역사정책연구소(황청호)〉

  '만리장성 위는 야만인으로서 문명이라는 것은 있을 수 없다.'고 왜곡하고 늘 선전해 왔던 자기네 말을 차마 뒤엎을 수는 없기에 '만리장성이 만주 위까지였다.'고 역사를 날조하고 유물을 변조하여 '세계의 시원문명(홍산문명)이 옛 중국의 영역이었다.'고 속이려는 것입니다.

  그러하기에 만주에 있는 피라미드와 돌무덤과 성곽을 마구 훼손하고 축소시키며 한국 고유의 문화원형을 바꾸고 있습니다. 그래서 1966년 문화대혁명 당시 1만3천여 기였던 만주 집안의 피라미드도 이제 6천 기 밖에 남지 않았다고 합니다.

  이제 머지않아 중국정부는 배달민족의 홍산문명을 중국의 역사로 기록하고 '인류문명의 중심이 더 이상 한국이 아니고 중국이었다.'고 주장을 할 것입니다. 중국은 단지 고구려를 빼앗으려는 것이 아니라 이렇게 인류의 시원문명을 통째로 빼앗으려는 것이지요.

  지금, 이곳은 한국국적을 가진 한국인의 출입을 엄격히 제한하고 있습니다. 한국정부와 강단지식인들은 눈을 질끈 감고 있고 국민들은 '설마설마'라고만 합니다!!

안타깝습니다! 우리 선조의 피라미드와 시원문명으로 저들 중국인이 아-주 아주 오랫동안 엄청난 큰돈을 벌 수 있다는 것보다 우리의 문명은 잊히고 다 저들 중국의 자부심으로 세계인이 아는 것이 더욱 두렵고 조상님께 죄송스러울 뿐입니다.

'손바닥으로 하늘(天)을 가린다!'는 우리의 속담이 있습니다.

중국은 지금 어리석고 무섭게도 바로 그 일을 하고 있습니다!

그러나 인류사를 다시 써야 할 혁명(revolution)과도 같은 발견이 이어집니다.

⇨ 1987년부터 발굴한 제주도 고산리 선사유적지에서 석기시대 것으로 보이는 토기가 발견됩니다. 최소한 1만수천 년 전 토기였습니다. 인류 최고의 문명이라던 **수메르문명**(Sumer civilization)**에서의 토기보다 무려 1만 년이나 빠른 세계최초의 토기의 발견**이었습니다. 이는 바다의 고기와 육지의 곡식을 담는 그릇으로서 물질문명의 발달을 증명하는 귀중한 척도이지요.

이에 대하여 예일대학에서 박사학위를 받으며 이 분야의 연구로 세계적인 권위를 얻고 있는 한국의 강신택 교수는 수메르학자 사무엘 크레이머가 **한국의** (시원)**역사는 탐구하지 않고** 수메르 역사만 탐구하여 "역사는 수메르에서 시작되었다."라고 발표하여 세계 각국에서 인류의 역사가 수메르에서 시작된 것으로 (잘못)믿게 되었던 것임을 발표하며 인류문명의 기원을 한국의 문명에서 다시 써야 함을 세계에 알립니다.

⇨ 이보다 앞서 1977년 강원도 양양군 손양면 오산리에서 **세계최초**

의 8천 년이 넘는, 햇살을 그린 빗(빛)살무늬토기가 쏟아집니다. 이
또한 빗(빛)살무늬토기의 원조가 시베리아나 유럽이 아닌 정작 한국
이었음이 알려집니다. 지금까지의 학설과는 정반대로 토기(그릇)가 우
리에서 시작하여 만주와 시베리아를 거쳐 유라시아, 동유럽, 스칸디
나비아 반도까지 퍼져나갔습니다. 세계 최초로 그릇(a bowl)을 우리
조상이 만들었다는 것이지요.

강원도 오산리 빗살무늬토기 신석기 빛살무늬토기의 서쪽으로의 이동

〈출처: 한국고대사〉

⇨ 여기에 1998년 충청북도 청원군 '소로리에서 59톨의 볍씨'가 출토
됩니다.

이 또한 세계의 고고학계를 뒤흔드는 엄청난 혁명이었습니다. 방사
성 탄소연대 측정(Radioactive carbon dating) 결과 1만5천 년 전후. 이
제까지 국제적으로 인정되었던 중국 후난(湖南)성 출토 볍씨(1만2천년)
보다 약 3천 년이나 앞선 세계 최고(最古)의 볍씨(seed rice)였습니다.
쌀농사 또한 지금까지의 학설과는 정반대였지요. 그래서 중국은 더
욱 코가 빠져버립니다.

이러한 사실은 영국의 BBC 인터넷 등 세계적 언론매체와 2001년
세계 500여명의 학자가 참가한 제4회 국제벼유전학술회의(마닐라)와
2003년 제5회 세계고고학대회(워싱턴)를 거치며 우리나라에서 가장

먼저 '재배벼'를 개발하여 전 세계로 전파되면서 세계의 쌀문화가 시작되었음이 발표됩니다. 들리는 말에 의하면, 소로리에서 10만 년 전의 볍씨도 나왔으나 남들(세계)이 믿어줄 것 같지 않아 제일 연대가 적은 볍씨를 발표한 것이라고도 하네요.

옛날, 우리 조상님들은 대개 큰 물가를 끼고 볍씨를 개발하여 '벼'(禾, rice)농사를 하고 들과 언덕에선 '콩'을 심어 살아왔습니다. 그래서 먼 옛날 처음 벼농사를 한 민족이기에 벼(禾)를 뜻하는 **"예(穢)족의 나라"**(예맥, 동예)라고 했습니다.

그리고 예(穢)족이 살았던 그만큼의 오래된 이야기를 옛날(예나라 때의)이야기라고 했던 것이고 '옛~날, 아주 먼 옛날'이라고 말해 왔던 것이지요. 그만큼 시원민족으로서의 자부심이 실려 있는 말들이었습니다.

그러나 우리의 이웃 나라는 이 말이 너무나 부러워 **벼 화(禾)변**을 **삼수변(氵)**으로 고치고 '**똥, 더럽다**'는 뜻의 예(濊)로 바꾸어 영광과 자부심의 겨레(穢)를 '더럽고 수치스러운 겨레'라 왜곡해 왔기에 우리는 깊은 역사를 묻고 살았습니다. 잊어버린 우리의 자존심입니다.

재배볍씨에 의한 벼농사란,
인간의 주체적인 계획에 의해 근간문화를 탄생시키는 산실로서의 기능을 가진다는 점에서 **문명(文明)과 문화(文化)**의 본격적인 출발을 의미하는 것이지요. 이것을 우리의 조상이 해 내셨다는 것입니다. 이것이 우리가 우리의 쌀문화를 소중히 받들고 우리의 쌀을 지켜나가야

하는 이유입니다.

지금 전 세계의 반이 쌀을 주식으로 하고 살아가고 있습니다.

인류 최초의 소로리볍씨 〈출처: 청원군청〉

⇨ 2000년대 들자, 경남 창녕 비봉리 유적지에서 **신석기시대의 유물**(마
제석기)들이 마구 쏟아져 나옵니다. **세계 최초이자 최고**(最古)였습니다.
이어 2004년 전남 장흥군 장동면 신북마을에서 2만2천 년 전의 마
제석기가 대량으로 발견됩니다. **마제석기**(磨製石器, Ground stone
tools)란 돌을 갈아 만든 것이라 해서 **간석기**라고도 하는데 일반적으
로 **이때부터를 인류의 신석기로 규정**하고 있지요.

장흥군에 전 세계의 이목이 몰리고 세계적인 학자들이 모여 〈국제
학술대회〉를 거치고 마침내 **세계고고학계의 '1만 년 전 신석기 이론'**
이 무너지게 됩니다.

이제까지의 인간의 신석기(마제) 연대는 이란과 이라크, 팔레스타인
등의 동굴에서 발견된 마제석기로 **고작 1만1천 년**이었지요. 우리의 조
상은 이보다 무려 **1만 년 이상을 앞서** 인류의 신석기문명을 시작했다
는 놀라운 발견이었습니다.

⇨ 여기에 엄청난 발견들이 또 있었습니다.

경남 창녕 비봉리 유적지에서 **약 8000년 전**(BC 6000)에 만들어진 4
m가 넘었을 것으로 추정되는 '소나무배'가 발견되었음을 2005년 9월

국립김해박물관은 발표합니다. 지금까지의 가장 오래된 배인 일본의 도리하마(鳥浜) 1호나 이키리키(伊木力) 유적 출토품보다 2000년 이상 앞서는 인류가 만든 가장 오래된 배라고 합니다.

2004년 영국 BBC 또한 한국의 고래잡이문화가 세계 **최초**였음을 울산의 반구대 암각화를 근거로 하여 한국이 이미 **8천 년 전**에 **최초**로 배(ship)를 **건조**하여 세계 최초로 고래잡이(whaling)와 아울러 목축(cattle breeding)을 했음을 발표합니다. (2013.8.1 KBS 파노라마)

창녕의 세계 최초의 배 〈출처: 오마이뉴스〉

💡 **아, 그렇군요!**

이렇게 우리가 최초로 고래잡이를 하며 고래의 삶을 잘 이해하고 있었기에 고래가 새끼를 낳고 미역을 먹으며 해산조리하는 모습에서 우리가 애를 낳고 미역을 먹어 해산조리하는 지혜를 얻은 유일한 겨레라는 것을 이제 알겠습니다.

💡 **아, 알겠습니다!**

더불어 허신이 지은 옛날 옥편인 「설문해자」란 책에 우리나라 조선(朝鮮)을 굳이 조선(鼂鮮)이라 기록하고 있는지를 이제 알겠습니다.

조선의 '조'(鼂)자가 중심이나 큰 줄기를 뜻하는 글자(卓)에 달(月)이 아닌 배(舟주 舫)로 씌어져 있는 것과 '선'(鮮)자에 물고기 어(魚)자와 큰 바다를 뜻하는 양(羊)이 나오는 것이 못내 의아(?)했는데, 아! 조선이 처음 배를 만들어 드넓은 바다(洋, 羊)에서 최초의 고래잡이를 하였던 웅혼한 겨레였으며 처음으로 문화를 발달시킨 세상의 중심, 큰 줄기(舟)의 나라였음을 드러내는 영광의 글자라는 것을 이제 큰 감격으로 알겠습니다.

💡 아, 또 알겠습니다!

그래서 생긴 말이 내조(來朝, 來)였군요.

'조선(舫, 朝)으로 온다(來)' 즉 조선은 처음으로 문화를 발달시킨 세상의 중심, 큰 줄기(舟)였기에 조선으로 온(간)다는 말은 세상의 중심으로 간다는 자부심의 말이었습니다. 그리고 조소(嘲笑)가 있습니다. '조(朝)선 사람이 입(口)으로 웃는다(笑)'에서 온 말이지요. 수준이 낮은 다른 민족의 유치한 문화가 마음에 들지 않아 비웃는 것을 뜻하는 말이었습니다.

그래서 조공(朝貢)이란 말도 생겨났습니다. 조선의 朝에 재물(貝: 조개, 돈, 재물)을 바친다(工: 올린다.)는 공(貢)에서 나온 말입니다. 조개(貝패)는 바닷가에서 나오는 것으로서 처음 돈으로 통용했으니 바닷가에 살지 않았던 지나(옛 중국족)와는 상관없는 문화이지요. 이렇듯 조공은 문화와 힘이 낮은 나라가 문화가 높은 중심나라인 우리에게 재물을 바쳐옴으로서 처음 유래된 말이었음을 이제야 알겠습니다.

옛날 천하의 질서가, 높은 문화를 이어받은 우리 한국인에 의해 이루어졌음을 우리말 '조선'(舫鮮)에서 찾았습니다. 조선은 우리의 배꼽을 찾는 중요한 말이었습니다.

▣ 그리고 김성규님은 「코리안 신대륙 발견」에서 고싸움이 **고래잡이 싸움**에서 유래된 것이라 주장합니다. 본디 소(牛)의 머리를 눌러 잡는 놀이에서 유래된 것이 아니라 아득히 먼 옛날 고래를 잡는 문화에서 유래되었다는 것이지요.

그러하기에 고의 무게가 1톤(ton)을 넘는 것이고 수백 명의 많은 사람이 동원되어야 하는 것이며 고 위에 작살잡이 같은 자(줄패장)가 올라탄 것과 고에 탄 사람을 흔들고 오르내리는 모습이 마치 **파도나 고래의 등**에서 출렁이는 모습과 유사하며 동아줄을 당기는 모습은 고래를 끌어오는 고래와의 **싸움**을 묘사한 것이었으며 고래 등에서 뿜어대는 물줄기에서 수신인 용(龍, dragon)과 관련되어 지금의 **고싸움**의 풍년의식으로 유래되었다고 보는 것이지요. 고싸움은 소(cow)가 아닌 적어도 7~8천 년 전부터 내려온 우리의 고래잡이 해양문화에서 변이된 놀이문화로서 왜에도 전승되어 지금 일본인들에게도 성대한 축제문화로 자리하게 되었다고 합니다.

그렇습니다. 옛날 우리의 바다는 고래의 왕국이었다고 합니다.

광주칠석 고싸움 〈출처: 광주랑〉　일본 돗토리현의 고싸움

💡 아ㅡ! 이제야 모~든 것이 풀립니다!!!

먼 **옛날**, 큰 물(나릭, 나루, 나라)을 빙 둘러 울타리 지어 고래잡이를 하며 살았던 **울나라**('우리나라'), 그들은 파도의 물결에 의해 물가나 해안에 결이 만들어 짐을 보았습니다. 물가의 결이 이루어지듯 그들은 고통과 절망과, 죽음 그리고 기쁨과 환희와 영광을 함께 했습니다. 그래서 물가의 결을 함께 이루며 살아왔던 사람(에)이라 하여 겨레라 불러왔던 것입니다.

　이제야 알 것 같습니다!

어떻게 먼 옛날부터 중국이 아닌 우리가 바다와 물가를 지배할 수 있었는지, 왜, 옛날에는 우리가 큰 나라였는지! 울산 대곡리(국보 285호) **반구대**와 울주 천전리(국보 147호)에 왜 고래암각화가 새겨져 있고 세계적인 고대유적지라 말하는지, 왜 **고싸움**이 있었는지, 왜 우리가 해산하고 **미역**을 먹는 유일한 겨레가 되었는지, 고조선의 후예인 고구려의 시조 주몽(추모)이 위기에 처했을 때 '**나는 하늘의 아들**(皇天之子)이고 하백의 외손이다.'라고 왜? 물의 신(水神) 하백의 자손임을 강조했는지, 어떻게 주위의 나라를 젖히고 **고구려**, 백제 그리고 신라마저 **해상권을 제압**할 수 있었는지, 왜 우리가 세계 최고의 첨단항법과 배에 관한 노하우 등이 당시 최고였는지, 어떻게 신라의 **장보고**(張寶高, 본명은 궁복, 궁파, 활보)가 당나라를 제치고 해상권을 장악하면서 먼 서역까지 무역을 왕성히 할 수 있었는지, 그리고 "신(이순신)에게는 아직 **12척의 배가 있습니다.**(今臣戰船 尙有十二) 전함이 비록 적다해도 제가 죽지 않고 살아 있는 한, 적은 감(긤)히 우리를 깔보지 못할 것입니다."라는 자신감이 어찌하여 나올 수 있었던 것인지, 어떻게 13척의 배로 330척의 왜군에 대승(명량해전)할 수 있었는지, 그것도 22회, 많게는

36회의 해전에서 전승할 수 있었는지, 어떻게 **이순신장군의 거북선**이 탄생할 수 있었는지, 왜? 이순신이 〈세계해전사〉에서 독보적인 영웅으로 존경을 받고 있는지, 어떻게 불모지 한국이 **세계 최고의 조선국**이 될 수 있었는지……! **이제야 알겠습니다!**

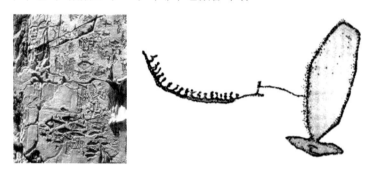

울산의 대곡리 반구대 고래잡이 암각화 〈출처:오마이뉴스〉

⇨ 그 무엇보다 우리에겐 '고인돌'이 있었음을 잊어서는 안됩니다.

까마득한 옛날, 첫 문명을 시작한 천손하늘민족의 증거로서 **인류 최초로 제천의식(祭天儀式)을 행했던 초기의 제천단**이지요. 최초의 농경문화로 최초의 집단사회를 이루며 천제문화를 영위했음을 알려주는 귀중한 유물입니다.

고인돌(DOLMAN)은 인도에서 인도네시아, 스웨덴, 영국까지 전 세계적으로 분포되어 있으며 총 7만여 기 중 1만여 기는 북한지방에, 3만여 기는 남한에 분포되어 있습니다. 특히 호남지역을 중심으로 한 **남방식 고인돌은 세계 피라미드 양식의 원형**임이 밝혀집니다.

그리고 일제식민지 때, 댐공사나 도로, 철도 등의 건설과정에서 그리고 광복 후 국토개발과정에서 무수한 고인돌이 파괴되었던 점을 감안한다면, 아마 세계의 고인돌의 80% 이상이 존재했었을 것이라는 주장도 있습니다. 실제로 **전남 화순**에 283톤(ton)이 넘고 **전남 고창**에는 300톤이 넘는 고인돌이 있으며 예전에는 이러한 고인돌이 많았었다고 합니다. 가히 고인돌의 나라입니다.

오래 전 조선 말, 서양열국이 한국을 탐하며 들어왔습니다. 그들은 수 없이 널려 있는 신기한 돌무더기를 보았습니다. 그래서 묻습니다. **"저것이 무엇이오?"**(What's that?) "뭐요, 저 돌멩이요?" "아, 돌맨이라구요!" 그렇게 우리의 고인돌은 '**돌맨**'(DOLMAN)으로 알려졌다고 합니다.

강화군 부근리고인돌(50ton) 아일랜드(상) 인도(하) 고인돌 〈출처: 위키피디아〉

학자들이 고인돌의 연대를 측정해 보았습니다.

동북아시아(한국)의 것이 가장 오래된 것으로 밝혀지며 '**전남 화순의 고인돌은 최소 8000여 년 전**'(BC 6천년)경부터 만들어진 것임이 드러납니다. 서양은 평균 BC 4천 년~BC 3천 년이었으며 가장 오랜 것은 프랑스의 고인돌로서 BC 4천8백 년으로 측정됩니다. 인도의 고인돌은 고작 BC 750~BC 550년 정도였습니다.

💡아! 그래서 조상은 늘 말해 왔나 봅니다. "사직을 잘 보전하거라!"

사직(社+稷)이란 '터(土)를 닦아 하늘과 땅에 제(示)를 올리고, 그곳에 벼(禾)를 심어 **역사를 시작하고 문화를 번성한다.**'는 말이었습니다.

이제야 알겠습니다! 국어나 국사시험에 사직이 왜 국가와 정부를 상징하는 문제로 그렇게 중요하게 출제되었었는지 말입니다. **터를 닦아 수많은 고인돌(社)을 세우고** 하늘에 제를 올리며 천손민족임을 드러내고 싶었고 인류 최초로 **벼**(禾)**를 재배하여 국가를 처음 세우고 문화**(攵)**를 시작한 민족**이었음을 나타내고 싶었던 우리의 자긍심의 단어였습니다. 홀로 제단(고인돌, 피라미드)을 쌓아 천제(天祭)를 올리고 정신과 문명을 전수하며 왕과 천자(天子)들을 이끌었던 천제국(天帝國, 上帝口)의 상징입니다. 그리고 이러한 의식을 기록하기 위해서 **많은 문자**(녹도문자, 한자)**를 만들었던** 것이지요. 옛 중국은 벼가 아닌 **밀과 기장을 주식으로 했고 고인돌도 없던 나라**였습니다. 그러기에 옛 중국은 원래 쌀농사와 천제문화, 사직이라는 문화와 이러한 뜻을 담은 처음의 한자(漢字)문화와는 전혀 관계가 없는 나라였던 것입니다.

그렇습니다. 아득한 옛날, **벼를 재배하며 체제**(조직, 씨스템)**를 이룬 최초의 국가**(사직, state)**를** 우리 겨레가 만들어 이어갔다는 말이었습니다. 그래서 우리의 조상께서 역사(歷史)라는 글자를 지음에 있어 벼(禾: 쌀농사)를 두 번이나 강조하여 쓰신 것이지요.

歷史, 서양은 역사를 'history' 즉 그(he)의 이야기(story)라 하여 역사를 단순한 개념으로 보고 있지만, 우리 겨레에게 있어 **역사란 벼를 재배한 한민족이 처음 시작**한 것이었음을 분명히 기록해 놓고 있습니다! 그렇다면, 서양에서 말하는, 나(I)와 너(You)가 아닌, 누군지 모르는 대명사 그(he)가 바로 한국인(COREAN)을 뜻하는 것이며, **벼를 처음 재배한 한민족의 이야기**에서 인류의 역사가 시작되었음을 증명하는 또 하나의 징표는 아닐는지……! 그래서 '**빛은 동방**(Orient)**에서**'라는 서양 속담이 전해오고 있는 것은 아닐까……?

그러하기에 지구의 동북쪽(간, 艮)의 겨레가 수많은 시원문화를 만들어 지켜오느라고 가장 '**두뇌**'(IQ)가 좋았던 것이고 그 오랜 세월 수많은 역경을 견디며 천손문화를 지켜내기 위해 쌓였던 마음의 병이 한국인에게만 있는 울화병(鬱火病)이며 이러한 동북쪽(간, 艮)의 겨레의 마음(심, 忄)을 **합쳐 한**(恨)이라 써 왔던 것이었습니다.

그래서 우린 지금의 애국가에서 '**대–한**(인류의 역사를 시작한 위대한 한국)**사람 대–한**(위대하고 깊은 한의 정신)**으로 길이 보전**(자부심의 시원문화와 정신을 잘 보호하여 전)**하세!**'로 의미심장하게 응답하며 무언지 모를 깊은 감회 속에 가슴이 시려져 오는지 모릅니다.

벼의 종주국 벼들의 옛날 이야기

우리가 고인돌의 종주국이었지요. 이러한 한국의 거석(巨石)문화에서는 초기석기에서 마제석기, 청동검과 청동단추 등의 유물이 골고루 출토됨으로써 우리의 땅이 유별나게 구석기시대와 신석기 시대를 함께 걸쳐 모두 존재한 곳으로 확인되고 있습니다.

　이렇게 볼 때, 우리나라에서 시작한 첫 현생문명인인 한민족이 인류 최초의 도구(아께석기)와 최초의 그릇(빗살무늬토기)과 최초의 곡식(소로리 볍씨)과 최초의 어업기술(창원의 배)과 최초의 철기무기(철기·청동기문화)와 최초의 제천문화(고인돌) 등 문화를 갖고 중국과 동남아시아, 시베리아를 거쳐 아메리카와 인도와 중동 그리고 유럽의 세계 각 지로 뻗어 나가며 문명과 문화를 주도했음을 알 수가 있습니다.

이-래도 "우리나라에 문명이 없었고 문화가 얕다?"라고 말하시렵니까? 우리가 남의 문화에 빌붙어 살아온 변두리 민족입니까?

◆ 여기서 「고구려는 살아있다」의 저자인 민족사학자 김병호(金炳豪) 박사가 인도의 〈메갈라야주박물관〉을 찾았을 때 60이 넘은 그곳의 박물관장이 김 박사에게 했던 말은 지금도 회자되며 우리의 가슴을 벅차게 합니다. "아니요! (인도가 한국의 조상이 아니라) 우리 인도사람들은…… 지금까지 (높은 문화의) 조상이 한국에서 왔다고 생각해 왔는데요."라고 한 말입니다. 인도박물관장의 이 말은 지금까지 우리가 우리를 보아왔던 생각과는 너무나 엉뚱한 소리입니다.

　그리고 1990년 세계적인 몽골인 학자 한촐라 교수가 한국에 도착하자 한 말이 또한 의미심장합니다. "어머니의 나라에 왔습니다." 그가 고구려의 후손이라고 말하지만 그보다 문명의 젖줄이었던 문명의 어머니나라에 대한 감격과 감사의 마음은 아니었을까요!

　반면, 지금도 우리는 조상이 어떠한 일을 했는지, 귀 막고 아무 생각 없이 살아갑니다.

　그리고 "아-니, 아니야!"(NO!) 라고만 합니다.

　　　　　　"무지함을 두려워 말라. 거짓 지식을 두려워하라".
　　　　　　　　　　　　　　　　　　　-프랑스의 철학자 파스칼-

한국인·자부심·문화열차

참 여러분! 이렇게 문명을 시작했던 옛날의 우리 땅이 궁금하지 않나요?

➪ 대부분의 화석인류학자와 지질학자들은 아직까지 이렇게 말합니다.

인류가 발생하여 진화한 시대인 홍적세(약 200만 년~1만 년 전), **약 180만 년 전 호모 에렉투스**(Homo, 사람 Erectus, 곧게 선, 직립, 直立)**로부터 진화해 오거나, 20만 년 전 아프리카의 한 여성**(일명 '아프리카 이브')**으로부터 같은 미토콘드리아DNA를 받은 공통후손이었다고들** 말합니다. 이들이 전 세계로 퍼져나가, **12만 년 전 '호모 사피엔스 사피엔스'**(Homo Sapience Sapience, 생각하는 인류)라는 지금의 인간의 지능에 버금가는 현생인류가 출현한다고 합니다. 그러다 신생대 4기로 불리는 **대빙하시대**(5만~2만5천 년 전)에는 지구의 28%가 빙하에 뒤덮여 **인간을 비롯한 지구상의 많은 생명체가 얼어 죽었다고 합니다.** 프랑스 남부의 쇼베(Chauvet) 동굴에서 인류역사상 가장 오래된 선사시대 동굴벽화(3만 5천 년 전)를 남겼던 인류와 다른 지역의 **많은 인류들은 혹독한 이 시기를 견뎌내지 못합니다.**

반면, 우리의 땅은 따뜻하고 다습한 기후가 유지되어 있는 천혜의 땅이었다고 합니다.

➪ **충북 단양 금굴 유적지 한 곳에서 20만 년 전 인류보다 훨씬 앞선 70만 년 전부터 후대까지 전 시대에 걸친 유적들이 고루 발굴되고** 있고 공룡의 화석과 더불어 많은 발자국마저 발견되고 있는 점은 우리 땅이 빙하기를 이길 수 있었던 환경이었음을 말하여 줍니다.

➪ 또한 2005년 **제주도 서귀포시 상모리, 사계리**(沙溪里)**에서 2만여**

년 전의 호모 사피엔스 사피엔스의 화석을 발견한 사실입니다. 즉 옷을 지어입고 언어(言語)를 구사하는 고도의 지능을 갖춘, 지금의 우리의 직접 조상이었던 사람들이라는 것을 KBS의 〈역사스페셜〉은 「제주도 사람발자국화석의 비밀」편을 통하여 방영하기도 합니다.

경남 고성 공룡 발자국
〈출처: 한민족사 연구회〉
제주도 사계리 해안가 조상의 발자국
〈출처: KBS 역사스페셜〉

이렇게 이 땅에 우리의 조상이 정착한 것은 **일반적인 인류사의 시작**(20만 년 전)을 **넘어서는 훨씬 빠른 역사**였습니다. 그래서 우리의 조상들은 우리의 역사를 말할 때 태곳적(太古的: 크게 오랜) 역사라고 비장하게 말해 왔던 것입니다.

⇨ 중국이 자랑하는 4700년 전 책이라는 「황제내경」마저 소문(素問)편에서 **'동방은 천지가 형성될 때 처음 생겨난 곳'**(東方之域天地所始生也)라고 하여 우리가 사는 이 땅이 인류 최초의 문화발생지였음을 분명히 기록하고 있지요. 이렇게 이어와 문명을 쌓으면서 **현 지구문명 중의 가장 오랜 뿌리문명**(환문명, 한국문명, 마문명)을 남길 수 있었던 것입니다.

그래서 '엄마'에도 나타나는 **처음, 뿌리, 참**이라는 의미인 '**마-**'(머,

무, 모, 므, 미)를 붙이며 살아갑니다. 먼 옛날 태평양으로 사라진 **인류의 첫 문명 마(無)문명**을 생각하고 **제주도 창조신**을 '마고'라 이름 짓고 물에 사라진 섬을 '마라도'라고 부릅니다. 훗날 만주 요하지역에서 꽃피운 배달문명(홍산문명)에서 옥으로 만든 여신상(마고, 모계사회)이 출토되는 것도 첫 문명인 **마고문명의 마고**(麻姑, 삼베여인, 직녀)를 그리워함입니다. 마야문명이 우리와 비슷하다고 하는 것이고 그래서 뿌리 문명의 나라임을 자랑하며 첫 한(국)을 마한(馬韓)이라고 불렀던 것이고 우리 스스로를 '마고할머니의 자손'이라 하면서, 우리나라를 '마고지나'라고 하면서 지리산에 노고단(老姑: 늙은 마고단)과 강화도 '마니산'(머리산)에 단을 쌓고 정성껏 제사를 지내왔던 것이고 첫 달인 상달(음 10월)에 지내는 차례를 특별히 '마차례'라고 했습니다. 또한 나라의 기본뿌리가 되는 왕과 그 가족을 '마마'라 불렀으며 가정에서도 오마니, 마누라, 마나님, 마님, 맏사위 그리고 마을, 마당, 마루, 마수거리, 마파람……! 이렇게 만 년의 세월을 흔적으로 일깨우고 있습니다.

⇨ 「**과학동아**」(2004년 4월)에는 빙하기(Ice Age) 때에도 **제주도는 해수면이 낮았기 때문에 여러 종류의 동물들이 오가며 살 수 있었고 서해도 지금보다 해수면이 1백m 낮은 땅이었기 때문에**(지상 60m) 당시 우리 조상들은 지금의 중국 땅을 걸어서 오갈 수 있었다는 글이 발표됩니다. 유럽과 시베리아의 빙하가 녹아내리면서 전 세계의 해수면이 100m 상승하기 전의 일입니다.

그때의 우리 땅은 지금보다 엄청나게 큰 제주도로서 육지와 붙어 있었고 서해의 대륙붕(평균 40m)이 전부 육지로서 넓은 한국 땅과 만주와 중국 땅의 가운데로 모아지는 **아주 커다란 강을 둘러싸고 살아가**는 실로 장대한 울(울타리)+이+나룻(물가), 우리나라 였습니다. 옛날엔 중국인은 없었고 우리 조상만이 물가를 에워싸고 모여 살았지요.

그런데 **1만5천 년 전부터 빙하가 녹아내리자** 우리나라의 삶의 터전이었던 서해지역의 땅은 서서히 평균 40m수심의 대륙붕의 바다로 변했다는 것입니다.

구전으로 내려오는 전설의 섬 이어도와 그 일대 또한 약 1만1000년 전인 빙하기 때까지도 **제주도와 이어지는 육지**였으나 해수면 상승에 의해 해저 대륙붕을 이루게 된 것이지요. **이 너른 지역도 우리 조상의 삶의 터전**이었습니다. 그러하기에 대륙붕연장설을 근거로 하여 우리의 7광구와 배타적 경제수역을 주장하는 것이구요.

호주 시드니대학의 지질학자들 또한 1만 년 이전의 한반도 서·남해지역이 빙하가 녹아 바다가 되기 전까지 육지였다고 말합니다.

이렇게 빙하가 녹아내려 우리나라의 **땅이 좁아지자 한국의 문명을** 가지고 전 세계로 퍼져나가게 된 것이지요. 이렇게 **인류의 문명루트**는 형성된 것이지요!

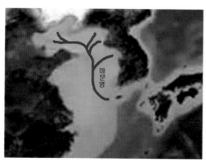 

1만5천 년 전 대륙이었던 서해지역 마문명, 호주 시드니대 보고서
〈출처: 한문화재단〉

⇨ 2003년, 세계적으로 권위 있는 과학잡지 〈사이언스지〉에는 인류사의 혁명과도 같은 논문이 게재됩니다.

헬리코 파이로린 박테리아의 유전자로 추적한 인류이동(3월7일자)과 농업과 언어의 전파(4월25일자)라는 논문입니다. 그런데 두 논문이 모두 약 1만 년 전(1만2천년~8천년전)에 동북아시아로부터 어떤 집단이 세계로 확산되었음을 가정하고 있다는 것입니다.

헉! 앞서 충북 소로리에서의 1만 5천 년 전의 재배법씨의 발견으로 인해 우리의 농업과 언어가 동북아시아에서 세계로의 전파되었음을 쉽게 짐작할 수 있었지만, 특히 헬리코 파이로린 박테리아의 동아시아형(EA형) 원시유전자의 원형(original, 아프리카, 유럽형유전인자가 섞이지 않은)이 오로지 한국인에게서만 100% 독립적으로 발견되었다는 사실과 수메르지역의 이라크인들(메소포타미아문명)을 비롯한 아메리카 인디언(마야·잉카문명)에게서 변형된 동아시아형(EA형) 원시유전자가 분포되어 있음을 밝힌 놀라운 연구입니다.

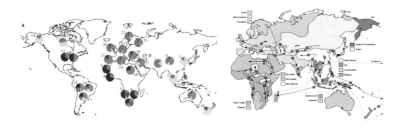

① 헬리코박터균의 유전적 분포와 ② 농사와 언어의 최초의 전파로 본 과거의 인류이동 (한국에서 세계로) 〈출처: 우리 역사의 비밀 자유게시판 / 솔본님의 글〉

💡 허걱!

두 연구는 모두 한국인이 동아시아의 조상으로서 전 세계로 확산

되었다는 연구결과이지요. 그렇기에 한국에 인류 시원문명이 그렇게 많았던 것이고 전 세계에 한국의 문명과 문화의 흔적이 그렇게나 많이 있었던 것이고 그렇기에 미국의 생물교과서는 세계의 개의 조상마저 한국의 개였음을 DNA를 통하여 추정했던 것이고 그러하기에 정작 우리나라에서는 다른 나라의 문명의 흔적을 찾을 수 없었던 것이지요. 또한 인류의 화석 '북경원인'(a Sinanthropus)의 후손이 정작 동남아시아계인 중국인이 아니었다는 사실입니다. 우리가 주장하지 않았기에 세계의 학설이 바뀌지 않았을 뿐입니다.

💡 후후후−, 먼− 옛날의 한문화의 이동, 한류(COREAN WAVE)였습니다. 드디어 현 인류문명의 시작과 이동이 밝혀진 것입니다. 누구는 지금의 한국이 유사 이래 가장 번성하는 시기라고 말하기도 하고 어떤 이는 지금의 한류가 우연히 부는 바람이라고 생각하기도 하지만, 예부터 한국은 문명을 시작하고 이미 세계의 문명을 주도해 왔던 것이었지요! 지금 또 다시 그 길을 다시 가고 있을 뿐입니다.

◆ 홍산문명(배달, 요하문명 BC 4500~BC 3000) > 수메르문명(메소포타미아문명 BC 3500) > 이집트문명(BC 3200~BC 343) > 인더스문명(BC 2600−BC 1900) > 황하문명(BC 2000) > 그리스문명(BC 1100~BC 14) > 로마문명(BC 27~AD 476) >

◆ (西)로마문명 ⬅⬅ 그리스문명 ⬅⬅ 수메르문명(메소포타미아문명) ⬅⬅ 배
　　　　　　　　　⬆ 이집트문명 ⬏　⬎ 인더스문명
달문명(홍산)(東)
　　⬎ 황하문명

이거 무슨 **똥-딴지**(돼지감자) 같은 소리냐구요?

'옛날, 평생을 동굴 안에서 묶여 산 사람이 있었대요. 그는 등 뒤의 불빛에 비춰진 그림자만을 보며 살아갑니다. 그리고 **벽에 비춰진 자신의 그림자를 자신이라고 착각하며 살아갑니다.** 시간이 흘러 동굴을 나오게 되었지요. 그러나 **호수면에 비친 낯선 제 모습을 보고 자신을 부정하고 맙니다.**' — 베이컨의 동굴의 우상(Idols of the Cave) —

이만큼 우리는 처절히 파괴된 정체성 속에서 우리 자신을 모르고 살아온 것입니다. 그래서 **작가 김진명** 씨는 「바이 코리아」(BUY KOREA)에서 이렇게 한탄합니다.

'그들(한국인) 자신이 활발하게 연구해 세계에 내놓아야 할 고대의 신비한 유산을 모조리 묻어버리지 않았나? 그들은 범죄자야! 인류의 유산을 탕진한 범죄자! -중략- 한 가지 분명한 것은 그 나라는 먹고사는 것 밖에는 모르는 나라야! 모두가 돈(money)에만 관심 있고 역사니 문화니 하는 것은 껍질밖에 없는 나라야!'

작가 김진명의 슬픈 눈
「대한민국 7대 미스터리」의 표지

그렇습니다! 너무나도 오~~~랜 역사를 갖은 시원겨레였기에, 겉에서 쉽게 드러나는 곁가지 같은 역사가 아닌, 저 땅 속 깊숙이 얽히고 설킨 칡넝쿨처럼 더욱더 굵어지는 뿌리민족이었기에, 천손의 종갓집인 고구리(려)마저 붕(崩, 망)하고 천손의 역사가 왜곡되었기에 지금 인류사의 혼란은 물론 우리 스스로도 우리를 쉽게 인정할 수 없었던 것입니다.

◆ 상고사학회 고 이중재회장님은 늘 말씀하셨습니다.

"처음의 한국의 '한'은 한 일자 1한(一)을 쓰다가 하늘에서 내려왔다는 2한(干: 거서간)으로 썼고 그리고 산에서 시작했던 뜻에서 3한(桓: 환인, 환웅)으로, 다음은 들에서 유목생활을 했던 넓은 뜻의 4한(韓), 그 다음은 하천을 중심으로 농경생활을 할 때의 모습을 5한(漢), 이어 6한(汗: 징키스칸), 한(邯: 한단, 강감찬) 등으로 파생되어 내려왔다. 한(漢)나라 또한 원래 북방민족으로서 한(漢)이라는 글자도 원래 우리의 글자였다. 그래서 한강(韓江)이 아닌 한강(漢江)이라고 쓰고 있는 것이다. 다 우리의 글자이고 다 우리의 가족이었다."라고 말입니다. 그래서 우리는 우리의 백성을 억조창생(億兆蒼生: 수많은 백성)이라 말해 왔나 봅니다. 부디! 이 책과 함께 하시다 보면 자연 이해가 될 것입니다. 오죽했으면「통곡하는 민족혼」이라는 제목의 책마저 나왔겠습니까!

이제 우리의 정체성을 조금은 이해하실 것입니다.

왜, 우리가 변화에 그렇게 빨리 적응할 수 있는 민족인지, 새로운 길을 어째서 두려움 없이 갈 수 있는지, 우리의 흥과 열정이 왜 다른 민족과 남다른지, 왜, 일등을 그렇게 원하고 왜, 명품을 좋아하는

지……?

　답은 우리 겨레가 예부터 그래왔던 민족이기 때문입니다. 오랜 역사의 과정에서 **제일 먼저 시작하고 제일 먼저 깨달았던** 민족이기에 우리는 무의식중에 압니다. 우리가 하는 것이 시작이며 **첫째라는 것을!** 그리고 **첫째로 하는 것**을 당연시하며 그렇게 살아온 민족입니다. 그래서 지금 우리는 중국은 물론이고 일본도 미국도 무섭지 않고 **별 것 아니라는 생각**을 무언중에 갖고 있는 것입니다.

　그리하여 세상에 가치 있는 것들을 제일 먼저 그리고 많이 세상에 내놓습니다. 그리고 결코 남들과 비교될 수 없었기에 늘 자신 속에서 **최고를 찾으며 자신과 싸우며 살아왔던 아름다운 겨레**(결+에: 물결처럼, 기쁨과 슬픔의 무늬, 결을 이루며 같이 살아온 사람)였습니다. **'아리랑'**(지고지선의 가치를 추구하는 고귀한 겨레)을 부르며 **끝없이 스스로를 채찍질해 왔던** 명품겨레였습니다. 그러하기에 사실 **우리 한겨레만큼 일등을 선호하고 명품을 찬미하는 민족**도 없을 것입니다.

　일찍이 우리 한민족은 인류의 종갓집답게 새로운 것에 대한 두려움보다 언제나 변화 앞에 생각을 열고 기상 있게 멀리 앞을 바라보고 **대륙문명과 해양문명을 아우르며 문명을 창조해** 나갔습니다. 그래서 우리는 다른 민족보다 **많은 것들을 일찍 시작하고** 고민하고 다듬어내어 세상에 최고(Best of the best)들을 만들어내었습니다. 그래서 우리 한국인의 지능(IQ)이 지구상에서 가장 높은 것입니다. 지금도 **적은 인구**(세계 25위)**로 세계의 명품문화를 창조해내는 것은 우리가 엄청난 뿌리문화를 갖고 있는 저력** 때문일 것입니다.

땡땡땡— 승객 여러분, 열차는 다시 출발합니다.

지금 여러분의 얼굴을 보니 모두 벌겋게 상기되어 있군요! 아마 많이 놀라고 지금 도 멍 하실 것입니다. 이것이 우리가 버렸던, 우리가 잊고 있었던 우리나라였습니다. 어찌 생각하면 너무나도 가슴 아픈 이야기들이지요! 너무나 오랜 역사에서 우리가 우 리의 배꼽을 쉽게 찾을 수 없었던 것이지요.

참, 방금 지나온 역장님은 역장님 중 가장 연세가 많으신 분입니다. 대략 1만 5천 세 되신 것으로 알고 있습니다. 그러니까 여러분 후손을 만나 우리의 참모습을 일깨우 기 위해서 1만 5천 년을 기다려 오신 것이지요. 그리고 올 제사년 처음 개통된 역의 역장님으로서 감개무량하시고 무척 반가우셨을 것입니다. 저기 세 번째 하늘정류장이 보이는군요. 제일 박학다식하신 역장님이십니다. 내리실 준비하시지요."

☯ 하늘(天, Sky)

승객 여러분, 한국의 한은 큰 하나로 시작된 '하늘'입니다.

아득히 머언 옛날 하늘의 정기를 가장 많이 받는 지구의 동북쪽, 일 찍 생각을 깨워 문명을 일으키고 지능이 뛰어났던 겨레가 있습니다. 쏟아질 듯 총총한 별들을 보며 더 큰 세상을 꿈꾸었던 이들, 춤추는 오로라를 보며 천국의 아름다움을 꿈꾸었던 이, 지는 별을 보며 운 명과 삶의 마지막을 생각했던 이, 별들의 침묵 속에서 끊임없이 답을 찾으려 했던 이들, 조화로운 별들과 하늘길을 보고 인간의 이상을 꿈꾸면서 하루하루를 놀라운 축제처럼 살았던 겨레가 있었습니다.

영리한 이들은 하늘의 중심에서 철마다 밝게 빛나며 수많은 별들을 관장하는 **북두칠성**을 바라보며 스스로 북두칠성의 자손이라고, 하늘의 자손이라고 말해옵니다. 심지어 임금님의 정사도 어긋난다고 생각하면, 다 같은 하늘의 자손으로서 **상소문을** 올리고 당당히 **따져** 물었습니다. 머리엔 하늘과 해를 의미하는 **새의 깃털을 꽂고 상투를 틀어** 세상에서 제일 일찍 깨어 문명을 연 **천손민족**임을 밝히며 높고 큰 자부심으로 살아가는 겨레였습니다.

이들은 저 높은 아홉 층 하늘 **구천**(九天)에서 하늘과 땅의 많은 신들을 조화롭게 관장하는 분을 '**천지신명**'(天地神明)이라 부르고 그 분이 하늘에 계신다고 믿었기에 '**하느님**'(하늘님, 한울님)이라 했으며 **조화로운 우주의 질서를 '하나님'**이라 불렀습니다. 땅의 왕 하제(下帝)를 다스리기에 상제(上帝)라 했고 그 분이 북두칠성에 계신다 해서 '**칠성님**'이라 했습니다. 그리하여 구천을 닮은 구중궁궐을 지어 놓고 **하늘문**(天門)이 열리는 날(개천절 음10.3 열다10 조화3)을 정해 하늘백성들이 모여 세상을 밝게 하고자 하는 마음으로 개천(開天: BC 3898)을 하며 **밝은 나라**(배달국)를 세웠습니다. 이들은 높은 곳에 돌을 옮겨 **제단**(祭壇)을 쌓고 처음으로 '천제'를 올리기 시작했고 스스로 **천손**(天孫), **하느님의 자손**이라 했으며 땅에다 **구천**(九天) 하늘세계를 그리며 '**구층석탑**'을 쌓아 놓고 하늘에 고하면서 **자연과 조화를 이루어 하나**(우리) **되기를** 기원하며 살아옵니다. 이러한 기원을 담아 **하늘**(우주)의 이치를 밝힌 인류의 소중한 경전이 바로 우리의 **천부경**(天符經)입니다. 하늘과 하나 되는 장쾌하고 슬기로운 겨레였습니다!

하늘에서 와서 땅에서 자란 천손민족이기에 천수(天壽)를 누린다고 했고 죽으면 조상이 계신 하늘로 (되)돌아가신다고 믿었습니다. 그래서 땅(地)을 의미하는 두 받침돌(지석)과 하늘(天)을 의미하는 덮개돌(개석)로 '큰 돌멩이'(DOLMEN, 돌멘, 돌멩, 고인돌)를 만들어 하늘에 제를 올려 왔음을 우리의 옛 고서 「단기고사」는 기록하고 있습니다.

그리고 지도자가 돌아가시면, 고인돌의 개석(위에 얹는 덮개석) 위에 조상의 별인 북두칠성을 새겨 하늘로 돌려보내드리고 하느님의 자손이니 받아달라고 했습니다. 백성들도 관뚜껑에 북두칠성을 새겨그려 놓아 하느님의 자손임을 표시했습니다. 그래서 "사람은 죽어 '칠성판'에 덮여 돌아간다."라는 말이 생긴 것이지요.

그리고 '죽는다' 는 말 대신 천손의 고향인 하늘로 다시 "돌아(turn)가시다(go)."라고 했고, 사람도 죽으면 하늘에 올라가 신(神)이 된다고 믿었습니다. 그래서 아무리 못된 사람이라도 죽으면 예를 갖추어 장사를 지내는 것이 다 그런 이유입니다.

북두칠성이 새겨진 고인돌 〈출처: 환단고기 역주본〉

창덕궁에는 조선 정조대왕 때 지어진 **왕실도서관** 규장각이 있습니다. 〈한배달학회〉 전 상임부회장이셨던 김대성님은 「한배달」에서 '하늘나라의 도서관'이었음을 다음과 같이 말합니다.

'1층은 왕실의 도서를 보관하는 **규장각**(奎章閣)으로 **규**(奎)는 문화와 문장을 관장하는 별을 말하며, **장**(章)은 문장으로서 규장각은 하늘의 문장을 모아 놓은 곳'이라고 말입니다.

그래서 '과거에 급제하여 등용문인 **어수문**(魚水門: 물과 고기가 만나는 문)에 오른 선비는 구름이 조각된 계단을 밟고 올라 하늘나라 규장각에 도착해 수만 권의 책을 마주 합니다. 그리고 열람실인 위층 **'주합루'**(宙合樓)로 오릅니다. 주합은 구천상제가 사시는 곳으로 우주(宙)의 모든 이치가 담겨진(合) 누각(樓)입니다. 선비들은 이곳에서 구천상제와 더불어 우주의 이치를 묻고 대화합니다.'

창덕궁 규장각 주합루
〈출처: 히포의 꽃사진〉

이 하늘문고 규장각 앞에는 하늘나라를 지키는 해치가 있습니다.

누구는 이것을 **해태**라 하면서 **시비선악**(是非善惡: 옳고 그름 좋고 나쁨)**을 가리는 정의의 신수**(神獸)라고 하고 화기(火氣)를 막아주어 불이 안 일어나게 하는 영험함이 있기에 문 앞을 지킨다고들 하는데 원래 이름은 **해치**(獬豸)입니다. 우린 신성한 천손 민족으로서 **우리가 사는 곳이 하늘나라**이기에 구름다리를 건너야 했고 **구름 위의 하늘나라**(天國)를 지키는 영험한 동물이 필요했던 것입니다. 하늘나라의 문 앞에 떡 버티고 서서 신성하지 못한 것들의 출입을 감시하는 신수, 신령스러운 동물이 바로 해치였던 것입니다.

하늘나라 지킴이들, 경복궁 금천교의 해치 〈출처: 백세청풍님의 일상의 작은 편린들〉

　창덕궁을 비롯한 우리의 궁에는 이렇듯 천손민족의 자긍심이 곳곳에 도도히 서려 있습니다. 지금의 규장각에서는 서고(書庫)와 대유재(大酉齋), 소유재 등 많은 건물들은 볼 수 없습니다. 일본에 의해 모두 헐리고 말았지요. 그래서 지금의 한국인들은 자신들이 얼마나 자긍심 있는 귀한 하늘의 자손이었나를 모르고 살아갑니다.

　무엇보다 하늘의 변화가 땅과 인간에게 영향을 미침을 어느 민족보다 먼저 깨달은 겨레가 바로 한민족입니다. 이러한 천지의 변화는 곧 제왕의 권위와 직접 연관이 되었기에 천손인 한민족은 하늘의 태양과 달, 별들을 관측하고 천제를 지내는 것을 게을리 하지 않았습니다. 그래서 천문학(天文學, astronomy)을 제왕(帝王)의 학문이라고 하며 천손민족으로서 천문학을 발달시킨 것입니다.

　천문학이 무엇보다 중요한 것은 인류의 문명과 문화는 물론 과학의 시작이 된다는 사실이지요. 천문학은 우선 역학(曆學)을 낳습니다. 그래서 책력(冊曆)이 나오게 되고, 하늘에 제를 올리면서 '문학'과 음악, 춤, 미술 등의 '예술'을, 그리고 직조와 의상과 '의류학'을, 제물을 올리면서 '수렵'과 '농업', '발효'(술), '어업'과 '조선업'이, 이들을 담기 위해 '토기'(훗날 도자기) 제조 그리고 권위를 상징하는 거울(청동경), 검(청동검), 방울(청동령) 등의 '과학'과 각종 무기를 제조하기 위한 '금속학'과 '화학'이, 그리고 제단을 쌓으면서 '건축학'과 '측량학', '수학'과 '물리학', '디자인학'이, 그리고 이러한 것을 남기기 위한 '문자'나 '제지술'(훗날 인쇄술) 그리고 많은 사람을 효율적으로 경영하기 위한 '법학'과 '경제학', '경영학', '정치학', '사회학' 등이 발달하게 되지요.

이렇게 중요한 천문학이 아무나 할 수 있는 것이 아니었습니다. 적어도 제일 먼저 설 수 있었으며 그래서 고개를 들어 높고 넓고 먼 하늘을 볼 수 있었고 그래서 지능이 제일 높아 남들이 생각할 수 없는 것들을 생각할 수 있었던 자들만이 할 수 있는 학문이었습니다. 그래서 **제왕의 학문**이라고 하는 것이지요. 이러한 천문학을 역사를 처음 시작한 **시원민족이 제일 먼저 시작하고 발전시켰다**는 사실은 조금도 이상할 일이 없지만, 그래도 우리가 우리 자신을 너무도 모르면서 무시하기에 여기에 조금 소개하려고 합니다.

◆ 전 서울대의 박창범 교수는 「하늘에 새긴 우리 역사」에서 '서구의 천문관측 역사가 기껏해야 300년인데 비해, 우리 동이족 배달민족은 하늘 민족답게 이미 BC 5000년경부터 북두칠성을 비롯하여 카시오페아 등을 새긴 고인돌이 북한 지역에서만도 약 200여기가

남아있다.'(1997년 9월 29일 한국일보)라고 발표하여 우리의 천문학의 연대가 가장 오래되었음을 알립니다. 대단한 일입니다.

◆ 아울러 이종호님의 「한국의 7대 불가사의」에서는 대동강 유역의 고인돌에서 별자리를 기록한 천문도의 발견을 소개합니다. 평안남도 증산군 용덕리의 10호 고인돌 덮개돌 겉면에는 11개 별자리의 80여 개의 별을 나타내고 별의 밝기에 따라 구멍의 크기도 각각 달리 했으며 중심부에는 북극성이 그려져 있었다는 것입니다.

고인돌의 별자리의 연대를 측정해보니 무려 BC 2800±220년, 지금으로부터 약 5000년도 넘는 때(고조선은 BC 2333 시작)였습니다. 이제까지 〈세계천문학계〉에서 고대 천문학의 원형(별자리의 원형)이라고 알려져 있는 메소포타미아(바빌로니아) 지역의 토지경계비의 천문기록(BC 1200)보다 무려 1800년이나 앞선 것입니다.

〈세계천문학회〉는 말합니다.
근세조선 때까지 2000년 이상 꾸준히 하늘의 천문 관측이 이루어져 기록이 남아 있는 나라는 세계에서 우리나라와 지나(중국)뿐이었다고. 이렇게 우리는 하늘백성답게 우리의 고인돌에 북두칠성과 많은 별들을 새겨 놓아 하늘에 대한 그리움을 드러내었습니다. 전 세계의 고인돌의 반 이상이 중국이 아닌 옛날의 '우리나라'에서 발견된다는 사실은 천문학의 시작이 한족이 아닌 우리 한국이었음을 증명하는 것이지요. 한마디로 한족(漢族)의 영역에는 뿌리유물이 없습니다.

안타까운 것은 일제시대 전국적인 토목공사로 인해 원형을 알 수 없게 사라진 고인돌이 수없이 많았다는 사실입니다. 그때 얼마나 많은 별자리의 비밀이 사라져 갔을지……! 그래서 우리 겨레로부터 시작된 고누놀이와 바둑(棋), 윷놀이 등이 우리 역사에서 잊혀집니다.

◆ 2004년 9월9일자 〈조선일보〉 '조용헌 살롱'에서는 오후7~9에 북두칠성의 소위 국자손잡이가 1월(입춘)에는 북동쪽 인(寅)방에, 2월(경칩)에는 동쪽 묘(卯)방향에 3월(청명)은 남동쪽 진(辰)방향에 있는 것으로 "북두칠성은 하늘에 매달려 있는 거대한 시계이자 달력이었던 셈이다. 선조들은 북두칠성이 우주시(宇宙時)를 가리킨다고 믿었고 −중략− 북두칠성은 우주와 인간의 스케줄을 관장하는 시간의 신으로 생각하였다."라고 말합니다.

1월의 북두칠성 〈출처: 다음희망의 메시〉

이렇게 하늘의 중심에서 어느 별보다 정확한 궤도를 따라 움직이는 북두칠성을 민족의 별로 정했던 민족이었기에 우리의 천문학과 책력은 정확할 수밖에 없었을 것이며 여기서 천문학이 시작되어 고인돌에도 나타난 것으로 봅니다.

그리고 하늘을 뜻하는 간(干)과 땅을 뜻하는 지(支)의 운행을 나타낸 십이간지(十二干支) 또한 근원을 북쪽에 둔 민족이었기에 자(子: 북쪽)로부터 시작하였고 동북쪽에서 해가 시작하기에 인(寅)을 1월로 정해진 것은 아닐까요! 이러하기에 상고사 학회의 고 이중재회장님은 '간지문화' 역시 우리 민족의 문화였다고 말씀하셨습니다.

'**자**(子·쥐 **북쪽**), **축**(丑·소), **인**(寅·호랑이 **북동쪽 1월**), **묘**(卯·토끼 **동쪽**), **진**(辰·용), **사**(巳·뱀), **오**(午·말 **남쪽**), **미**(未·양), **신**(申·원숭이), **유**(酉·닭 **서쪽**), **술**(戌·개), **해**(亥·돼지)'

그래요! 지금도 우리가 "무슨 띠냐?"고 묻는 문화입니다. 잠깐 우리 한번 쉽게 외어 볼까요!

— 바로 앞에 친구가 있다고 가정하고, 그 친구의 머리에서 출발하여 발까지 시선을 한 번 훑어내려가며 연상하기만 하면 됩니다. 자, 시작합니다. "내 친구는 **쥐**가 뜯어먹은 머리에, **소**뿔같이 패인 이마, **호랑이** 눈섶에, **토끼**같이 벌렁이는 코, **용**처럼 튀어나온 이빨에, **뱀**처럼 생긴 모가지, **말**꼬리로 만든 브래지어에 **양**가죽 허리띠를 두르고 **원숭이** 볼기짝에 두툼한 **닭** 넓적다리, **개**다리 폼을 잡으며 **돼지**(족)발에 힐을 신고 있다!" — (제가 좀 심했나요?)

그리고 중국의 역사의 아버지라는 서량지는 「중국사전사화」에서 말합니다.

'중국의 **책력법**은 동이(東夷)에서 시작되었다. **책력**을 만든 이는 **희화자**(羲和子)이다. 그는 은나라 출신으로 동이의 조상이다. 동이가 **책력**(해와 달의 운행 및 절기 따위를 기록해 놓은 책)을 만든 사실은 진실로 의문의 여지가 없다.'라고 합니다.

그래서 세계 천문학계에서 가장 **오래된 별자리 지도**로 인정하고 있는 천문도 〈**천상열차분야지도**〉(天象列次分野之圖)가 우리에게 있는 것은 결코 우연이 아닙니다. 고구려의 석각천문도를 기본으로 하여 12개의 분야로 하늘을 나누고 그 안에 크기와 밝기에 따라 1460여개의 별을 새겨놓고 293개의 별자리를 그린 웅장한 천문도이지요. 단지 하늘의 별자리를 옮겨 그린 것이 아니라 **황도**(黃道: 해가 1년 동안 지나가는 길)**의 경사가 24도**라는 사실과 **춘분점과 추분점의 위치, 계절의 변화** 등을 기록하고 있어 고구려인의 천문학의 수준이 당시 최고였음을 보여 주고 있습니다.

바로 만 원 권 지폐 뒷면에 있는 별자리 그림이지요.

'천상열차분야지도' 각석(국보 제228호)
태조 4년(1395) 가로 122.8㎝ 세로 200.9㎝
흑요석 〈출처: 서울대학교 규장각한국학연구원〉

이성계 즉위 후 고구려 천문도 탁본 한 장이 발견되어 태조4년(1395)에 제작된, 제작연대로는 중국의 석각천문도인 소주의 〈순우천문도〉(1247)보다 150년가량 늦지만, 〈천상열차분야지도〉의 중앙부와 달리 바깥에 새겨진 별들이 고구려시대 초기(1C)의 하늘의 별로 작성된 고구려천문도를 기본으로 조선 초에 수정된 하늘의 별자리였음을 고등과학원(KIAS) 물리학교수이며 전 서울대 천문학과 박창범 교수에 의해 밝혀짐으로써 〈순우천문도〉보다 **오히려 900년**, 서양천문학사보다 1000년 이상 앞선 **명실공히 세계에서 가장 오래된 천문도**로 인정받게 되었지요. 별의 나라, 신의 나라는 정작 바빌로니아도 그리스도 아니었으며 또한 중국도 아닌 **바로 우리 한국이었던 것입니다.**

박창범교수가 누굽니까! 이미 2005년에 세계 **최대 규모의 우주진화 시뮬레이션으로 표준우주모형을 입증**하며 세계천문학계를 선도하는 자랑스러운 대한민국의 과학자 아닙니까! 서양에 비해 현저하게 앞선 우리의 고대과학의 우수성을 입증하며 박교수는 우리의 자부심을 고취합니다.

⇨ 이미 고조선 5대 단군인 구을황제(BC 2099)때 **황보덕이란 재상이 50여년을 천체를 관측**하고 구을 단군에게 보고한 기록이 「한단고기」에 나옵니다. 여기에는 '북극성과 태양 주위를 돌고 있는 행성으로 수성, 금성, 지구성, 화성……'등 10개의 행성이름은 물론 인류 최초의 지동설(地動說)을 밝히고 있습니다.

서양은 우리보다 3700년이나 늦은 겨우 16세기에 이르러 니콜라우스 코페르니쿠스(Nicolaus Copernicus 1473~1543)가 **"태양이 우주의 중심이고 지구가 태양 주위를 돌고 있다. 지구는 태양 주위를 도는 행성에 지나지 않는다."**라고 발표합니다. 그러나 그것은 **단순한 지동설**이라고 합니다. 왜냐하면 태양이 우주의 중심이라는 잘못된 우주관이기 때문이지요. 이렇게 중세의 서양은 조선의 왕 선조(1552) 이전까지만 해도 '지구가 우주의 중심이고 인간은 그 중심에서 군림하는 존엄한 존재이며 달과 해 위의 천상계는 영원한 신의 영역' 이라는 잘못된 우주관을 갖고 있었을 뿐입니다.

심지어 인류의 4대성인의 한 분으로 추앙받고 있는 그리스의 철학자 소크라테스(BC 469~BC 399)마저도 해와 달은 행성이 아닌 그들의 신(神, GOD)으로 절대숭배의 대상으로 여겼다 하니 서양인들의 천문지식을 가히 짐작할 수 있을 것입니다.

▷ 아울러 10대 단군인 노을 황제 35년 을축년(BC 1916)에 지금의 천문대인 감성대(監星臺)를 두었다는 기록도 「단군세기」에 전하고 있습니다. 그러니까 신라의 '첨성대'도 고조선의 감성대에 근원을 두고 있음을 쉽게 유추해 볼 수 있는 기록이지요. 지금 첨성대(瞻星臺)라는 별관측소가 남아 세계최초라는 영예를 드러내고 있어 그나마 다행입니다.

감성대에서 유래된 첨성대
〈출처: 연가의 문화유산기행〉

▷ 또한 「단군세기」에 전하는 13세 홀단단군(BC 1782~BC 1720)때 수

성, 금성, 화성, 목성, 토성의 집결을 말하는 **오성취루현상**(무진50년)기록이 정확히 BC 1733년 7월 13일의 사실이었음이 천문학과 박창범 교수의 컴퓨터시뮬레이션 결과에 의해 밝혀지며 박석재 천문위원에 의해 확인과 또한 과학저술가 이종호님을 비롯한 많은 분들의 연구에 의해 우리 조상의 천문학의 발달이 또 다시 **증명된** 바 있습니다.

컴퓨터 프로그램의 시뮬레이션 오성취루 현상 〈출처: 네이버 역사천문학회〉

그리고 극히 한정된 장소에서만 관측할 수 있다던 **'일식에 관한 백제의 기록'**도 있습니다. 역사학회에서 위서(僞書: 올바르지 않은 서적)라고 무시하던 「한단고기」를 박창범 교수는 이 속의 **일식기록**을 가지고 현대 천문과학으로써 되짚어 연구를 하면서 「한단고기」의 **기록**이 역사적으로 **옳은** 기록이었음을 증명합니다.

그의 저서 「하늘에 새긴 우리 역사」에 따르면 **'백제의 일식관측 지역이 현 지나**(支那, 중국)**의 발해만 유역'**인 것으로 드러나 발해만 유역이 초기 백제의 영토였다는 사실로 잃어버린 역사를 더불어 알게 해줍니다. 정말 자랑스러운 한국인입니다.

이러한 정확한 기록이 있었기에 또한 일식(日蝕)의 기록에서 이순지는 세종29년 음력 8월1일 오후 4시 50분 27초에 일식이 시작되어 6시 55분 53초에 끝난다고 정확히 예측하여 맞추었으며, 1년을 365일

5시간 48분 45초라고 계산해 놓음으로써 지금의 48분 46초에 비해 1초밖에 오차가 없었음을 오영수 씨는 「이순지」에서 밝힙니다. 반면 「현현기경」 같은 많은 중국 고전에는 1년이 360일로 나타나 있다고 합니다.

그래서인지 일본학자의 「세계천문학사」에는 당시 인류역사상 가장 과학적이고 정확한 책력으로 세종 때 이순지의 칠정력을, 그리고 책력서로는 「칠정산외편」을 들고 있다고 합니다.

태양에 검은 점(흑점, monster sunspot)이 많아질수록 우리 농작이나 삶에 영향을 줌을 누구보다 일찍 깨달은 지혜로운 민족이었습니다. 그래서 천손의 나라 고구려는 검은 태양의 모습을 삼족오(三足烏)라 하여 나라의 상징으로 삼고 이를 관찰합니다.

이러한 관찰에 대하여 박창범 교수는 '흑점 기록이 서양의 갈릴레이 갈릴레오보다 1000여 년 앞선다는 것, 또한 옛 중국의 오로라 기록이 292개에 불과한 반면, 우리는 국제적으로 알려진 것만도 711개에 이른다는 것, 또한 「한서」, 「후한서」의 한족의 일식기록의 실현율은 78%에 불과하지만, 「삼국사기」 초기 일식기록의 실현율은 무려 89%라는 것' 등을 발표합니다.

그래서 학자들은 오히려 저(중국)들이 우리의 천문기록을 베꼈을 수도 있다는 추측을 하는 것이고 그들의 천문도마저 정작 스스로 만든 것이 아닌 우리 천손의 천문도의 원형을 모사한 것이라는 주장을 하는 것입니다.

여기에 이덕일 박사는 고구리(려)의 독자적인 천하관(天下觀: 세상의 중심국)을 인정하지 않기 위해 당나라가 의도적으로 고구리 이전부터 전해져 왔던 〈천상열차분야지도〉의 석각원본을 수장했을 가능성이 있다는 주장과 AD 7C말~AD 8C초에 조성된 것으로 여겨지는 일본의 〈기토라 고분에 그려진 별자리벽화〉가 당시 일본하늘의 별자리가 아닌 BC 3C~AD 3C의 고구려의 하늘의 별자리인 점으로 미루어 고구려 이전에 이미 높은 수준의 천문학으로 발달하였음을 증명하고 있습니다.

이렇게 하늘에 대해 정확히 알고 있었기에, '수차례의 수정을 거친 서양의 양력(BC 46 율리우스력)에 비해 BC 2357년에 만들어졌지만 지금까지 1/100의 오차도 없어 수정을 한 적이 없는 한국인이 만든 책력인 음력(陰曆)의 놀라운 과학성(정확도)과 실생활 적용성에 대하여 경탄'을 했던 세계적인 석학 자코모 박사의 이야기가 1994년 〈한배달〉에서 발간한 「천부경연구」의 편집후기에 전하고 있는 것이지요.

여기서 우린 천문학자인 박창범 교수님의 학문적 노력에 박수를 보내야 합니다.

그는 우리 역사계에서 내던져 버린 「단기고사」, 「단군세기」 그리고 「삼국사기」, 「삼국유사」에 실려 있는 '일식과 오로라, 달과 혜성의 움직임, 유성과 운석의 낙하 등 천문기록'을 과학적으로 분석하고 증명함으로써 조상의 옛 기록이 옳은 것이며 그리하여 국사학계의 기존 교과서의 학설과는 다른 고대사를 제시하고 있습니다.

그러나 박사의 이러한 이론은 국사학계로부터 단 1건의 반론도 받지 않았다고 합니다. 특히 「단기고사」, 「단군세기」, 「한단고기」 등을 위서(僞書: 거짓 서적)라 하면서도 박사의 주장 중 무엇이 그르다든지,

옳다든지, 그럼 역사를 고친다든지, 아무 반응도 없다는 것입니다. 박사는 조목조목 따지며 우리의 서적들이 옳은 기록이었음을 증명하고 싶은데도 말입니다. 그러나 역사학계는 지금도 옛 교과서에 충청도와 전라도 지역만을 백제라 되풀이 할 뿐입니다. 이렇게 겨레의 상고사를 과학적으로 증명해 놓은 박교수님에게 감사를 드립니다.

우리에게 최초의 천문학유물과 최고의 책력이 있는 것은 결코 하루아침에 이루어진 것이 아닌, 일찍이 환인시대와 환웅시대 그리고 고조선을 잇는 '천손민족'으로서, 천문(天文)을 존숭하면서 끊임없이 이어진 겨레의 과학정신과 천손의 그리움 때문이었던 것이었습니다. 그래서 우리가 이렇게 뛰어난 민족임을 알고 오영수 씨가 외친 말은 매우 깊은 느낌을 줍니다.

"한민족아, 큰 바람 한번 불어 큰일 좀 내자꾸나!"

하늘민족의 뒤늦은 우주개발(나로호) 〈출처: 우리나라TV〉

"문학열차승객 여러분은 다 승차하셨죠! 방금 전의 하늘역장님은 역장님 중에서 수학을 가장 잘 하시는 분입니다. 한민족이 세계에서 수학을 가장 잘 하는 것은 하늘역장님의 후손이 많기 때문이지요.

아, 저-기 왼쪽으로, 대한민국이 쏘아올린 나로호가 지나가는군요. 하늘민족의 후손으로 너무 늦었고 부끄럽지만, 이제 정신을 차린다면 앞으로 최고의 우주강국이 될 것입니다. 다음 정거장은 **크다**정거장입니다. 그래서인지 역장님 중에서 가장 키가 크시지요. 아마 여러분은 역장님의 말씀을 듣는 동안 목이 기린처럼 늘어날 것입니다. 자 내리십시오."

🌀 크다(太 大, The Greatest)였지요.

승객여러분, 한국의 한은 '크다'입니다.

예부터 우리 겨레는 큰 하늘을 보면서 큰 우주를 생각했기에 큰(大) 것을 '한'이라고 불러왔습니다. 그래서 지금의 대전(大田)도 원래는 한밭이라 불렀고 또 큰 강(大江)을 만났다 해서 우리는 한강이라고 불렀고 큰 물의 옛말인 아리수로 불러왔던 것을 잘 아실 것입니다.

⇨ 중국의 고전 「이아」(爾雅)에는 다음과 같은 기록이 있습니다.
'구이(九夷: 한국, 아홉 동이)는 동방에 있는데 태평(太平)의 사람이라 칭한다. 그들은 인(仁, 어질다)하여 인간을 사랑한다. 그런데 인간을 사랑하는 인은 지기(地氣, 땅기운)에서 나왔다.'

이렇듯 크다(大, 太)라는 말은 원래 우리 천손민족의 특성을 일컫는 우리의 고유한 글자로서 한(桓, 韓)에서 비롯된 글자였지요.

◆ 전 한국정신문화연구원 박성수 명예교수님은 「단군문화기행」에서 '대웅전이란 이름은 한국에만 있는 명칭으로 그 어원을 따져 보면 환웅전(桓雄殿)이 대(大)웅전이 되었다.'라고 명쾌하게 크다의 유래를 깨우칩니다.

불국사 한웅전

그렇습니다! 처음부터 대(大)웅전이 아니라 원래는 한웅전(桓雄殿, 환웅전)이라 했다는 말이지요. 여기서 수컷 웅(雄)자는 '불꽃처럼 빛나는 모양'이라 하여 도(道)를 통한 곰부족에게 붙이는 말로서 한웅전은 크게(大, 太) 도통한 한국인을 모신 집이란 뜻이었습니다.

그래서 「고려팔관잡기」에는 '불상을 맞아 절을 세우고 이를 대웅이라 칭하다. 이는 승도들이 옛 풍속을 세습하여 부르는 호칭이며 본래 승가의 말은 아니다.'라고 기록하고 있으며 「태백일사」 또한 '환웅을 대웅이라 한다. 여기서 대웅이란 대인(大人) 환웅을 말하는 것이다.'라고 하여 환웅의 본뜻을 소중히 밝히고 있지요.

그러니까 고조선 때까지도, 그리고 고구려와 백제, 신라, 고려까지도 조상을 모시는 신당(神堂)이 있었고 이 신당에 큰 조상님 세 분을 모셨습니다. 중앙에 환인님을, 왼쪽에 환웅님(주로 치우천황)을, 오른쪽에 1대 단군왕검을 모시고 국가 대사에 예를 올리고 제(祭)도 지냈습니다.

그러나 고구려 17대 군주 소수림태왕(371~384) 때 불교를 받아들이고 삼국이 불교화 되고 이어 삼국이 망하면서 고구려의 천하세계관이 그 기반을 잃자, 우리 겨레는 공황상태(panic)에 빠집니다. 그리고 천손의 나라를 지킬 힘을 불교에서 찾게 되면서, 한웅전에 모셔져 있던 우리의 큰 조상 세 어른이 바뀌게 됩니다. 이렇게 한웅전에는 석가모니불, 미륵불, 아미타불의 삼존불이 주인 자리를 차지합니다. 게다가 민족의 영웅인 치우천왕(14대 환웅)은 절문에서 절을 지키는 수문장으로 전락해 버립니다. 그것이 '사천왕'이라고 합니다. 주인과 객이 완전히 뒤바뀐 것이지요!

그렇지만 조상에 대한 애착이 누구보다 강한 민족이기에 민심을 조금이라도 잡기 위해 불도자들은 전통적인 한옥에 '한웅전'(大雄殿)이란 팻말은 그대로 붙여 이어왔습니다. 지나(중국)와 왜는 이러한 천손조상이 아니었기에 한웅전(大雄殿)이 아닌, 일반적으로 법당(法堂)이라는 이름으로 전해오고 있습니다.

이렇게 정작 겨레의 주인이며 큰 어른이신 세 분은 절 구석으로 쫓겨가서 생긴 것이 바로 삼성각(三聖閣)입니다. 훗날 이 삼성각의 세 성인마저 잊히고 갈라져 '산신각'과 '칠성각', '독성각'으로 되었다 합니다. 그러하기에 삼성각이나 산신각(山神閣), 칠성각(七星閣), 독성각은 우리나라에만 있는 문화로서 불교와는 관계가 없는 문화이기에 불경에도 일본이나 중국에도 나오지 않는다고 합니다.

보는 것이 믿는 것이다. (To see is to believe.)

세월이 지나 안 보이니까 믿지 못하게 되고, 눈에 보이는 삼존불을 한웅이라 하면서 얼빠진 민족이 되어 한웅(겨레의 큰 어른)의 시대인 환인시대(고대 한국)와 환웅시대(배달국)와 단군시대(고조선)의 큰 역사와 조상을 다 잊고 맙니다. 환웅전이라 읽는 것을 잊고 한자의 음대로 **대웅전**이라 말함으로써 우리의 장구한 역사는 그늘 속에 가려져 버린 것이었지요. 천손조상의 역사의 흔적이었습니다.

　이제부터라도 제대로 **한웅전** 또는 **태웅전**이라 되살려 불러야 합니다. 그런데 **국어사전**(1987년 N사전)**에서** 환인과 환웅을 찾아 봤더니-. 아-, 없~네요! 역시 제 민족의 정체성을 잊은 민족답습니다.

　참! 우리는 역사의 시조만 주인자리를 **빼앗긴** 것이 아닙니다. **시원문명도 옷도 음식도 종이도 의사도 의학도** 이젠 다 주인 자리를 **빼앗겨버렸습니다.** 완전히 주객이 전도된 세상이 되었습니다. **옷**이라 하면, 이젠 의례히 서양옷을 생각합니다. 옷은 서양옷이고 **우리 옷**은 한복(韓服)이라 부르듯이 **음식이 아니라** 한식(韓食)이라 하고 **종이가 아니라** 한지(韓紙)라 하고 **의사가 아니라** 한의사(韓醫師)라 하고 **의학이 아니라** 대체의학(代替醫學)이라 하면서 **정작 주인인 우리의 것은** 손님 취급을 받습니다. 이렇게 우리의 것을 모두 잊어버리고 제 조상도 귀신이라 몰아내치고 살아가게 됩니다. 이것이 지금 우리의 정체성이라 하는 것의 실상입니다.

⇨ '**한국**'을 뜻하는 **이**(夷)의 의미를 옛 옥편인 「설문」에서 찾아봅니다.
　'**이**(夷): ¹**사람도 크고,** ²**나라도 크고,** ³**뜻도 크다.**'라고 나오는군.
◆ 사람도 크다: 프랑스의 고고학자이자 철도기사였던 부르다레는 1902년 〈리옹 인류학회지〉에 발표한 그의 논문 「한국인, 그 인류학적 스케치」에서 '조선인이 다른 동양인들에 비해 체격조건이 뛰어나다.'고 발표했으며, 1904년 「한국」(En Coree)에 '조선인들의 평균 신장

을 조사해보니 중국인이나 일본인보다 큰 162cm였다.'라고 기록하고 있습니다. 영국 지리학자 비숍(I.B. Bishop)도 1897년 「한국과 그 이웃」(Korea and Her Neighbor)에서 "조선 성인남성이 평균 163.4cm의 키에 잘생긴 용모와 좋은 체격을 지녔다."라고 언급하기도 했습니다. 이렇듯 동남아를 거쳐온, 검고 작은 원중국인(중국정부프로젝트)과 달리 북쪽을 거쳐온 한국인은 희고 맑은 피부에 키도 컸습니다. 얼마 전 유럽 통계에서 여자가 가장 예쁜 나라 세계 1위로 대한민국이 뽑힌 사실도 근거 없는 것이 아닐 것입니다. 19세기 중반만 해도 네덜란드나 독일 성인남자의 평균 키 또한 164cm밖에 되지 않았다고 합니다.

대-고구리(高九夷: 천손 동이 9부족의 장자로서 세운 높은 나라. 고구려)가 망하고 천하를 아우르는 천제국 위치에서 쫓겨난 이후 1500년 동안, 기마민족의 영광이었던 말과 수레를 빼앗기고 대신 굴욕과 가난을 지게에 지고 어둠의 길을 걷는 동안 우리는 등골이 빠지도록 등골이 휘도록 고생을 하면서 키가 줄었고 체격이 작아졌던 것이지요. 아직은 우리 유전자에 들어 있는 우리의 원래키가 복원이 되지 않았지만, 경제발전으로 연 개인소득 2만 달러가 넘는 지금 우리 한국인의 체격과 평균키가 다시 동양 3국 중 제일 큰 것으로 나타난 것은 「설문」의 기록이 틀리지 않음을 보여 주는 것입니다.

수레 대신 지게를 〈출처: 서울신문〉

◆ **나라도 크다:** 러시아와 중앙아시아에는 '-탄, 칸'으로 끝나는 국가가 많습니다. 카자흐스**탄**, 키르키즈스**탄**, 우즈베키스**탄**, 타지키스**탄**, 투르크스**탄**, 파키스**탄**, 아프카니스**탄**……. 13C때만 해도 킵차크한(칸), 오고타이한국, 차카타이한국, 일한국 등의 나라(12 한국)가 있었는데 여기서 칸과 탄은 원래 한이라는 뜻이었다고 합니다.(한 = 단 = 탄 = 간 = 칸 = 큰)

자기들도 먼 옛날 **위대한 나라 한국**(옛날 한인시대에 12한국이 있었는데 그 당시 우리가 종손국가였음)**에서 나온 나라**임을 역사적으로 드러내는 말이지요. 지금의 한류를 통해서도 알 수 있듯이 먼 옛날에도 엄청난 **문화의 한류**(K-Wave)가 있었음을 일깨워줍니다.

「한민족의 뿌리사상」 등의 저서를 쓴 송호수교수는 지금의 **중국**(중원)도 옛날 단군조선이 지배하였지만 '한나라의 사마천은 「사기」 25권을 쓸 때, 단군조선이 중원 대륙을 지배했었던 역사적 사실을 뒤집어 오히려 단군조선이 옛 중국에 지배를 받은 것처럼 힘겹게 왜곡해 놓았으며 한(漢)의 국호 자체도 조선의 한(韓)이라는 글자를 그대로 빌려간 것에 불과한 것' 임을 오향청언(吳鄕淸彦)이라는 일본학자의 글을 통해 밝히고 있지요.

그래서 어떤 분은 우리의 **땅**이라는 말에서 '탄'과 '한'으로 변했다고도 하는데 '탄'과 '한'이란 명칭을 여기저기에서 볼 수 있는 것은 땅이 있는 곳은 어디나 한-국이라는 우리 민족의 장쾌한 정신세계를 알 수 있는 소중한 언어문화유산입니다. 이처럼 장구한 역사를 알 수 있는 비밀의 단어가 '한'인 것입니다. 한국은 큰- 나라란 뜻입니다.

◆ **뜻도 크다:** 또한 **한국은 뜻도 큰 나라**였으니, 국가를 세움에 있어

건국(建國: 나라 세움)이라 하지 않고 개천(開天) 즉 하늘과 땅을 처음 연다라고 했듯이, 개천이념 또한 이러한 호기로움에 걸맞는 정신인 홍익인간세(弘益人間世)를 천명합니다. 인간을 이롭게 하는 인간이기 주의가 아닌, "인간세상을 조화롭게 꾸며 두루 이롭게 하라!"는 말씀이니 참으로 장쾌하고 아름다운 민족 아닙니까? 그래서인지 다른 민족처럼 먹기 위해서 살거나, 그냥 살기 위해서 살거나, 즐기기 위해서 놀기 위해서 살지를 않고 세상을 위한다거나 인류를 위해 산다고 말들을 합니다. 대한민국 교육법 제 1조의 내용이기도 하지요.

여기서 〈인간의 욕망의 모습〉을 살펴 우리 겨레의 의식 수준을 살펴볼까요?

동·서양을 막론하고 유아기 때는 군인, 경찰이나 119구조대 같은 힘이 강한 사람이 되고 싶어 하지요. 그리고 10-20대는 가수나 배우 같은 엔터테이너, 혹은 운동선수가 되어 남의 인기(人氣)를 얻고 싶어 하며, 30-40대는 돈, 돈, 돈(money)을, 50-60대 초반까지는 명예(honour)를 추구하고 그래서 돈으로 명예를 사기까지 합니다. 그리고 60중반-80대는 "다 필요 없다. 건강(health)이 제일이다." 라고 하지요. 그러나 정작 인간이 삶을 마칠 때가 가까이 오면, 이런 생각을 한다고 합니다.

'내가 세상을 위해서 무엇을 했나?'

자본주의의 신(神)

힌두교에서는 하늘 저 높은 곳에 최고의 신인 '인드라'(INDRA)가 산다고 합니다.

그의 궁전 위에는 **거대한 보석그물**이 씌어져 있는데, 그 그물코마다 수정 같이 빛나는 보석이 박혀 있습니다. 그물코의 수정은 다른 그물코의 보석에게 빛을 비추고 그렇게 빛을 받아 다시 서로를 비추어 궁전을 환하게 밝힙니다. 그리하여 온 우주를 비추는 그 그물을 인드라(Indra)망 또는 인타라망(因陀羅網)이라고 합니다.

우주라는 거대한 보석그물 속에서 서로를 비추고 있는 인드라망! 이는 세계를 구성하는 삼라만상의 구성원은 홀로 떨어진 존재가 아닌, 유기적 구조 속에서 서로에게 생명을 주고받는 보석처럼 귀한 존재로서 모든 존재는 **경쟁이 아닌 조화**(harmony)를 이루고 살아가라는 귀한 일깨움입니다.

'내가 정작 세상을 위해서 무엇을 했나?'

바로 '**홍익인간**'(弘益人間)입니다. 두루(크게, 太) 인간세상을 이롭게 하라ㅡ! 동양사상의 종주국의 정신입니다.

심지어 우리의 조상은 인간만의 독점이 아닌 **모든 생물체가 공유해야 하는 조화로운 세상**을 이상으로 추구했습니다.

그렇습니다. 미국과 같이 역사가 짧은 나라에서는 야구나 농구, 골프 같은 운동 한 종목만 잘 해도 존경과 돈을 한꺼번에 얻어 **명예의 전당**에 이름도 올릴 수 있지만, 우리나라는 **인생을 다 마쳐가는** 그 순간의 교훈인 '홍익인간'(세)을 국가의 이념으로 했던 참으로 오묘했던 큰 정신의 민족이었던 것입니다. 그래서 선조는 이러한 큰 뜻의

'이'(夷p128,317)를 붙이며 살아왔습니다. '어진 이, 좋은 이, 착한 이(나쁜 놈, 썩을 놈), 보고 싶은 이, 이이, 그이……!' 지금은 이러한 자신의 정체성을 까맣게 잊고 층간소음이나 주차문제로 살인까지 일으키는 아주 작은 생각의 무서운 나라가 되어버렸지만 말입니다.

세계의 석학들이 다투어 지금의 혼란스러운 세계를 구할 정신으로, 21C, 세계를 리드할 이념으로 한국의 홍익인간을 꼽고 있는 것이 이런 이유이지요.

⇨ 1949년, 소설 「25시」를 발표하여 세계적인 파문을 일으키며 노벨문학상을 수상했던 게오로규(Gheorghiu 1916~1992)는 책에서 언급했던 "빛은 동방으로부터 온다."는 그 동방이 한국이었음을 밝히고 있으며 또다시 1986년 4월 프랑스의 유력지 〈라프레스 프랑세스〉에 '옛 한국 단군의 홍익인간이란 통치이념은 이 지구상에서 가장 완전한 법률(Perfect Low)이면서 가장 강력한 법률이다.'라는 글을 발표하면서 '한국이야말로 세계의 모든 난제를 풀어낼 수 있는 열쇠의 나라.'라 했던 것이지요.

이보다 앞서 게오로규는 1974년 한국을 방문하여 "한민족이 낳은 홍익인간사상은 미래 21C 태평양 시대를 주도할 세계의 지도사상이다."라고 말하며 세계가 한국의 홍익정신을 본받을 것을 촉구합니다.

⇨ 또한 인도의 성자이며 시성(詩聖)으로 일컬어지는 타고르(1861~1941)는 성스러운 한국을 흠모하며 〈동방의 등촉〉이라는 시에서 이렇게 한국을 표현합니다. (해석: 시인 주요한)

영혼의 시인 타고르 〈출처: dongA.com〉

"일찍이 아시아의 황금시기에

빛나던 등불의 하나인 코리아,

그 등불 다시 한 번 켜지는 날에

너는 동방의 밝은 빛이 되리라.

마음엔 두려움이 없고 (1)

머리는 높이 쳐들린 곳. (2)

지식은 자유스럽고 (3)

좁다란 담 벽으로 세계가 조각조각 갈라지지 않는 곳. (4)

진실의 깊은 속에서 말씀이 솟아나는 곳. (5)

끊임없는 노력이 완성을 향해 팔을 벌리는 곳. (6)

지성의 맑은 흐름이 (7)

굳어진 습관의 모래벌판에 길 잃지 않는 곳. (8)

무한히 퍼져나가는 생각과 행동으로 우리들의 마음이 인도되는 곳. (9)

그러한 자유의 천국으로

내 마음의 조국 코리아여 깨어나소서."

성자 타고르, 그는 어찌하여 동방의 작은 나라에 이토록의 찬사를

했을까요? 그는 한국의 깊은 역사와 시원문화의 저력과 높은 정신세계를 보았던 것입니다.

한글학자이며 사학자이신 강상원 박사님은 '타고르는 방글라데시의 뱅갈만 출신의 귀족으로서 그들은 자신들이 단군의 자손이라 말하며 한국인을 자신들의 조상이라고 생각하고 있다.'라고 밝힙니다. 그래서인지 한국인에게 자긍심을 일깨우며 빨리 잠에서 깨어나 다시 세계를 아름답게 이끌어 줄 것을 재촉하였나 봅니다.

부족하지만, 감히 용서를 구하면서 풀이해 봅니다.

"일찍이 아시아의 황금시기에

빛나던 등불의 하나인 코리아,

그 밝았던 문화가 다시 밝혀지는 날에

너는 동방에서 다시 밝은 빛으로 빛나리라.

천손으로서 거칠 것이 없이 당당하고(1)

높은 문화로서 세상의 머리가 되었던 곳(2)

지식은 자유로워 세상을 품고(3)

큰 정신과 큰 문화로 세상을 하나로 아울렀던 곳(4)

진실한 마음에서 아름다운 진리가 솟구치는 곳(5)

끊임없는 이상으로 아리랑을 부르는 곳(6)

맑고 높은 도가 이어져(7)

굳어진 타성과 어두운 세상에 불 밝히는 곳(8)

생각과 행동이 끝없이 조화롭게 이끌리는 곳(9)

그러한 자유스런 천국의 모습으로

내 마음의 조국 코리아여 깨어나소서."

원래 크다는 의미인 '태'(太)라는 글자는 우리 천손민족의 고유한 글자라고 합니다.

大에 •(생명, 생식기)을 넣어 만든 글자로, 그냥 큰 것만을 넘어서 **영원한 生命力(•)을 갖은 큰 것**이고, 모든 大 중에서 제일 크고도 처음 시작한 것을 뜻하는 것으로 우리 민족의 영원한 생명력의 글자입니다. 그래서 한족(漢族)의 백과사전이라는 「이아」에는 이러한 동방의 한민족을 태평지인(太平之人)이라 했습니다.

그래서 우리의 꽃도 **끝없이 크게 피는 꽃** 무궁화(無窮花, 木槿花)랍니다. 이렇게 태백산(太白山: 크게 밝은 산)은 우리 민족이 처음 머물렀던 성산입니다. 우리 민족에게 **첫 태백산**은 우리 조상님이 처음 사셨던 히말라야산맥 위 곤륜산맥의 위와 그리고 알타이산맥 아래 **천산산맥에 있는 '천산'**(天山)이었다고 상고사학회의 고 이중재 회장님은 말씀하십니다. 그러다 민족이 이동하여 몽고 아래쪽에 살면서 **태백산을 또 이름 짓고,** 지금의 백두산 쪽으로 내려와 **백두산을 태백산**이라 이름 붙이고, **(태)백두대간에서 뻗어나왔다 하여 '태백산맥'**(太白山脈)이라 이름하고 또 태백산을 이름 붙이고 천제를 지냅니다. 그러다 우리 문명을 갖고서 일부가 다시 서쪽 중국의 산동 지방으로 가 살면서 **태백산**, 즉 태산(泰山=太山)을 이름지어 놓은 것이라고 합니다.

이 **태**(太)야말로 우리 겨레의 이동을 알 수 있는 귀중한 우리의 글자입니다.

천산산맥의 천산

백두산의 천지

그리고 옛날 **백제가 22개 담로**(백제의 해외 식민지를 부르는 말로 고구려의 '다물'이 변한 말)**를 경영**하면서 내해의 밖, 저 앞에 펼쳐지는 호호탕탕한 한국의 바다를 일컬어 **태평양**(太平洋)이라 했으니, 재야사학가 고 이형련 씨는 신라의 석학 최치원의 말을 빌어 **태평양이 한국의 바다란 뜻**이었음을 일깨웁니다. 한족은 원래 바다를 두려워했던 민족이었으니까요. 유일한 천손국가로서 동이의 수장인 고구리(려)의 임금은 단순한 대왕이나 황제가 아닌 **태왕**(太王)이라 칭했는데 태왕이란 대왕과 황제를 넘어서는 엄청난 격과 의미를 갖고 있는 호칭이었지요. 즉 **천손으로서 영원한 생명력**(太)**을 갖고 있는 태왕!** 고구리 연개소문을 크고 위대한 원로 태(太)**대로**라 했고 대형 위에 **태대형**(太大兄)을 두었고 고구리의 교육기관을 '**태학**'(太學)이라 했던 것입니다.

그리고 세상의 음(陰)과 양(陽) 중에서, 양 중에 제일 큰 양을 태양(太陽: 해)이라 하여 크게 섬겨온 민족입니다. 그래서 대한민국의 국기를 태극기(太極旗)라 했습니다. 또한 생명의 기(氣)가 충만하다 하여 예부터 수도로 계획했던 곳이 바로 태전(太田)입니다. 한밭으로 불리다가 지금 대전으로 불리지요. 이렇게 **영원한 생명의 글자, 태**(太)**의 의미가 우리의 기억에서 지워지자** 드넓은 태평양도 잊게 되고 우리의 섬 이어도를 중국과 일본은 자기의 섬이라 주장합니다. 석유가 매장되어 있는 제7광구 대륙붕이 태평양 입구에 있는데…….

이렇듯 **태는 우리 천손민족의 고유한 정신이 오롯이 배어 있는 비밀의 문과 같은 글자**였지요. 이젠 좀 이해가 되시죠? 여러분은 이미 우리 한국의 정체성에 있어 상당히 깊이까지 이해하고 있는 겁니다. 축하드립니다! 우리 조상의 문화 대단하죠? 우리 이제부터 대(大)보다 생명의 글자 '태'(太)를 써 봄이 어떻겠습니까?

왕희지가 아들에게 점찍어 완성한 글자. 太
〈출처: 블로그 crystal〉

▣ 이렇게 한국 사람들은 큰(太)것을 무척이나 좋아합니다.

큰 생각으로 용서(容恕)도 크게 하고 태평(太平)하지요. 그래서 우리는 남의 잘못도 아픈 상처와 기억도 쉽게 잊습니다. 큰 우주를 생각하기에 다 부질없다고 여겼던 민족의 유전자일까요?

그리고 사물을 크게 보고 크게 다룹니다. 집도 자동차도 냉장고도 TV도 큰 것을 좋아합니다. 옛날에 나라가 커서 그런지, 삶과 생각의 규모가 무척 큽니다.

반면, 일본에서는 상당한 재벌조차 13평 아파트에서 아주 소박한 삶에 만족하고 사는 것을 보면 검소를 넘어서 우리하고는 다른 '왜소 유전자'를 느끼게 됩니다. 그들은 이러한 것들을 합리주의라 말할지 모르지만, 오히려 주인문화를 두려워하는 문화유전자 때문은 아닐는지……!

일본과 중국의 DNA가 우리와 비슷하다 하더라도, 분명 우리가 그들보다 더 있는 것은 크고 깊은 정신과 문화랍니다. 그들이 진정 변두리민족이 아니고 천손의 무거운 소임을 맡고 있는 중심으로서, 천손의 장자라고 한다면, 그들의 큰 뜻은 지금 어디에 있습니까? 쉽게 거짓말을 하고, 쩨쩨하게 자신의 역사는 물론 심지어 남의 역사마저도 왜곡하고 도적질하며, 은혜를 배신으로 갚고, 잘못을 인정하지 않고 사과하지 않는 등의 모습은 '소인배'(小人輩)나 하는 짓 아닙니까?

⇨ 지금, 많은 한국인과 중국의 지성들은 저우언라이(周恩來, 1898.3.5~1976.1.8.)를 그리워합니다. 중화인민공화국의 위대한 혁명가이며 정치가로서 평화와 진실을 사랑한 진정한 자유인(自由人)으로 존경 받았던 주은래총리, 그는 말합니다.

'우리는 대민족주의 특히 대한족주의와 지방민족주의 이 모두에 반대한다. 반드시 민족구역의 자치를 실현해야 한다.'(전국인민대표회의1957)

이렇게 한(漢)족 중심의 대국주의만큼은 철저하게 반성하고 바로잡으려 했던 그였습니다.

그리고 그는 〈조·중(朝鮮과 中國)합동발굴대〉를 구성하여 만주의 한국유적 발굴을 허락(1963)하면서 한국에 이렇게 말했습니다.

"우리는 당신들의 땅을 밀어붙여 작게 하고, 우리들이 살고 있는 땅이 커진 것에 대해 조상을 대신해서 당신들에게 사과해야 한다. -중략- (만주의 유물 발굴로) 역사학자들의 붓 끝에서 나온 오류를 바로잡아야 한다."라고 말입니다.

진정한 대인(大人?), 선비로서 존경받던 주은래, 그러나 안타깝게도 유적발굴 직후 황급히 그가 내린 조치는 "차후 한국사가들의 출입을 절대 금하라!"는 것이었답니다. 한국의 무엇이 두려웠을까요?

저우언라이, 당신은 분명 거대한(太) 한국의 뿌리를 본 것입니다. 그래서 세상의 중심나라(중국)가 중국이 아닌 한국임을 알고 중국의 존재 자체가 부정될 것이 두려웠습니까! 〈출처: 다음 인물지식〉

근세조선과 근대사를 거치면서 우리의 정체성이 많이 왜곡되고 변질되어서 그렇지, 우리는 천손의 장자로서의 무거운 소임을 세상의 중심에서 짊어지고 이어왔던 정말 큰 겨레였습니다. 한국(韓國)은 사람도 크고, 나라도 크고, 뜻과 생각도 정-말 컸던 나라였습니다. 그래서 도마 안중군 의사께서도 '大~韓國人'이라는 글로 후손을 각성시키신 것이지요.

태(太)한국인이여, 부디 깨어납시다!

"못 타신 분은 얼른 오르며 주십시오. 없으요! 그럼 출발합니다. 듣자하니 지금 후손들이 옛날의 큰 나라를 잊고 자그마한 나라에서 움츠려 산다고 하는데 정말입니까? 정말 가슴이 아픕니다. 부디 생각도 조상님들처럼 크게 하시고, 크게 보시고, 크게 사십시오! 지금 이렇게 보니 라면 여러분의 목도 길어지고 한층 키도 커지셨군요. 한민족답습니다.

다음 역은 환하다역입니다. 밝은 태양처럼 빛나는 역장님의 모습에 여러분은 틀림없이 반하실 것입니다. 제일 미남이시거든요. 아, 벌써 환해오는 것을 보니 역장님이 벌써 나와 기다리시는군요. 자 준비 하세요."

☯ 환하다, 광명(光明, Bright)

승객 여러분, 한국의 한(韓)은 저처럼 '환하다'입니다.

우리 겨레는 밝은 태양(sun)을 숭앙한 민족이었습니다. 넓고 큰 하늘에서 모든 것을 밝히는 태양처럼 밝고 광명정대하고 당당하게 살고자 했던 겨레입니다. 그래서 태양신을 상징하며 나라의 최고 우두머리를 태양처럼 밝은 큰 어른 '환인, 환웅'이라 했고 이분의 광명한 태양의 나라를 환국(桓國, 한국)이라고 했습니다.

또한 조선의 궁궐인 경복궁 앞에는 광화문(光化門)을 세웠습니다. "빛처럼 밝고 당당하라! 그래서 이 문을 지나는 자 빛이 되라!"는 밝은 정치를 바라는 조상의 바람과 정신이 들어있는 문입니다. 그리고 밝은 태양이 동쪽에서 떠올라 서쪽으로 지기에 글자 또한 동쪽인 오른쪽에서 시작하여 왼쪽으로 썼으며 훗날 벼슬도 영의정 다음에 해 뜨는 동쪽에 자리한 좌의정으로 정했던 것이지요.

옛날 솟터에는 솟대를 세워놓고 신(神)의 영역이라 하여 '검줄'(神줄, 금줄)이 둘러치고 광명한 가치가 드러나는 밝은 터라 믿었습니다. 솟의 'ㅅ'는 해의 변음 'ㅎ'(구개음화) 즉 태양(sun)을 의미합니다. ㅅ(해처럼 밝)+ㅅ(은)+터(땅, 곳)에서 생긴 말이지요. 해처럼 밝은 가치를 해처럼 밝게 처리하는 곳이란 뜻이 됩니다. 그래서 밝은 땅(달)의 최고의 가치를 지키는 나무란 뜻으로 박(밝)달나무(神樹)도 있었던 것이구요.

또한 이 모든 결정과 처리를 화백(和白: 해처럼 어울려 밝힌다.)이라는 민주적인 의사 진행방법으로 했음이 「삼성기」는 전합니다. 위대한 조상의 밝은 문화입니다! 이렇게 우리는 광명한 도를 존중하고 세상을 일깨워왔던 겨레였습니다.

어둠을 밝히는 광화문(光化門)과 해치!
대한국의 광화문(光化門)

그래서 해(ㅅ=ㅎ, sun)처럼 밝고 당당하자고, 해처럼 세상을 밝게 비추는 존재가 되자고 **신**(해 같은)**+비**(지도자)인 선비가 되기를 원했습니다. 그리고 떳떳하지 못한 것을 수치스럽게 여겼습니다. 살아서 태양처럼 세상을 밝히는 선비임을 자랑스럽게 여겼고 죽어서도 밝은 태양인 신선(神仙)을 그렇게도 염원했던 겨레입니다. 그래서 높은 산마다 신선봉(神仙峰)이라 부르고 맑은 계곡마다 신선의 이름을 붙이며 살아 왔습니다.(와선대, 비선대, 방선문, 선유도)

그리고 우리 겨레는 광명한 태양(sun)이 가장 짧았던 날 밤 '동지'(冬至)를 오히려 설날(元旦)과 더불어 가장 큰 축일로 여겼습니다. 낮이 가장 짧은 동지는 오히려 긴 밤을 거쳐 밝은 태양을 품어 낳는다고 역설적으로 생각한 멋진 겨레이지요. 그래서 새로운 해가 시작한다는 뜻으로 '작은 설날, 아세(亞歲)'이라고 부르고 동지섣달(설이 있는 달)이라는 말이 나왔다고 합니다. 어떤 이는 먼 옛날 우리 조상님께서 개천(開天: 나라를 세우신)을 한 10월을 으뜸달(상달, 첫째 달)로 하여 12월이 '세 번째 달'이기에 동지섣달이라 부르게 되었다고도 하지요.

이 날 궁중에서는 연회를 베풀고 관상감(觀象監)에서 만든 새해의 달력, 동지책력을 임금님께서 문무백관에게 선물을 했다 하는데, 이에서 **단오**(음5.5)에 부채를 선물하는 풍속과 더불어 **'하선동력'**(夏扇, 단오부채, 冬曆, 동지책력)이라는 말도 생겨났습니다.

민간에서는 이 날 여러 가지 대동놀이와 세시풍속이 행해지며 민간의 며느리들은 버선을 만들어서 **시어머니와 시누이에게 선물하는**

'동지버선' 풍속이 있었습니다. 동지에는 그림자가 동지 전보다 한 길 (2.4~3m) 세 치(10cm)나 긴 까닭으로 장지(長至: 길게 이르다.)라 했는데 이날 신고 다니는 물건을 어른들께 드리어 긴(長, long), 수(壽: 목숨)와 복(福)을 기원하는 뜻에서 유래되었다 합니다.

가장 대표적인 동지 풍속은 동지 팥죽이지요.
붉은 팥을 고아 죽을 만들고 여기에 찹쌀로 새알만한 크기의 단자를 만들어 넣은 것을 '새알심'이라고 부르지요. 팥의 붉은 색은 해 뜨는 동방을 뜻하는 '양색'(陽色)을 의미했으며 새의 알은 '태양'으로서 천손 배달겨레임을 확인하는 민속이었죠. 그래서 우리의 왕(주몽, 박혁거세……)은 새의 알에서 태어나는 난생설화(卵生)로 등장합니다.

이렇게 태양의 붉은 색은 예부터 그러니까 옛날 고조선 이전의 우리나라였던 붉은 땅(밝달, 홍산)에서 배달(밝달, 홍산)문명을 일으켰다 하여 우리 배달민족이 즐겼던 색이었습니다.

특히 붉은 색은 태양처럼 밝은 나라 배달국시대, 14대 한웅(임금)이며 한민족의 영웅이셨던 치우천황께서 음귀(바르지 못한 기운, 지나, 옛 중국)를 쫓는데 효과가 있다고 믿으면서 나누어 먹었던 데서 유래되어 치우의 색이 되었다고 합니다. 이렇게 태양을 뜻하는 붉은 색은 태양민족인 우리가 음의 나라인 지나를 물리치는 색이었지요.

새알심과 붉은 팥죽. 한 그릇 하실래예?

그때, 우리는 해처럼 밝은 밝달도(배달도)에서 벗어난 나라들을 천제국의 위치에서 단호히 응징하여 밝은 하늘의 도를 바로 세웁니다.

지금의 미국이 하듯이 말입니다. 바로 인류사의 최대의 전투로 회자 되고 있는 탁록전투가 바로 도를 세우기 위한 전쟁이었습니다.

4700여 년 전(BC 2707) 배달제국의 치우(蚩尤)천황께서 도를 저버린 어리석은 무리에게 정의로운 전쟁을 선포하시고 지금의 중국 산동성 옆인 산서성 최남부 탁록(涿鹿, 운성시 해주: 옛날은 우리 땅)에서 한족(옛 중국)의 지도자가 된 헌원과의 73번의 전투에서 전승하시어 배달나라의 도를 밝게 일깨우며 온 천하에 교훈으로 삼게 했던 우리 한겨레의 장쾌한 영웅담이 원동중이 지은 「삼성기」에 전해지고 있습니다.

그때, 치우할아버지는 붉은 색의 깃발을 날리며 앞선 문명을 바탕으로 인류 최초로 갑옷과 뿔이 달린 투구로 무장하여 저들의 혼쭐을 빼놓습니다. 치우는 '우레와 비를 크게 만들어 산과 강을 바꾼다.' 는 뜻입니다. 그래서 이때의 상황을 운급은 그의 「헌원기」에서 '치우씨가 비로소 투구와 갑옷을 만들었는데 사람들(지나인들)이 이것을 알지 못하여 구리머리에 쇠 이마(동두철액, 銅頭鐵額)라 했다.'라고 표현합니다. 이때의 전쟁의 신, 겨레의 영웅인 치우천황을 기억하여 2002 월드컵 때 환생한 것이 '붉은 악마', '붉은 도깨비'입니다!

신라흥륜사 치우천왕도깨비(출처: 국립중앙박물관), 2002월드컵 붉은 악마

이후 한족은 문헌에서 헌원의 무리를 귀신부대로 치우의 동이부대를 괴물로, 도깨비로 묘사합니다. 이렇게 **도깨비대왕 치우천황**은 호호탕탕 웃는 왕방울 눈으로 악귀에게 겁을 주어 접근을 막는 액막이 역할을 함으로써 **우리 겨레의 벽사신**(辟邪神: 나쁜 것을 쫓는 신), 즉 '**도깨비**'로 전해집니다. 그래서 민간신앙에 "귀신은 도깨비를 보면 달아난다."는 말이 내려오고 있는 것이지요. 그리고 붉은 색을 귀신(옛 한족)이 무서워한다고 해서 태양이 다시 살아나는 동짓날에 '**붉은 팥죽**'을 쑤어먹고 그 팥죽을 뿌려 액막이를 했던 겨레입니다. 붉은 색으로 이민족(옛 중국)의 침입과 나쁜 것들을 막았던 풍속이지요.

제주도 도깨비테마파크 〈출처: 문화재청〉

우리 겨레는 원래 **태양 민족으로서** 이렇게 붉은 색을 좋아했습니다. 한민족의 영웅 치우천황은 언제나 **붉은 색의 깃발 치우기**를 날리고 전투에 임했다고 합니다. 그래서 천하는 이 붉은 색을 치우의 색이라 하여 두려워했습니다. 지금의 한국인이 산마다 붉은 **단풍나무를 심어** 놓고 그렇게도 즐겨하는 것은 옛날의 영웅 치우를 그리워함은 아닐까요? 그래서 **단풍나무**가 치우목(蚩尤木)이라 전해지고 있는 것입니다.

그런데 웬일입니까? 지금 중국인들은 그들의 원수인 치우를 자신들의 조상이라고 역사를 고치고 우리의 붉은 색(red)을 흠모하여 그들의 국기인 인공기마저 붉게 만들고 온 천지를 붉은 깃발로 만들어 놓고 있습니다. 그래서 요사이는 붉은 색이 마치 중국의 색으로 알려져 있으니 참—으로 아이러니한 일입니다. 빼앗긴 우리의 문화입니다.

근세조선 들어 역사를 까맣게 잊고, 오히려 중화사상에 젖어 힘의 상징인 도깨비의 뿔을 뽑아 없애더니 이제 한국의 영웅을 잊습니다. 얼이 빠지고 실체가 없는 것을 우린 허깨비라고 불렀습니다. 아마 겨레의 정체성을 상실한 지금의 한국인을 말하는 것은 아닐까요?

'like Zombies—'

"혁명가가 되려거든

손문처럼 되고, 대장부가 되려거든 안중근처럼 되라." — 중국 속담 —

"빅빅—, 안 타신 분은 말씀을 하십시오? 말씀하시는 분이 없군요! 그럼 또 출발합니다. 드디어 여러분은 우리가 태양처럼 환한 민족임을 아셨고 가장 위대한 한민족의 영웅 치우할아버지도 만나셨습니다. 이제 내가 어떤 분들의 후손이었었던가를 아셨네요. 자랑스럽죠! 참, 우리 승객 중에는 할아버지에서 엄마, 아빠 그리고 손자, 손녀 이렇게 한 가족 삼대가 전부 참가하신 가족이 있네요. 겨레를 생각하는 마음이 남다른 가족이네요! 참 부럽습니다.

그런데 한하다역장님이 주신 할죽맛은 어떻습니까? 부디 할죽을 드시고 허깨비가 아닌 참도깨비가 되어 겨레와 인류를 위한 참 일꾼이 되었으면 합니다.

다음 역은 중심역입니다. 여기 역장님은 언제나 빙글빙글 도시면서 말씀하십니다. 중심 잘 잡고 잘 구경하세요."

☯ 중심(中心, Center)에 있는 나라였습니다.

승객 여러분, 우리 겨레는 우리가 있는 곳이 바로 세상의 '중심'이라고 언제나 생각해왔습니다. 하늘의 중심에서 하늘을 관장하는 북극성과 북두칠성처럼 태양은 우리를 중심으로 도는 것이며 그 중심에서 세상을 보고 느꼈습니다. 그리스·로마가 그랬다듯이 말입니다. 오, 중심!

그리하여 세상의 진정한 주인으로서, 진정한 자유인으로서 사물(四物)놀이를 즐겨왔습니다. 천둥(꽹과리)과 바람(징)과, 비(장구)와, 구름(북), 이렇게 세상의 중심에서 천지를 장엄하게 돌렸던 민족이지요.

세상을 돌린 사물놀이

이러한 사물놀이에서 옛 한국의 흔적을 찾을 수가 있습니다. 어느 학자는 풍백(風伯, 바람), 우사(雨師, 비), 운사(雲師, 구름)를 고조선 때의 입법, 행정, 사법을 관장하는 벼슬의 상징이고 천둥을 뜻하는 뇌사(雷師, 천둥)는 전쟁 담당 벼슬이었다고 합니다.

이화여대 정재서 교수는 〈한국의 정체성을 밝힌다〉라는 논문에서 풍백(별칭은 비렴, 飛廉 > 바람)과 우사는 우리의 역사기록뿐 아니라 옛 중국의 지리서인 「산해경」이란 고서에 우리의 옛 조상 치우천황을 도와 비와 바람을 일으켜 이기게 했던 우리의 위대한 영웅의 이름에서 나왔다고 말합니다.

그러하기에 일제는 사물(四物)놀이라고 부르지 못하게 하여 한국의 장쾌한 옛 정신과 역사를 한국인의 머리에서 잊히도록 하였다고도 말합니다. 세상의 중심이 대(大)한국이었음을 생각 못하게 말입니다.

이러한 천손 천제국의 주체성과 자부심은 한(韓)이나 조선(朝鮮)이라는 글자 자체에도 잘 나타나 있으니 한과 조란 다같이 '큰 줄기(軡)로 이어 온 위대한(韋)'이란 뜻이었습니다. 이러한 하늘의 줄기나 중심사상이 잘 나타난 것이 고구리(려)의 천하세계관(天下世界觀)이지요. '고구리의 하늘 아래 온 세상이 있다.' 그 어느 나라보다 깊은 역사와 높은 문화가 있어 중심이 되기에 '고(高)구리'라 했습니다. 높고 아름다운(高) 아홉 갈래의 겨레(구이九夷 > 구리), 세상 어느 나라도 나라 이름에 고(高)자를 붙인 나라는 없었습니다.

고구리(려)는 천손민족으로서 천하의 중심이었기에, 고구리의 하늘 즉 우리 중심의 세상을 우리 중심의 별로 돌에 새겨 후손에게 전해 왔습니다. 이것이 바로 고구려의 '석각천문도'(石刻天文圖)였습니다. 북극에서 남극까지 온 하늘의 별자리를 한데 모아 관측한 '전천성도'(全天星圖)로는 세계에서 가장 오래된 천문도로서 훗날 〈세계천문학회〉에서 인정하는 인류의 가장 오래된 별자리를 그린 천상열차분야지도로 환생하지요. '별의 나라, 신의 나라', '세상의 중심나라'는 정작 그리스가 아니었으며 또한 중국도 아닌 바로 우리 한국이었던 것입니다. 이러한 나라가 고(高)구리였습니다.

그러하기에 당은 고구리 중심의 천하관을 무너뜨리기 위해 고구리의 하늘을 새긴 석각천문도를 훔쳐 수레에 끌고다니다 소실하였다고도 하고 또한 권근의 「대동아승」은 당나라의 약탈을 막기 위해 대동강에 빠뜨렸다고도 기록하고 있어 우리를 안타깝게 합니다.

이렇게 세상의 중심인 고구려가 망하자, 당(唐)은 스스로 세상의 중심이라 자처하면서 **높을 고(高)를 아래 하(下)로 낮추고 숭고한 글자 이(夷)를 려(麗)로 바꾸어 고구리(高九夷)를** 하구려(下句麗)라고 낮추어 부르며 능욕을 합니다.

▣ 중국(中國)이나 일본(日本)이라는 말에도 중심(中心)이란 뜻이 담겨있다고 합니다.

〈한민족문화연구원〉 강동민 이사장은 **일본의 지명대사전인 「일본국호론」을** 들어 '**일본(日本: 본태양)이라는 말이 삼한**(三韓: 마한, 진한, 변한)**사람들이 사용하던 말인데 그 뜻이 너무 아름다워 만 년에 변치 않을 국호로 삼는다.**'라고 기록하고 있음을 알려주고 있습니다.

중국(中國) 또한 가장 오랜 역사인 우리에게서 **가지**(支)처럼 갈라져 나가서 중심인 **대천제국**(천손국) **한국을 흠모하면서 붙인 또 하나의 이름이었을 뿐이지요.** 그래서 우리 조상은 저 중원의 나라들을 지나(支那: 가지처럼 짧은 역사의 나라)라고 불렀습니다. 1919년 최남선의 〈기미독립선언서〉에서도 중국이라 하지 않고 '4억만 지나인'(支那人)이라고 말하고 있음을 기억하실 것입니다.

그리고 저들이 진짜 **중심나라가 아니라 가지였다는** 가장 큰 증거는 중심에서 세상을 포용하는 넉넉한 관용(寬容, tolerance)과 세상을 아우르는 큰 정신과 큰마음이 진정 저들에겐 없다는 것입니다. 그러하기에 역사왜곡으로 헛된 자존심을 내세우고 이익을 취하기 위해 장사치 같이 치졸하고 가증스러운 일을 벌일 수 있는 것이지요!

지금은 뿌리문화와 역사를 잊고 중국과 일본의 주변문화로, 아류문화로, 문화후진국으로 전락하여 살고 있지만, 우리는 세상의 중심(中心)에서 모든 것을 이끌어왔던 당당한 배꼽민족이었습니다.

사람의 배꼽은 몸의 중심에 있습니다. 그래서 모든 것의 중심을 우리는 배꼽이라 일컬어 왔지요. 그래서인지 우리의 조상은 늘 일러 왔습니다. "배꼽에 힘을 주라!"고. 천손민족답게 세상의 중심에 서서 모든 현상의 중심을 잡아 치우치지 않고 깊이 헤아리고 시작하라는 한민족 특유의 교훈입니다. 지금부터 배꼽에 힘주고 살아갑시다!

이제 여러분들은 '한국'을 찾기 위해 여섯 정거장을 거쳐 왔습니다. 많이 놀라고 많이 기쁘고 많이 슬프고 많이 화가 나셨을 것입니다.

그렇지만 역장님들을 생각하며 다시 한 번 정리 해 볼까요?

'¹큰 하나를 깨닫고 ²인류의 문화를 시작한 ³하늘 민족으로 하늘을 공경하고 ⁴광명하고 아름다운 마음 속에 ⁵큰 정신으로 큰 나라를 이루며 ⁶세상의 중심에서 살아가는 천제가 계신 하늘나라' 란 뜻이었습니다. 이것이 늘 '천손'이라며 자부심으로 살아 왔던 한국의 '한'입니다.

이밖에도 임금(天帝), 많다(many), 같다(same) 등 많은 뜻을 내포하고 있는, 다시 말해서 세상의 가장 이상적인 모든 것들을 품고서 한국인의 정체성을 오롯이 드러내고 있는, 배꼽과 같은 단어였습니다. 여러분은 이를 잊지 말고 부디 후손에 전해야 할 것입니다.

하늘을 열어 홍익인간의 위대한 뜻을 천명했던 천손민족의 끝없는 추락……! 바람에 새긴 역사!

비록 지금은 조그마하지만, 우리가 '대-한국, 대-한국인'이라 말해 오는 것은 인류의 시원민족으로서 크고 넓고 넉넉하게 시작했던 자부심 때문이었습니다. 정작 문명과 문화의 굴기(崛起: 우뚝 솟은 산 앞에서 느끼는 마음)의 나라는 중국도, 수메르도, 그리스도 아닌 **우리나라 한국**이었습니다.

한국(韓國)이라는 말만 들어도 가슴이 먹먹해온다는 가수 김장훈 (독도지킴이)**씨**, 그는 누구보다, 옥죄어진 한국의 깊은 정신 속에서 우리의 상처를 보듬어 왔는가 봅니다. 이제, 어두웠던 마음의 감옥을 벗어나 우리가 대-(大, 太)**한국인**임을 잊지 말아야 할 것입니다.

"망국의 원인이 나에게 있다고 생각하며,
가슴을 두드리고 뼈아프게 뉘우칠 생각은
왜 못하고 어찌하여 역적이라고 비난하며
그저 앉아만 있는가!" 겨레의 아버지 도산 안창호

"그대는 매일 5분씩이라도 나라를 생각해 본 적이 있는가?"

단재 신채호

배꼽을 여는 열쇠 그리고 자부심
우리나라, 배달나라

"광활했던 우리의 땅(따, 터, 土),
드넓었던 우리의 바다 태평양,
크게 밝아 문명, 문화의 거대한 뿌리였던
배달나라, 도(道)의 나라, 군자의 나라
아! 맥박이 뛴다."

해를 품고 있는 고구려의 삼족오(三足烏)
생명의 신, 태양을 뜻하는 우리 겨레의 신조(神鳥)
영원불멸의 새 불사조(不死鳥)

2부 배꼽의 자부심 그 열쇠 - 우리나라, 배달나라

■ 진달래꽃 곱게 핀 일요일

아들: 엄마, 우리나라는 무슨 뜻인가요?

엄마: 우리 아들 대견하네! '우리나라라는 말은 동이와 배달나라'가 왜 엄청난 자부심을 갖게 되었는지 그 뿌리가 담겨 있는 겨레의 말이지요.

아들: 엄마, 그럼 단순히 너와 나를 포함한 것이 우리이고, 나라는 국가라는 뜻 아닌가요?

엄마: 많은 사람에게 '우리나라는 무슨 뜻인가?' 물으면, '우리나라가 우리나라지, 그 뻔한 말을 모르는 사람이 어디 있어? 왜 쓸데 없는 말을 묻느냐?'며 정신이 좀 나간 사람쯤으로 여기지요. 그러나 여기엔 깊고 놀라운 의미가 숨어 있습니다.

아들: 저는 여태껏 뻔한 말로 여겼었는데…….

엄마: 이제 여러분들은 벅차오르는 기쁨과 자부심을 맛볼 수 있을 것입니다. 그리고 다른 나라가 아닌 이 땅에서, 우리나라에서 태어난 것을 감사하게 될 것입니다. 그리고 조상을 자랑스럽게 생각하게 될 것입니다.

아들: 엄마 그리고 보니 비록 사극이지만 〈무신〉에서 고려의 장군 김준의 죽기 전에 한 대사가 귀에 맴도는군요. '이 고려가 어떤 나라인데……, 자존심을 지켜, 누구도 무시 못 하게 하는 나라 를 만들라!'

엄마: 그래요. 작가는 이렇게 말하고 싶었을 것입니다. '혼(魂)이 없는

사람은 사람이라 할 수 없으며, 혼이 없는 나라는 나라라 할 수 없으며, 혼이 없는 민족은 같은 민족이라 할 수 없는 법, 김준은 자신의 나라가 어떤 나라의 후예였는지를 알았기에 그렇게 당당할 수 있었고 품격을 지키면서 죽을 수 있었다.'라고 말입니다.

아들: 그런데 왜 '우리나라는 봉' 이라는 말을 자꾸 할까요?

엄마: 스스로를 모르면서 스스로 무시하니까, 문화적 자존심도 없어 보이니까 그것을 알고 무시하는 것이겠죠!

아들: 엄마, 빨리 알고 싶어요.

엄마: 우리 후손에게 '우리나라와 동이와 배달나라'의 뜻을 꼭 전해 조상의 나라 한국을 바르게 알고 사랑하게 해야 합니다.

📀 문화열차 우리나라터미널 옥외 간판 안내문

"홍적세(약 200만 년-1만 년 전) 흔히 대빙하시대로 일컫는 시기, 인간을 비롯한 지구상의 많은 생명체들이 얼어 죽습니다. 그러다 1만 5천 년 전부터 빙하가 녹아내립니다.

그때의 우리 땅은 다른 곳에 비해 따뜻하고 다습한 기후로 인해 많은 생명이 대를 이어 살아남았고 수심도 낮아 한국 땅과 제주도가 거의 붙어 있었지요. 그리고 지금의 서해는 넓고 평평한 벌판이었습니다. 그 넓은 가운데를 지금의 한국 땅과 만주와 중국 땅에서 모아지는 아주 커다란 강이 흘러 이 강을 왕래하며 둘러싸고 살아갔습니다. 실로 커다란 '울+이+나+ㄹ, 우리나라'의 시작입니다."

"문화열차승객 여러분, 지난 여행에서 여러분은 우리의 배꼽이 어디에 얼마나 있었

나를 알 수 있었다면, 이번 여행에서는 우리의 배꼽이 어디에서 어떻게 시작되었는
가를 찾는 여행입니다. 모쪼록 좋은 여행이 되셨으면 합니다. 승객 여러분 모두 한 분
의 이탈도 없이 계시는군요. 감사합니다. 아직 '힐링 코리아 첫 번째 배꼽이야기'라는
티켓이 유효하니 잘 보관하시길 바랍니다. 다음 역도 처음으로 개통되는 우리나라역
입니다. 아마 여러분은 이 역에서 많은 감회에 젖어 마음이 많이 아플 것입니다. 그
리고 우리 자신을 새롭게 되돌아 볼 수 있는 좋은 기회가 될 것입니다. 자, 저기서 기
다리시는군요. 역장님께서도 조상을 찾으려는 여러분을 무척 반가와 하실 것입니다.
그럼 떠나십시오."

☯ 우리나라

승객 여러분, 어서 오십시오. 여러분을 기다리느라 눈에 진물이 날
지경이었습니다. 헛헛!

**'우리나라'는 '우리'와 '나라'가 합쳐진 배꼽을 여는 열쇠와 같은 말입
니다.**

먼 옛날부터 우리 조상님들은 다른 민족과 달리 큰 물가를 끼고 살
아왔습니다. 그래서 조상의 '나라'는 자연히 물가를 둘러싸고 형성된
것이기에 국가는 물가라는 말에서 탄생한 것이지요.

옛날 우리의 선조가 사셨던 육지가 바다가 되다.
서해 태안의 물가 〈출처: 서울교대 신선주〉

울+이+나루 (울타리+이夷:사람+나루:물가津)

즉 물가를 끼고 울타리처럼 둥그렇게 둘러쳐서 살던 사람들의 나라 (나루)를 말합니다. 지금은 울타리라 말하지만, 근세조선 임진왜란 이 전까지는 '울'이라 짧게 말했습니다. 임진왜란 후에 울 뒤에 **타리**가 첨 가(음운첨가현상)되어 **울타리**란 말이 생기게 되었죠. 그리고 '나루'는 물가를 뜻하는 말입니다.

이렇게 우리나라는 나(I)의 복수인 '우리'(WE)에 아무 의미 없이 부 르는 '나라'(country)가 붙어서 단순히 나만의 나라(my country)가 아 닌 복수의 나라 우리나라(our country)라는 말이 아니었습니다.

⇨ 과학사이언스지 「과학동아」(2004년 4월)에는 **우리 땅의 형성과 제 주도와 서해에 관한 글이 있습니다.**
'제주도 대부분의 용암은 지금부터 40만 년 전에서 20만 년 전 사이 에 분출했다. 이 기간에도 빙하기와 간빙기에 따라 해수면이 오르락 내리락 하며 제주도는 어느 정도 모양을 갖추게 됐다. 빙하기가 올 때마다 육지와 연결돼 동물들이 제주도로 이동해오기도 했다. 빙하 기 때는 해수면이 낮았기 때문에 바다 한 가운데 제주도가 있음에도 여러 종류의 동물들이 살게 된 것이다. **육지와 연결됐을 당시의 제주 도는 지금보다 훨씬 큰 지역이었을** 것이다. 그리고 지금부터 약 4-5 천 년 전에야 1천9백50m 높이의 한라산이 완성됐다.

오늘날과 같은 서해가 형성되기 시작한 것은 1만5천 년 전 일이다. 당시 마지막 빙하기가 끝나면서 점점 기후가 따뜻해졌다. 그러면서 넓고 평평한 벌판이었던 지역에 태평양의 바닷물이 들어오기 시작한 것이다. 그때의 해수면은 지금보다 1백m 낮았다. 당시 우리 조상들은 걸어서 지금의 중국 땅으로 오갈 수 있었다. 이후 해수면은 급격히 상승했고 바다는 점점 넓어져 갔다. -중략- 서해 밑바닥의 땅을 파보면 최소한 1억 년 전인 중생대 백악기부터 암석이 나온다. 당시는 바다가 아닌, 호수가 있는 육지였다. -중략- 그리고 갯벌이 만들어지기 시작한 것은 약 5천 년 전부터이다.'

☯ 우리나라의 시작

(인류학자와 지질학자의 말을 종합합니다.)

대빙하시대가 지나고, 1만 5천 년 전부터 빙하가 녹아내립니다. 그 사이 인간을 비롯한 지구상의 많은 생명체들이 지각변동과 대빙하시대로 인해 많이 사라집니다. 지금 정설로 여겨지는 '무(Mu)문명'도 '아틀란티스(Atlanits)문명'도 1만2천 년 전 거대한 물결 속에 전설처럼 사라져버림을 플라톤(BC 4C경)은 「플라톤」 대화편에 기록으로 남깁니다. 「과학동아」(2004년 4월)는 29억년 된 가장 오랜 나이의 광물을 우리 땅 강원도 화천에서 캐낸 바 있으며 2억년 후의 한반도는 초대륙의 중심이었음을 발표합니다.

이렇게 고대문명, 마(Mu)문명은 태평양 밑으로 사라졌지만, 남은 땅을 이어 비교적 따뜻하고 다습한 기후로 많은 생명이 대를 이어 살아남은 그때의 우리 땅은 수심도 낮아 한국 땅과 제주도가 거의 붙어 있었고 지금의 서해는 넓고 평평한 벌판이었습니다. 그 넓은 가운데를 지금의 한국 땅과 만주와 지금의 중국 땅(옛날은 우리 땅)에서 모아지는 아주 커다란 강이 흘러 이 강을 왕래하며 둘러싸고 살아갔습니다. 옛날옛날 처음의 커다란 우리나라의 시작입니다.

💡 그러하기에 세계 어느 곳보다 오—랜 문명이 있습니다.

충청북도 단양군의 금굴, 평안남도 상원의 검은모루동굴 등에는 '서기전 70만 년경의 뗀석기'(타제석기 구석기)와 동물 뼈조각 유적'이 발견되고, 전남 장흥군 장동면 신북마을에서는 이미 '2만2천 년 전의 간석기'(마제석기 신석기)가 만들어집니다. 또한 충청북도 청원군 소로리에서는 '1만 5천 년경에 재배볍씨'(59톨)를 개발하여 쌀문화를 열고 전 세계로 전파합니다. 제주도 고산리에서는 '최소한 1만 수천 년 전의 토기'가 발견됩니다. 수메르문명보다 무려 1만 년이나 빠른 세계 최초의 토기였습니다. 그리고 '8천 년 전 세계 최초의 기하학적 무늬인 빗살무늬토기'를 만들어 놓습니다. 이 빗살무늬토기는 몽골과 러시아를 지나 유럽의 끝 핀란드까지 퍼져나갑니다. '8천 년 전에 인류 최초의 배'를 건조하여 '세계 최초로 고래잡이와 아울러 목축'을 하며 울산의 '반구대의 암각화'로 후손에게 알려 놓습니다.

이들은 죽어 피라미드를 쌓고 고인돌에 북두칠성을 그리고 그 밑에 잠듭니다. 이들이 우리의 직접적인 조상이고 우리의 확실한 조상입니다. 바로 최초의 한(韓)인이지요. 이 모든 것을 최초의 시작한 인류이었습니다. 인류역사의 시원국. 그래서 선조들은 우리의 역사를 예기할 때 태곳(太古)적 역사라고 말해 왔던 것이지요.

1970년대 사라진, 한국이 고향이라는 귀신고래(쇠고래) 고래 중 유일한 천연기념물 (제126호) 〈출처: 울산시〉

이렇게 우리의 땅은 한 곳에서 70만 년 전부터 전 시대에 걸친 유적들이 발굴되면서 이 땅에 우리의 조상이 정착한 것이 일반적인 인류의 이론(20만 년 전)을 넘어서는 훨씬 빠른 역사였음이 입증됩니다.

그런데 1만 5천 년 전부터 빙하가 녹아내리고 서해지역과 남해 그리고 제주 남쪽의 땅은 서서히 평균40~60m 수심인 대륙붕의 바다가 되면서 우리의 땅이 좁아지자(호주 시드니大 연구소) 한국의 문명을 가지고 전 세계로 퍼져나가게 된 것이지요. 인류의 문명루트가 형성되는 것이지요! 그렇기에 한국에 세계 최초의 문화가 그렇게 많은 것이고 전 세계에 한국의 문화의 흔적이 그렇게 많이 있는 것이지요.

⇨ 우리가 원시언어학의 대가 김병호 박사의 헌신적인 노력과 위대한 발견을 잊어서는 안 되는 이유가 여기에 있습니다.

김 박사는 한국에서부터 지중해에 이르기까지(태국, 미얀마, 인도, 스리랑카, 파키스탄, 우즈베키스탄, 이란, 이라크……) 수 만km의 현장답사를 통하여 지구상의 언어의 50% 이상이 우리처럼 토씨가 있는 교착어(膠着語, 아교, 붙을 着 agglutinative language: 뜻을 나타내는 말에 문법적 관계를 표시하는 말이 덧붙는 언어)를 쓰고 있다는 사실과 토착한국말이 초원의 알타이어계가 아닌 인도·아리안계 언어와 오히려 가깝고 이 언어의 일부 토씨는 알타이어보다 훨씬 우리의 말과 유사함을 밝혀냅니다. 또한 인도의 드라비다족이 사용한 언어가 1만년에 가까운 언어로서 호남사투리와 80% 정도 유사한 반면, 오히려 알타이언어로서 우즈베키스탄 등 중앙아시아에서 우리 조상들이 남겼을 원시언어적 흔적은 어느 곳에서도 찾을 수 없었음을 밝혀냅니다.

그래요! 사실 우린 알타이어족이 아니었다는 것입니다. 그리하여 우리나라 일부 학계가 아직도 우리말이 교착어이기 때문에 알타이어족이라는 터무니없는 주장을 하고 있음을 안타까워하면서, 그것이 한국의 심원한 역사를 모르는, 단지 핀란드의 알타이어학자 람스태트(Ramstat)의 '한국어는 알타이어계에 속한다.'는 초기가설에 의한 섣부른 주장이었을 뿐임을 밝혀냅니다. 우리가 잘못 알고 있는 것이 한두 가지가 아니었습니다.

💡 이러한 **언어학적 연구결과**는 무엇을 의미하는 것일까요?

이것을 윤복현 교수는 고인돌 문명을 건설한 '서남해 중심의 한국의 토착어'가 해로를 따라 유라시아 해안지역으로 퍼져나가 확산되었다는 것을 반증하는 것이며, **토착한국어를 사용했던 한반도인들에** 의해 중동의 수메르문명과 인도의 인더스 문명이 건설되었음을 의미한다고 말합니다.

➡ 그래서 대종언어연구소장 박대종님은 「나는 언어정복의 사명을 띠고 이 땅에 태어났다」 등의 저서와 많은 논문을 통하여 '우리말은 세계 언어의 뿌리로서 전 세계의 언어는 우리말에서 비롯되었다.'는 것과 **우리말이 정음**(正音: 바른 음)이라면 중국어나 일본어, 영어는 우리말의 변형에 불과하다는 것 또한 영어, 프랑스어, 독일어, 스페인어를 비롯한 **서양의 언어는 동방문자**(옛 한자)**를 주축으로** 하는 고대우리말에서 비롯되었다고 주장하는 것이지요!

이렇게 우리는 우리 한국의 뛰어난 문화 즉 **농경문화**(쌀)**와 해양문화**(배와 고래)**와 천제문화**(天祭文化)**를** 우리의 언어에 실어 전 세계로 퍼져나가며 한국의 언어와 시원문명의 흔적들을 남겨 놓습니다. 그래서 윤복현 교수를 비롯한 많은 학자들은 세계문화의 심장을 옛날 드넓었던 호남 중심의 1만년 해(SUN)민족사였던 한국(韓國)으로 보아야 한다는 것이지요.

실로 우리나라 한국은 문명의 어머니의 나라였던 것입니다. 이것이 옛날 우리가 울타리 지어 살던 지구의 **동북쪽 사람들의 IQ가** 제일 높은 이유이며 그 중에서도 한국(남한과 북한)이 가장 뛰어난 이유이며 세계가 한국을 존중하고 지켜주어야 하는 이유이고 우리가 우리나라와 우리의 문화를 지켜야 하는 이유입니다.

문명의 노대국이었던 우리나라. 남해와 서해가 육지였던 누런 땅의 옛 '우리나라'. 현 인류의 시원문명(마문명)이 시작된 이 땅에 왜와 중국인은 없었다. 〈출처: KBS역사스페셜 제주도 사람발자국화석의 비밀〉

'옛~날, 아주 먼- 옛날' 예(穢)족의 나라 한국은 큰 물가를 끼고 '벼'(禾, rice)농사를 지으며 고래와 물고기를 잡으며 결을 이루고 살았습니다.

옛 중국(현 중국영역의 약 1/15)이 밀과 옥수수, 기장 등의 들농사를 한 반면, 우리는 물가를 둘러싸고 벼농사와 콩농사를 인류 최초로 지어서인지 세계는 우리나라를 벼와 콩의 원산지라고 합니다! 벼와 콩을 개발하여 세계로 전했다는 말이지요. 그리하여 지금의 서해(옛날에는 큰 강)를 끼고 둘러쳐 있는 한반도와 드넓은 만주와 현 중국의 북경지역과 산동반도와 홍콩 밑 부분까지 우리 조상님들은 크게 울타리 지어 큰 나라, '우리나라'를 이루고 살았습니다.

따라서 훗날 중국의 동쪽 해안지대를 끼고 있는 산동지역을 중심으로 있었던 은(殷)나라가 우리의 문화를 가진 우리의 겨레라고 하는 것이지요. 그래서 은나라 지역에서 우리나라의 고유문화인 숟가락유물에 우리처럼 `잔`(醆)이라고 표기된 술잔유물이 나오는 것이지요.

조선의 송강 정철도 그의 시조 장진주사(將進酒辭: 술 권하는 노래)에서 이렇게 노래합니다.

"한 잔(醆) 먹새 그려, 또 한 잔(醆) 먹새 그려 / 꽃 꺾어 산(算) 놓고 무진무진 먹새 그려 / 이 몸 죽은 후면 지게 위에 거적 덮어 주리혀 매여 가나."

아시다시피 중국은 건빠이(건배, 깐뻬이)라고 하여 술잔을 가리키는 용어로 '배'(杯)를 쓰지요. 이렇듯 중국의 동쪽지역은 옛날 우리나라의 일부였을 뿐입니다.

훗날 북쪽으로부터 기마와 유목의 북방민족 맥족이 들어옵니다. 고구려 백제가 주로 여기서 나온다고 하지요. 그래서 맥의 문화흔적이 많이 보입니다.

맥(佰)족에서 '맥(貊), 맥(脈) 또는 막'(貘, 莫)이란 말이 생겨났다고 하며 맥을 신비의 동물 맥(貘)에서 온 것이라고도 합니다. 맥족(고구려 백제의 부여족)의 활기 찬 모습에서 '맥박(脈搏)이 뛴다.'의 맥(脈)으로 나타나고 그리고 고구려 때의 군사와 정치를 주관하던 최고의 벼슬호칭이었던 막리지(莫離支)로 나타나지요. 그래서 고구려 즉 맥족을 총괄하는 큰 지도자라고 하여 연개소문(淵蓋蘇文)을 대막리지라 했던 것이지요.

한국학중앙연구원의 박성수 명예교수는 말합니다.

"활기찬 맥(막)족의 그릇이 바로 막사발이었으며 여기에 막국수를 담아먹고 이들의 평등과 화합의 술 막걸리를 부어 마시며 그들의 춤 막춤을 추며 신명나게 어우러졌으나 대-고구려가 망하자 고매했던 글자 맥과 막은 이제 하층민의 문화글자(막사발: 품질이 나쁜 사발)가 되고 심지어 막말과 막되먹다, 막살다와 같이 스스로를 비하하는 단어로까지 변질되었다." 그리고 선진국치고 스스로를 비하하는 문화가 없음을 들어 시급히 우리의 바른 정체성 회복을 강조합니다.

이렇게 동이족은 해양문명 중심의 예족(穢族)과 북방 기마유목문명의 맥족(佰族)이 한민족(韓民族)의 근본이 되고 훗날 흉(노)가 신라의 지배자로 들어오면서 합쳐져 지금의 우리나라의 겨레를 구성하게 됩니다.

흉노(匈奴)라고 하니까 벌써 알레르기반응을 일으키며 나쁘게 생각하는 분이 있는데, 이것이 바로 중화사관(중국을 따르는) 때문입니다.

흉은 훈 즉 높고 위대한 하늘인 한이 변한 소리입니다. 문화와 힘이 약했던 한족은 북방(단군조선)의 민족이 너무나 두려워 조공을 바치면서 그들 역사책에 '흉악한 노예'(흉노)라고 나쁘게 기록해 왔고 차츰 주변 나라들을 다 야만이고 오랑캐라고 기록합니다. 여기에 스스로의 수치(恥)는 숨기고(諱) 남의 역사는 작게 왜곡하고 나쁜 것을 크게 드러내어 기록합니다. 이것이 바로 치졸하기 이를 데 없는 그 유명한 한족(옛 중국)의 역사기술수법인 휘치필법(諱恥筆法)이지요.

첫째, 한족과 중원의 나라의 수치스러운 기사는 숨긴다.(爲漢中國諱恥)

둘째, 한족과 중원의 나라는 높이고 외국은 깎아내린다.(矜夸而陋夷狄)

셋째, 한족에 관한 국내사는 과대하게, 남의 역사는 작게 쓴다.(詳內略外)

이렇게 한족은 역사를 기록할 때는 철저히 이 휘치필법에 의거합니다. 그렇지 않은 역사가는 죽음입니다. 이것이 그들의 마음이었습니다. 주변 나라의 역사책은 다 불살라 버렸기 때문에 자연 저들이 왜곡한 역사가 기정사실화됩니다. 이로 인해 우리의 자랑스러운 동이(東夷)의 역사는 거꾸로 뒤바뀌게 되고 동양의 역사는 모두 철저히 왜곡이 됩니다. 이렇게 왜곡된 역사서는 다음 역사책의 기본이 되어 인용되면서 다시 왜곡을 재생산하게 되고 이렇게 2000년 이상의 줄기찬 역사 왜곡과 약탈로 인해 인구마저 부풀리면서 한족(漢族)은 스스로 중화(中華) 즉 세상의 중심(中)에서 첫 문화의 꽃을 화려(華)하게 피운 우수한 나라로 왜곡되어 훗날 천하의 중심민족으로 우뚝 인식되게 된 것입니다. 진정 문화를 처음 일으킨 나라였다면, 남의 문화와 역사마저도 소중히 존중했을 것입니다. 우리처럼!

사실 흉노도 물론 고조선의 후손으로서 저들 한족은 모든 문명을 북방민족(옛 한국)에게서 일방적으로 전수받으면서도 배은망덕하게도 노예니 야만인이니 하면서 기만하며 기록해 왔던 것이지요.

동양대학교 경영관광학부의 김운회 교수와 같은 사학자들은 예맥과 동호(東胡, 동쪽의 오랑캐라 한족이 불렀던)와 숙신(肅愼)의 종족의 차이를 둘 수 없기에 똑같은 개념의 단어로 여기고 있을 정도입니다. 이들이 바로 '조선, 쥬신'이라는 나라의 백성이며 이들이 진정한 동양의 패권을 쥐었던 위대하고 자랑스러웠던 '동이'(東夷)겨레인 것입니다.

지금은 동이의 이(夷)마저 오랑캐라고 왜곡하여 말하는 자들이 있으나, 지나(옛 중국족)가 지은 「후한서」 '동이열전'마저 동이를 다음과 같이 기록하고 있음을 알아야 합니다.

'동방을 이(夷)라 한다. 夷를 뿌리(root)라고 한다. 뿌리는 어질어서(仁, 인) 생명을 사랑하여 만물이 사는 땅을 근본으로 산출됨을 의미한다. 그러한 연고로 夷(단군조선족)는 천성이 유순하고 도(道)로써 다스리기 쉬우며 군자(君子)의 나라, 불사(不死, 결코 망하지 않는 나라)의 나라라 했다. 따라서 공자가 9부족으로 구성되어 있는 '구이'(九夷, 구리)의 지역에 가서 살고 싶어 했다.'

동이의 夷는 뿌리,
만물의 근본, 뿌리였기에
잘 알 수 없었던 겨레의 역사

저들마저 동이를 인류의 뿌리로 본 자랑스러운 기록입니다.

그리하여 고구려(高句麗)는 이렇게 영광스러운 겨레 구이의 정통을 계승한다 하여 앞에 자존심의 글자인 높을 고(高)를 붙여 고구리(高九夷)라 했던 것이며 이러한 구이가 세상을 변화시키는 강한 힘과 놀라운 문화를 가졌다 하여 '구미호'(九尾狐: 꼬리 아홉 달린 여우=구이)라는 이야기가 만들어졌다고 합니다.

이러한 이(夷)를 일컬어 세계의 인류학자들이 "지구상에서 가장 오래된 인종으로 편두직모(偏頭直毛: 납작한 뒷머리 곧은 머리털)를 하였다."라고 하였으니 자랑스러운 이름이 동이였던 것입니다.

이렇게 동이는 옛날 물가를 둘러쳐 살던 우리나라였기에 큰 배를 처음 만들 수 있었던 사람들로서 바다의 고속도로를 만들고 바다를 경영하며 크게 살아갑니다. 그래서 그 후예인 고구려, 백제, 신라, 대진국(발해), 고려가 뒤이어 한결같이 바다를 장악하고 살아왔던 이유가 되는 것입니다.

그러하기에 물가의 '조개로써 화폐'를 처음 사용한 겨레입니다. 그래서 조상님은 화폐(貨幣)라는 글자에 조개 패(貝)자를 넣어 조상의 생활을 보여 줍니다. 그리고 논농사로 벼를 처음으로 재배하여 생산했으며 우리나라에 흔했던 황토를 구워 토기를 처음 만들고, 태양민족의 밝은 햇살을 그어 '빛살무늬 토기'를 만들었습니다.

이 사람들이 바로 인류의 뿌리로서 자랑스러운 하늘의 자손을 상징하는 '머리에 상투'를 튼 사람들이었습니다. 이렇게 해서 먼 옛날 우리의 상투문화가 나오게 된 것이고 전 세계에 상투문화가 퍼지게 된 것이었죠.

이들은 삼신상제에게 '천제를 올리기 위해 제단'을 쌓았으며 죽어서는 돌무덤인 적석총을 만들고 훗날 겨레의 큰 지도자들은 큰 '돌맹이'(dolman, 고인돌)에 북두칠성을 그려 하늘로 보내드렸습니다. 하늘로 '돌아가신' 것이지요. 이것이 전 세계의 고인돌의 반 이상이 우리나라에 집중되어 있는 이유입니다. 분명 다 우리 겨레 고유의 문화이고 문명입니다.

산과 육지와 바다 모두를 아울러 둘러쳐 살던 나라가 '우리나라'였습니다. 우리 조상은 천손으로서 산과 들과 강과 바다 즉 온 세상의 모든 것들을 두루 아우르면서, 뜻과 생각을 크게 넓히며 밝은 문명을 만들어 놓습니다. 이것이 큰 우리나라이지요! 바로 해양문명과 북방문명이 만나 이루어진 **밝달문명**인 〈홍산문명〉입니다. 약 6000년 이**전의 요령지역과 내몽골 동부지역에 광범하게 이어진 후기신석기문화로 현 인류의 가장 앞선 문명**이라고 학자들은 말합니다.

훗날 2000년 뒤(BC 2000년경) 우리 겨레의 일부가 또다시 황하 중·하류 지역(당시 중국족은 없었음)으로 가 옛 문명을 재탄생시킵니다. 우리의 〈황하문명〉입니다. 이러한 사실을 이탈리아의 자코모 박사를 비롯한 많은 이들은 말해 왔습니다. 이렇게 수천 년을 이어 **고조선 때까지도 중국의 동쪽지역은 우리나라의 일부였습니다.** 이때까지가 큰 우리나라였지요.

고조선이 망하자 그 한국의 정통을 고구리(려), 백제가 계승합니다. 백(百) 가(家: 작은 나라)가 바다를 중심으로 충실히 경영하여 **해상권을 제압하고(制海) 큰 나라를 세운다** 하여 백가제해(百家制海), 즉 **백제가**

고조선의 바닷가 지역을 계승합니다.

백제는 광개토대태왕에게 밀리기 전까지만 해도 **반도백제**, 북경 서쪽의 **요서백제**, 광동성, 절강성 등지의 **울주백제**, **왜백제**와 이 밖에서 **최소 22개 담로**(해외식민지, 제후국, 고구려의 다물)로 울타리 쳐 있었던 명실공히 작은 우리나라 였었지요. 훗날 더 많은 담로를 경영하여 **50개가 넘는다**는 주장도 있지만, 중국의 「송서」, 「남제서」, 「양서」는 백제의 22개 담로를 기록하고 있으며, 그 중 제일 큰 담로가 **왜담로**였다고 「원사」는 기록하고 있습니다.

그러다 훗날 가야, 고구려, 백제, 신라가 망하고 **한족이 물가에 이로움을 크게 깨달아 동쪽으로 영역을 넓게 되자** 우리 민족과 충돌이 자주 일어나게 됩니다. 중국이 바다로의 진출이 늦은 이유가 바로 해안가 지역을 우리 한민족 동이겨레가 계속 차지하고 있었던 것이고 **삼국이 망한 후에도 우리 민족이 계속 그 자리에서 살아왔기 때문**이지요. 그래서 한족들은 오랫동안 바다의 문화를 모르고 두려웠기에 바다로의 진출이 늦었던 것이지요.

동티모르 2002.5.20 독립 선포 〈출처: 한겨레 투데이포커스〉

◆ 재야사학가 고 이형련 씨는 백제의 담로가 저 푸른 태평양의 여러 나라까지 미치었음을 말해 왔습니다. 이에 대해 「중국진출백제인의 해상활동 천오백년 2」의 저자 김성호 씨는 UN평화유지군으로 우리

의 군대가 파견되어 있는 동티모르의 섬 이름 〈티모르〉가 백제의 말 담로를 뜻하는 '타모르'와 발음이 같으며, "먼 옛날 신들이 배를 타고 바다를 건너와 문화를 전해주었다."는 원주민의 이야기 등으로 백제 인들이 건너와 담로를 세운 것이라고 조심스럽게 말합니다. 어쩌면, 아니 틀림없이 백제는 우리가 생각한 것보다 훨씬 큰 나라였을 것입 니다. 아이러니하게도 지금 티모르에는 다시 우리의 군대가 파견되어 있으며, 지금 '한글'을 가르치고 있다고 합니다.

⇨ 더불어 「신당서」 백제전에 "백제와의 서쪽 경계는 월주(越: 중국의 동쪽지역)이고 남쪽 경계는 왜(옛날 왜는 중국의 남쪽에 있었음)이며 북쪽 경계는 고구려이다."라고 하여 진실로 바다 건너 중국 땅이 '우리나라' 였음을 증명하고 있습니다.

더구나 고조선 때의 한족(漢族)의 영역은 지금처럼 넓지가 않았으며 그것도 어느 분은 현 중국의 중앙의 섬서성을 중심으로 조그마하게 살았다고 하고 또 어느 분은 남쪽에 있었을 뿐이라고 합니다.

고구려의 남하정책에 의하여 결정적으로 하나의 울타리, 백가제해 백제가 중국의 백제(서백제)와 반도의 백제(동백제)로 양분되고 이어 백 제가 망하면서 고구려가 망하고 중국의 옛 땅들을 다 잃게 됩니다. '옛날의 우리나라'는 환국(하늘처럼 환한 나라)과 밝달국(태양처럼 밝게 이 루어지는 배달나라)과 고조선(밝달의 딴 이름=아사달=해 뜨는 나라)을 이어 서 한결같이 하늘나라답게 '밝게 살아가기를 원했던 나라' 였습니다. 대고조선까지 이렇게 내려왔습니다.

그래서 우리는 예부터 상제(上帝), 천제(天帝)의 나라 라고 칭했고 천제는 스스로를 짐(朕: 황제가 스스로를 일컫는 말)이라 했으며 신하들은 천제를 **전하**(殿下: 제후국의 우두머리)가 아닌 **폐하**(陛下)라 불렀습니다. 실로 **고구려뿐만 아니라 백제 또한 대제국**이었습니다. 어쩌면 잃어버린 백제는 고구려보다 더 큰 나라였을지도 모릅니다.

그러나 지금 후손들은 조상님들이 사셨던 **만주와 현 중국의 동쪽, 남쪽 땅 우리나라 대부분을 빼앗기고 잊고** 삽니다. 그래서 지금 우리는 더 이상 '**우리나라**'(물가를 낀 큰 울타리)**가 아닙니다!** 더 이상 **천제의 나라도 아니고,** 폐하의 나라도 아닌 각하(閣下: 조그마한 누각, 다락집의 주인)의 나라로 꾸겨져서 꾸역꾸역 살아가고 있습니다.

☯ 슬−픈 우리나라를 다시 생각해 봅니다.

고조선이 망하고, 고구리(려), 백제마저 망하자, 조상님들은 처참한 죽임을 당하고 중국 땅에 있었던 **조상님들의 묘는 파헤쳐졌으며** 심지어 조상님의 **뼈로 중국 땅에 도로가 만들어졌다**고도 합니다. 우리의 유물은 다 빼앗기고 우리 겨레는 수십 만 명씩 이리−저리− 갈가리 찢겨 흩어집니다.

중국 땅에 있었던 백제와 신라는 조상님들의 묘를 간신히 수습하여 한반도로 옮기고 살아갑니다. 조상의 무덤과 비석을 목숨같이 여겼던 겨레였으나 비석을 세우면 파헤쳐집니다. 경주에는 무덤만이 가득하고 **비석 하나 세워져 있지 않습니다.** 처절히 망했던 백제는 공주(굠주: 신이 계신 곳)**에 단 하나의 무덤밖에 없습니다.** 비석도 못 쓰고! 일본에 의해 〈무령황릉〉으로 추정되는……!

이러한 우리나라는 동일한 언어를 쓰던 겨레였음을 학자들은 말합니다.

"고구려와 백제는 말이 같았으며 신라는 백제를 통해서 고구려와 통했다."라는 「양서」의 기록이나, 세 나라의 외교사신 왕래 시 통역을 했다는 기록이 안 보이는 「삼국사기」, 그리고 왜(倭)가 중국의 사신 왕래 시 통역사를 꼭 필요로 했음을 기록으로 보이는 「일본서기」에 비해 고구려, 백제, 신라와는 통역사를 함께 했다는 기록이 보이지 않는 것으로 보아 통일신라 때까지 왜도 우리와 편하게 언어소통이 이루어졌음을 짐작할 수 있다고 합니다.

이렇게 방언정도의 차이밖에 나지 않던 '우리나라'는 백제가 망하자 왜와 언어가 분리되고 고구려가 망하자 만주어와 갈라지게 되고 중국 동쪽해안에 남겨진 고구려, 백제, 신라의 겨레는 한동안 우리말을 쓰다가 점차 한족에 동화되어버리면서 큰―우리나라는 조각나 공중분해 되어 버린 것이지요.

그러다 먼 옛날 고향을 떠나 지금의 일본으로 가 고국을 그리며 물가에 터전을 잡고 **나라**라는 이름을 붙이고 살아갑니다. 지금의 나라현입니다. 지금 일본에는 '**나라**라는 명칭의 마을과 **고구려**(고마, 구마, 고려), **백제**(구다라, 백제), **가야**(고야), **신라**(시라, 신라)를 느낄 수 있는 명칭'이 많이 있으며, 하나미카타 서해안의 동쪽을 향하여 늘어서 있는 수 많은 무덤과 비석들은 천 년의 한 속에 **백제**를 향한 망향의 그리움을 달래고 있습니다.

일본 하나미카타 서쪽해안 무덤
〈출처: 다음 디크스폰의 멋살이〉

그러나 다시 '우리나라'를 찾으려는 분'이 나타납니다.

걸걸중상의 아들 '걸걸조영'이 이름을 대(大)조영'으로 바꾸고 천손의 전통을 계승한다는 뜻의 '천통'(天統)이란 연호로 황제의 나라 대진국 (大震國)을 세웁니다. 걸걸이란 지금의 大 크다의 뜻으로 "그놈 목소리 한번 걸걸하군."하면서 쓰고 있는 말입니다. 한족들은 발해라 낮추어 부르지만, 스스로 고구리(려)라 칭했던 대진국(큰 천둥, 대 씨의 진국)이 었습니다. 대진국은 해동성국(海東盛國)의 명성을 보이다 고려의 소극 적인 대외정책과 더불어 망합니다. 이러한 대진국은 우리가 버렸기에 지금 중국의 역사로 편입된 지 오래입니다.

또한 고구려가 망하자, 고구려 유민 출신인 이회옥(당왕이 부른 이름 은 이정기)도 당나라 복판에 후고구려인 치청(治靑)왕국을 세웁니다. 다스릴 치, 푸를 청. 산동지역은 산이 많아 푸르다 해서 청(靑)이라 불 렀지요. 청구(靑丘)영언도 이러한 옛 역사를 그리워 했던 김천택의 시 조집이구요. 제(齊)라는 나라로 불리기도 했지요. 고구려와 백제 유민 들이 살았던 중국의 산동지역 15개주에 달하는 곳에 중원의 고구려, 치청왕국을 제왕 이정기가 서기 776년 건국합니다. 4대에 걸쳐 60년 간 중원을 지배하며 당을 위협합니다.

그러나 우리의 역사에서 고구려의 치청왕국의 역사는 기억하지 못 합니다. 「신·구당서」나 「자치통감」 등 중국 측 사서는 이회옥(이정기)을 당 옆에서 당나라의 근간을 흔든 무도한 역도라고 기록하고 있을 뿐 입니다.

⇨ 예전 KBS 역사스페셜 이정기왕국 편에서의 생생했던 감동을 잊을 수 없습니다.

역사스페셜 PD가 중국 산동성의 이정기박물관 관장에게 "대한민국에서 이정기 장군을 찾아 이렇게 왔습니다."라고 말합니다. 박물관장은 드디어 제 핏줄을 찾아 당연히 왔구나 하는 식으로 "당신네 한국인들이 (조상을 찾아) 언젠가는 올 줄 알았습니다."라는 말로 답하는 것이었습니다. 이 순간 저는 왈칵 눈물을 쏟고야 말았습니다.

그러나 우리 역사에서 이회옥(이정기) 장군 같은 미아가 많았던 만큼 우리의 문화나 자부심은 줄어들게 된 것이었고 중국은 어깨를 더 당당히 펴게 된 것입니다. 이렇게 되어 발해만과 산동과 강소성, 광동성 지역을 아우르는 울타리는 영원히 잊히고 우린 스스로 역사의 미아가 되고 맙니다. 땅은 작아지고, 그 속의 역사와 정신과 혼마저 작아지고, 우리는 '우리나라'라는 말의 의미마저 까맣게 잊어버린 민족이 됩니다. 그리고 그 땅의 조상들을 다 잊게 됩니다.

⇨ 〈고구려역사저널〉의 성훈님(성헌식)은 애통해 합니다.

"중국의 학자들은 한반도보다 작았던 옛 중국의 영토를 사서조작과 지명이동을 통해 역사왜곡을 함으로써 광활한 중원대륙의 실제 주인이었던 동이인을 지금의 한반도와 만주 일대의 역사로만 내몰았다."

⇨ 그래서 동양대학교 경영관광학부 김운회교수는 2004년에 출간한 「삼국지 바로 읽기」를 통하여 우리가 알고 있는 중국의 「삼국지」는 철저한 중화주의(中華主義: 세상 가장 우수한 나라로서 타 민족을 천시하

는 사상)의 산물로서 중국인만의 역사 인식에서 비롯된 것임을 치밀한 고증을 통해 밝혀내면서 우리 스스로에 대한 문제의식을 바로 세우고 우리 겨레의 정체성을 찾기 위한 노력을 하루빨리 시작해야 함을 호소하기도 합니다.

⇨ 〈상고사 학회〉의 고 이중재회장님도 평소 중국의 「삼국지」에 대하여 "2세기말 진수(陳壽)가 쓴 「삼국지」는 불과 호북성 주위를 넘나들던, 작은 규모의 전투를 크게 과장한 역사서로 대대로 한국(배달국과 조선)에 눌려 있던 중원의 기를 세우려고 의도적으로 왜곡해 써놓은 것이었으며 여기에 훗날 중화주의자인 나관중이 문학적인 수식과 엄청난 상상력을 더해 허구로 쓴 소설이 「삼국지연의」였는데 이를 보고서 지금의 한국인은 「삼국지」의 사실을 침소봉대(針小棒大: 바늘을 긴 막대라고 함)하고 있다."라고 늘 말해오시며 잘못된 우리의 역사인식의 틀을 질책하셨습니다.

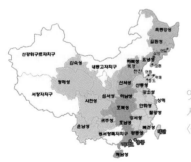

옛 중국은 자치구와 해안가를 제외한 섬서성, 산서성, 하남성, 호북성, 호남성 일부
〈출처: 중국행정구역지도〉

우리는 아래의 사실을 알아야 합니다.

「삼국유사」나 심지어 중국이 정사로 여기는 「25사」에서뿐만 아니라,

중국 역사학자인 엄문명이나 왕동령(王棟齡)이나 대만의 서량지와 같은 역사학자들마저도 우리 겨레의 영역을 만주와 요하해, 서화항덕(하남성), 덕안(강서성), 남월(광서성: 지금의 베트남의 경계)로 기록하고 있어 드넓은 '우리나라'를 증명하고 있습니다.

⇨ 〈한브랜드전략연구소〉는 옛 조상의 우리나라를 외국학자의 주장을 통하여 찾아내고 있습니다.

♦ 왕동령의 「중국사」에서 이렇게 찾아냅니다.

"한족(漢族)이 중국에 들어오기 이전에는 지금의 호북, 호남, 강서 등의 지방은 본디 묘족(苗族, 인류의 씨앗인 동이, 東夷)의 영속지였다. 그 민족은 구이(九夷)로서 임금은 치우(蚩尤)였다."

♦ 소련의 역사학자이며 인류학자인 시로코고르프는 「중국사」에서 이렇게 말합니다.

"BC 3000년경 동이족은 이미 황하와 양자강, 서강의 중류이동(中流以東)의 중간 지역에 살았으며, 지나족(支那族: 옛 중국족)은 이보다 1500~2000년 후에 동방천자 치우(蚩尤)가 다스리는 동이족의 나라인 강회(江淮: 양쯔강과 황하강 중간)지방에 진출하였다."

♦ 일본 학자 고꾜 야스히꼬(こきょうきやひこ, 吾鄕淸彦)는 이렇게 씁니다.

"사마천의 「사기」(史記) 25권은, 단군 조선이 중원 대륙을 지배했다는 역사적인 사실을 거꾸로 뒤집어 가지고, 마치 중국이 단군 조선을 지배한 것처럼 힘겹게 변조 작업을 해 놓은 것이다."

♦ 서량지 교수 또한 1943년 10월의 초판 「중국사전사화」에서 이렇게 씁니다.

"한족(漢族)이 중국 땅에 들어오기 전인 4천여 년 전(BC 2000)의 중원(中原)의 북부 및 남부는 이미 묘족(동이족)이 점령하여 경영하고 있었다. 한족이 중국에 들어온 뒤에 서로 점점 접촉하였다. -중략-

동이의 활동무대는 실로 오늘날의 하북, 발해 연안, 하남, 산동, 강소, 안휘, 호북지방과 요동반도와 조선반도의 **광대한 지역을 모두 포괄하였는데 그 중심지는 산동반도였다."**

중국 대학교재에 그려진 중국 최초의 나라 하(夏)의 영역도(사방이 우리 이족으로 둘러싸인 하남성 일대의 한반도보다 작았던 땅)
〈출처: 고구려역사저널〉

지금은 "무슨 미친 X소리냐!"고들 합니다! 다 잊었고, 다 왜곡되었고, 다 잃어버린 자손과 땅들의 슬픈 이야기입니다. 이러한 **한국인의 역사인식을 드러내는** 일화가 회자되고 있습니다!

⇨ 훗날 초대 부통령이 되신 이시영이, 일제 하 상해 임시정부 시절, 중국 총통 장개석(1887~1975)과 만난 자리에서의 일화입니다. 한국독립군의 눈부신 활약상을 치하하면서 중국의 독립군과 손잡고 일본군을 대륙에서 몰아내기 위한 회담을 하는 자리였다고 합니다.

장총통이 먼저 말을 꺼냈습니다. "나의 고향(상해 아래 절강성 봉화시 계구진)은 옛날 백제땅이었습니다. 어쩌면 내 몸에도 백제의 피가 흐르고 있을 지도 모릅니다."라고 말했습니다. "네? 백제라니요?"하고 아무 말도 대답하지 못했다고 합니다. 이를 보고 장총통은 말했습니다. "당신들의 선조가 이 땅 대륙의 주인이었는데 그것도 모르고 있었소? 그러니 나라를 빼앗겼지……!"

얼마 전까지만 해도 중국인들은 바닷가 사람들 즉 산동성과 강소성, 광동성 사람들을 무시하는 관습이 있었고 더구나 말과 문화가 다르다 하여 출세가 힘들었다고 합니다. 왜냐하면 원래 이곳이 옛날의 한국땅이었기 때문이지요.

◆ 사학자이며 〈동이학교〉 교장이신 박문기님은 산동이나 절강 등지의 해변에 사는 동이인들을 사해(四海: 깜깜무식쟁이)라 왜곡하면서 한족(漢族)들이 따돌리고 멸시했던 사실을 저들의 기록 「태평어람」을 통해 전합니다. '사해란 캄캄하고 무식하여 가히 깨우쳐 가르칠 수가 없다. 그러므로 사해라고 말하는 것이다.'

우리는 여기서 두 가지 사실을 알 수가 있습니다.
하나는 한족(漢族)과 산동과 절강의 해안가 동이인들의 언어와 문화가 달랐으며 자존심이 강했던 많은 동이인들이 저들의 언어와 문화에 동화하지 않았다는 사실이고 또 하나는 넓은 바다를 알고 바다를 경영했던 문명인 동이에 비해 얕은 강물밖에 알지 못하는 한족의 어쭙잖은 식견과 그들의 편협한 국수주의 사상에서 비롯된 멸시와 질시, 그리고 바다를 부정적으로 보았다는 사실들입니다.

실제로 고려 때만해도 중국 산동의 동이인들은 고려와 같은 말을 썼음을 송(宋)때의 서적 「태평어람」(太平御覽)을 통해서도 알 수 있습니다.

◆ 그래서 온 일가가 독립운동에 헌신했던 이회영, 이시영의 후손인 재야사학가 고 이형련 씨는 많은 연구 후에 다음과 같이 밝힙니다.

'지금 세계를 떠도는 화교(華僑, Overseas Chinese)들의 대부분은 주로 산동성, 강소성, 하남성, 광동성 등 출신(주로 해안가)으로 해외로 나간 사람들'이라 합니다. '고구리, 백제, 신라가 망한 후 삼국의 유민들은 우리말과 천손문화를 계속 지키며 살았는데 문화가 다르고 혹 한족의 말을 잘 알아듣지 못하는 무지한 사람이라 하여 **오랫동안 한족에게 정책적으로 무시와 멸시를 당하고** 동족에게서도 외면받으며 서럽게 살다가 모택동이 집권하고 김구 선생마저 비명에 돌아가시게 되자, 실망하여 해외로 떠나간 사람들'이었다 합니다. '그러고도 중국 국적을 거부하다가 대한민국이 아무런 관심을 보이지 않자 더 이상의 미련을 버리고 중국국적을 취득하게 되었다.'라는 슬픈 증언의 내용입니다.

산동성과 강소성, 광동성의 동이인도 그렇게 오랫동안 무시를 당하다가 지금은 동화되어 중국말을 쓰면서 **중국국적으로, 중국인으로** 살아가고 있습니다. 이게 다 우리가 역사를 잊었기 때문에 서럽게 돌아서버린 우리의 동포들입니다. 그래서 이곳에 사는 사람들은 **언어와 풍습뿐만 아니라 노래를 좋아하고 쾌활한 성품이 비슷하고 우리 한국인의 체격을 더 닮아** 일반적인 중국인의 체격보다 **크고 억세다** 합니다. 우리가 그들을 잊어버리자 지금은 **해적이 되어 오히려 우리의 서해 바다를 유린하는 아이러니한 상황**을 연출하고 있습니다.

그렇습니다. '**우리나라**'가 망하자 힘을 잃고서 우리말과 풍속을 힘겹게 지키고 살았던 고구려, 백제, 신라의 후예들이었죠. 이곳에는 얼마 전까지도 '상투'(천손의 상징) 튼 사람들이 살았고, 뒷머리가 평평한 '편두'(동이의 특징)의 사람들이 살았고, 지금도 중국의 산동지방(옛 청구靑丘)에 가면 '무궁화와 소나무가 많고, 진돗개'와 같은 개들이 많이 있다고 합니다. 또한 산동성의 '무씨사당 벽화'에서 우리 고조선 단군역사에 나오는 곰과 호랑이가 마늘을 먹는 그림을 찾기도 합니다. 그렇습니다. 이곳도 옛날 고조선 땅이었고 훗날 고구리(려), 백제, 신라가 경영한 땅이었습니다.

지금, 광복절 기념행사를 하고 있군요.
그러나 광복 후 60여년이 지난 오늘, 우리에게 진심으로 되묻고 싶습니다. '우리 민족이 진정 광복을 하였는가?'
광복(光復)! 이 말이 천손 광명민족으로서 빛을 찾아 세상의 주인이 다시 되었음을 상징하는 말이라 한다면, 과연 우리가 광복을 했다고 말 할 수 있겠습니까?

지금, 우리는 우리 아이들에게 인류 4대문명의 어머니문명인 우리의 〈홍산문명〉(환웅시대까지의 배달문명)은 커녕 고조선 시대마저 자랑스럽고 훌륭한 역사였음을 감히 말도 꺼내지 못하고 있으며, 심지어 우리나라의 나이였던, 환인시대의 환기 9210년(桓紀, BC 7197+2013)나 환웅시대의 개천 5911년(開天, BC 3898+2013)이나 단군조선시대의 단기 4346년(檀紀, BC 2333+2013)연혁은 내팽개쳐버리고 서양의 연혁인 서기(西紀)를 쓰고 있습니다.(서양제국의 눈치를 보느라고) 역사의 주인이었음을 버리고 주인을 서양으로 받듭니다. 근세조선 때 힘 없고 혼(魂)이 빠져 명(明)과 청(淸)의 연호를 잠시 썼던 것처럼 말입니다.

따라서 우리의 자부심의 흔적이었던 '우리나라' 라는 말의 개념은 흔적조차 사라져버리고 마치 우리의 근본이 서양에서 온 것으로 착각하면서 BC(Before Christ)마저 '서기전'(서력기원 전)이라 말하지 않고 아무 생각 없이 서양이 말하는 식으로 기원전이라 말하고 있습니다. 그러하기에 BC 이전에는 우리의 문명이 없었던 마치 원시인들의 암흑기로 생각하게 되어 자연 모든 문명이 서양에서 기원했던 것처럼 착각을 일으킴으로써 한국의 정체성은 그 존재조차 의심을 받게 되었고 자존심도 없는 대한민국의 국격(國格)은 밑바닥으로 추락하게 되었던 것이었지요!

이렇게 울타리인 (시작)역사를 지켜내지 못했기에, 오늘날 우리에게는 한국인이 누리고 있는 모든 문화적 혜택과 물질적 혜택이 오직 이웃인 중국이나 혹은 서양에서 전수받아 얻어진 것이라는 생각이 뼈 속 깊이 새겨져 있어, 단지 짧은 역사 속의 열등한 문화민족으로서 스스로 약소국 운운하며 패배주의와 피해의식을 세습하며 살아오게 된 것입니다.

– 최북(崔北, 1712~1786?), 18세기 조선시대 뛰어난 학식과 덕망을 지니고 사회통념에 얽매이지 않으면서 공산무인도, 십우도, 매하쌍치도, 풍설야귀인(風雪夜歸人) 등을 그리며 거침없이 예술혼을 불살랐던 진정한 자유인이었습니다.

스스로 제 눈을 찔렀던 호생관(毫生館) 최북, 세상은 그를 주객이나 광생이라고 하며 광기의 화가라 불렀습니다. 반고흐처럼. 한때 금강산유람 중 구룡연에 이르러 스스로 말하기를 "**천하의 명사가 천하의 명산에서 죽으니 어찌 만족하지 않으랴!**"하고 못에 뛰어들었다는 자부심의 선비였지요. 그가 남긴 통한의 말을 들어봅니다. "**사방의 오랑캐들이 모두 황제국이라고 하는데 오직 우리만이 자립하지 못하고 중국에 종속하니 내가 산 것이 어찌 산 것이며 내가 죽는 것이 어찌 죽는 것이냐!**" — 하늘의 자유를 빼앗긴 천손의 피맺힘입니다.

자신의 뿌리역사를 동강내어 그 속의 문화와 역사의 혼을 다 빼앗기면서 동양 아니 세계의 정신문화의 종가집이며, 중심국이었던 우리가 이제는 주변 나라의 눈치를 보지 않고서는 하루도 살 수 없는 변두리국가가 되어버린 것이지요.

극작가 신봉승 씨는 '국가정체성이 있는 나라를 만들어야 함'을 역설하며 우리 국민이 무정신으로서 역사를 읽지 않음을 한탄합니다. 더구나 **학교나 우리 사회는 정체성 회복에 대한 실질적인 노력 하나 없이, 민족을 이야기하는 교사나 학생은 오히려 용공세력**(공산주의자)**이나 불순세력**(순수하지 못한)**이나 국수주의자**(國粹主義者: 지나친 애국심과 자만심으로 다른 나라를 배타하는 편협한 사람)로 치부하면서 **세계화에 뒤떨어진 부족한 사람으로까지 매도해** 왔습니다. 요사이 학교에서는 역사라는 과목만이 있을 뿐, '국사'(나라역사)라는 단일과목이 없어져 아이들 시간표에서 사라진 지 이미 오래되었지요. 더구나 대입시나 직장·국가시험에서 국사과목을 필수가 아닌 선택을 하게 하거나 배제하고 있는 현실입니다.

✓ 여기에 나의 발걸음을 멈추게 한 4 살배기 한국아가의 말, 마미-(Mommy)!

어찌 우리말 중 가장 소중한 말인 '엄마'마저 마미라 부르게 한다는 말입니까! 정체성이 없는 젊은 엄마가 또다시 정체성이 없는 아이를 만들어 가며 우리 사회를 흔들어 놓습니다. 이렇게 자란 아이는 모든 가치의 기준을 서양에 두기에 자신의 정체성에 혼란을 겪으면서 정체성을 변질시키며 살아갑니다. 그러하기에 우리 겨레는 **따뜻한 문화와 정**이 아닌, 극도로 **변질된 서구개인주의에 물들어 사회의 분열을 조장**하고 **불평**하며 살아갑니다. 결국 이 아이는 서양의 가치가 더 좋다며 쉽게 나라와 부모를 무시하고 버리게 됩니다.

세계화 이전에 먼저 우리의 정체성(正體性, identity: 환경이나 사정이 변해도 결코 변하지 않는 본모습, 본질)을 **확립시켜주어야 한다**는 말이 그래서 있는 것이지요. 다행스럽고 감사할 일은 우리에게는 그 **어느 민족에 비교가 안 될 만큼 우수한 문화**가 있었고 그 능력이 우리의 피에 흐르고 있다는 사실입니다. 우리가 한국의 정체성을 정성껏 익혀만 준다면, 우리의 아이들은 조국과 부모와 이웃을 부둥켜안고 행복한 우리 사회를 만들 것입니다.

많은 석학들이 왜, '가장 한국적인 것이 가장 세계적인 것!' 이라고 말해 왔는지, 왜, 민족지도자, 단재(丹齋) 신채호 선생께서 "역사는 나와 우리를 지켜주는 울타리"라고 하시며 "자신의 나라를 사랑하려거든 역사를 바로 읽을 것이며 다른 사람에게 나라를 사랑하게 하려거든 역사를 알게 하라."라고 했는지 귀담아 들어야 합니다.

단재(丹齋) 신채호 〈출처: 블로그 사랑과 용서〉

⇨ 더불어 〈러시아고대사 세미나〉에서, 한국의 고조선과 상고역사의 세계적인 권위자인, 러시아사학자 UM 푸친의 말은 우리의 역사인식은 물론 민족정체성의 현실을 말해 줍니다.

"동북아 고대사에서 한국의 단군조선을 제외하면 아시아역사는 이해할 수가 없다. 그만큼 단군조선은 아시아고대사에서 중요한 위치를 차지한다고 할 수 있다. 그런데 어째서 한국은 그처럼 중요한 고대사를 부인하는지 이해할 수가 없다. 일본이나 중국은 없는 역사도 만들어 내는데, 한국인은 어째서 자신의 있는 역사마저 없다고 그러는가! 도대체 알 수 없는 나라이다."

러시아사학자 UM 푸친

지금, 인류의 시원문명의 뿌리나라인 한국 옆에는 안타깝게도 나쁜(나뿐, only me) 나라들이 많습니다. 그 중에는 2000년을 줄곧 남의 역사마저 송두리째 가로채 자기의 역사라고 하는 이상한 나라가 있으며 문화의, 조상의 나라에 대한 패륜을 저질렀던, 잘못된 과거마저 전혀 반성할 줄 모르는 미친 나라가 있습니다.

그러나 정작 더 이상하고 더 희한한 나라가 있습니다.

-인류 최고의 문명을 이룩한 사원역사의 겨레이면서도 **모든 문화를 서양이나 중국에서 빌어왔다는 열등감에 빠져 있는 나라**, 웅녀(熊女)가 신녀(곰녀, 神女)인 줄 모르고 미련한 곰(熊, 웅)의 자손이라며 제 뿌리를 혐오하는 나라, **다른 민족의 신화는 인정하고 시험까지 출제되**지만, 정작 제 민족의 신화는 미신이라 치부하며 역사의 근원을 내던지는 나라, 제 뿌리역사마저 송두리째 가로채가고 제 선조의 유산이 하루가 다르게 남의 유산으로 바뀌어 가고 있는데도(동북공정) **눈 감고 딴청하고 있는 나라**, 우리 땅을 자기 땅이라고 우기는데도 **눈치를 살피며** 심지어 가엾은 정신대여인들을 '매춘부'였다고 조롱하며 한국의 국격 자체를 무시하는 데도, 오히려 **불행한 백성의 한을 외면하**며 조용한 외교를 해야 한다는 나라, **역사학과와 국문학과를 졸업하지 않은 이들이 오히려 역사를 바로 세우려고 발버둥치는 나라**, 역사는 **역사학과만 하는 것이라고 생각하는 나라**, 나라의 기본적인 역사와 문화를 알지 못하면서도 조금도 부끄러워 하지 않는 나라, **외국인**들에 의해 제 역사를 알아가는 나라, 광복 이후 60년이 지나도록 신채호 선생 같은 수많은 독립운동가들을 무국적자로 방치했던 나라, **독립군대장 홍범도를 타국땅 청소부로 일하다 외롭게 죽게 했던 나**라, 그리고 독립운동가의 후손들이 얼마나 힘들게 살고 있는지 챙기지 않았던 나라, 상해 임시정부의 환국을 방해하고 **망명정부임원이**아닌 개인의 신분으로 쓸쓸히 귀국하게 했던 나라, **백범 김구선생을**대낮에 암살할 수 있었던 나라, 그래서 **독립·애국활동을 한 것을 숨**

겨야 하고 일제하의 삶을 공공연히 그리워할 수 있었고 친일매국노들이 오히려 권력과 부를 차지할 수 있었던 나라, 그래서 안중근 의사나 김구를 테러리스트라 하고 유관순을 여자깡패였다고 스스로 막말을 할 수 있는 나라, 나라의 근본이며 생일인 개천절(開天節)행사에 대통령이 참석하지 않고 항상 국무총리를 보내 스스로 국격을 낮추는 나라, 독립국가라면서 서양의 나이인 서기(西紀)를 아무 생각 없이 지금도 쓰고 있는 나라, 왜 이러한 결과들이 나왔는지, 제 나라의 역사와 문화 등 정체성에 대한 한 점 고민 없이도 나라의 지도자가 되고, 100년의 나라교육을 책임질 교사가 될 수 있는 나라가 있습니다. 그리하여 외국의 학자들도 조롱하듯 자신의 있는 역사와 문화마저 없다고 그러는 나라가 있습니다.- 이상한 나라입니다. 나쁜 나라보다더 나쁜 사람(조상과 역사를 내팽개친)들이 사는 나라입니다.

참으로 요상하고 이상한 나라입니다!

이러한 우리의 잘못된 역사인식에 대하여 '독도 찾기'와 '우리 바른역사 찾기'의 선봉장이 되어있는 젊은 국민가수 김장훈 씨의 말 한마디는 의미심장함을 더해줍니다. "무관심보다 더 무서운 것은 그릇된관심입니다!"

1932.12.19 07:40, 일본헌병의 총탄이 윤봉길 의사 이마에 관통하시다!
홍커우(虹口)공원의 거사 전, 두 아들 모순과 담에게 남긴 유서
〈출처: http://www.coo2.net〉

"너희도 만일 피가 있고 뼈가 있다면, 반드시 조선을 위하여
용감한 투사가 되어라. 태극의 깃발을 높이 드날리고
나의 빈 무덤 앞에 찾아와 한 잔 술을 부어 놓으라."　　　윤봉길 유서 중

자, 자! 이제 마음을 가라앉힙시다. 어떻습니까?

그렇지만, 이제 외국인들이 "너희 나라는 어떤 나라였냐?"라고 물으면 당당히 가슴 펴고 말하십시오. '우리나라' 였다 라고. "그때는 그렇게 큰 정신(精神)과 문화(文化)로 울타리 쳐진 아름답고 평화로웠던 큰 나라였다."고 말하십시오.

그리고 비장하게 말하십시오. "지금은 조상의 역사를 잊었기에, 지금의 중국 땅보다 더 넓은 북쪽의 땅과 서역으로 통하는 실크로드, 그리고 만주와 현 중국의 동남부까지 이어진 곳과 그 밑의 드넓은 태평양을 품었던 '우리나라'는 없지만, 지금 우린 울타리를 다시 이어 큰 우리나라를 보여 줄 영웅(英雄, hero)을 기다리고 있다."라고 말입니다.

무력으로 영토를 빼앗는 시대는 지났습니다! 그러나 조상님의 광활했던 영토를 되찾을 수 있는 방법이 있습니다. 그것은 우리의 옛 역사 속에 있는 우수한 문화(文化)를 되찾는 것입니다. 그리고 더 아끼고 사랑하는 일입니다.

앞으로 지구를 지배하는 국가는 결국 '문화가 높은 나라'가 될 것이라고 세계의 많은 석학들은 합니다. 물이 높은 곳에서 흘러 낮은 땅을 적시듯이 문화는 국가와 영토에 관계없이 딴 민족을 감동시키기 때문입니다. 지금의 한류(Korean Wave)가 그런 것이지요. 분명한 것은 문화(文化)는 역사 안에 오롯이 존재하면서 그 민족의 자부심이 되

어 아름다운 역사를 새롭게 창조하는 힘을 갖고 있기에 제 문화를 모르고선 자부심의 당당한 외교도 있을 수 없다는 것입니다.

그래서 백범 김구 선생은 그렇게도 문화를 동포들에게 역설하셨는지 모릅니다.

"내가 가장 부러운 것은 경제력이나 군사력으로 강한 나라가 아니라, 높은 문화를 가진 나라입니다. 문화가 높은 나라의 백성으로 살아보는 것이 나의 소원입니다." 〈백범일지〉

"세계를 아름다운 문화로 둘러쳐진 우리나라를 만들라."는 말씀은 아닐는지요? 이렇듯 높은 혜안으로 자랑스러운 역사 속의 우리의 아름다운 아리랑 문화를 아셨기에, 김구 선생은 겨레의 스승으로서 아직도 존경과 추앙을 받고 있는 것이 아닐까요!

선생님, 사랑합니다! 정말 사랑합니다!

"우리 민족이 주연배우로서 세계의 무대에 등장할 날이 눈 앞에 보이는도다." 백범 김구
겨레의 영원한 스승 김구 〈출처: 네이버개미실사랑방〉

"독일이 왜 패했는가? 군대가 약해서가 아니다. 독일인 모두가 도덕적으로 타락하고 이기심이 가득차 있었기 때문이었다. 교육을 통해 국가혼(魂)을 길러야 한다. 내일로 미루지 말고 지금 당장 실천하자."
'독일국민에게 고함' 중에서 철학자 피히터(Tohann Fichte 1762~1814)

봄비

시인 박종명

처마 밑을
봄비가 가늘게
빗금 그었다.

빗소리는 늘
그 빗금을 타고
올랐다.

난 조심조심
빗소리를
끊았다.

어느새
양손 가득 빗소리
넘치고

쨍그랑,
빗소리 하나 떨어져
깨졌다.

봄이 그렇게
왔다.

서울대 명예교수 박동규님의 추천시
시집 「사랑 한번 안 해 본 것처럼」에서

배꼽의 자부심 배달나라

● 문화열차 배달나라터미널 옥외 간판 안내문

지구상 가장 오랜 뿌리인종이 있었습니다. 황천의 적자이며 태양의 아드님이신 분. 세상은 그가 큰 진리와 밝은 덕을 지녔다 하여 커발한이라 불렀습니다. 그는 해처럼 밝은 터를 잡고 해처럼 밝은 백성을 모아 천지에 고합니다. 홍익인간의 뜻을 펼 수 있도록 천부(天賦)를 내려주시고 하늘을 열어 달라고. 하늘은 열리고 밝은 도의 문화가 펼쳐집니다. 자연과 하나 되어 우리가 되어 순박하게 살아갑니다. 문명의 뿌리인 마문명과 홍산문명(붉은 땅, 밝달)을 만들어 세상을 개화합니다. 이들은 모두 선구자였고 예지자였고 그래서 세상은 이들을 하늘이라 했고 뿌리라 했으며 천자라 받들었습니다. 그들은 배달나라의 한국사람입니다.

"문화열차승객 여러분, 예전의 우리나라는 가도가도 끝이 없는 땅에서 세상에 문명과 문화를 일깨워주던 어머니 아버지와 같은 나라였습니다. 그러나 선장은 믿습니다. 여행이 끝나면, 여러분들이 힘을 합쳐 다시 밝고 큰 나라를 이룩해 놓을 것을 말입니다. 왜냐 하면 여러분은 다음 역에서 찬란한 배달나라의 진면목을 보고 여러분 스스로의 정체성에 크나큰 자부심을 느낄 것이니까요! 열차는 한 시간 후에 출발합니다. 그럼 내리십시오. 저기 엄청난 자부심을 갖고 있는 역장님이 벌써 나와 계시는군요."

● 붉달, 배달나라

어른들은 늘 우리에게 '배달민족'임을 잊지 말라고 당부하십니다.

그런데 정작 우린 그 뜻을 잘 모릅니다. 뭔가 잊지 말아야 할 중요한 뜻인 것 같은데 학교에서도 가르쳐 준 적이 없고 누구도 시원히 답변해 주시는 분도 없습니다. 나라의 지도자도, 할아버지도, 선생님도 계면쩍게 그냥 웃을 뿐입니다. 그래서 "민족이나 정체성(正體性, identity) 이런 것은 개나 주라."며 간도 쓸개도 다 빼 놓고 눈치를 보며 사는 사람들과 휩쓸려 살아갑니다. 그리고 우울증과 정신이상으로 치료를 받아야 한다며, 가정이 무너지고 사회악이 만연하다며, 법이 공평치 못하고 정치가들이 제대로 못한다며 아우성입니다.

배달나라는 인류의 문명을 이끌어 온 우리의 자부심의 나라였습니다. 우리를 바로 세우고 우리의 갈 길을 제시하는, 세계에 내 놓을 자랑스러운 문화유산이 엄청나게 담겨 있는 조상의 나라이지요.

자, 시작합니다.

'붉달', 즉 밝은 터, 밝은 땅

즉 밝다의 붉에, 땅의 옛 말인 달(응달, 양달 등)이 붙어 생긴 말입니다. 다시 말해 태양같이 최고의 가치가 통하는 밝은 땅, 도(道)를 이루는 땅이란 뜻입니다. 왜 알고 있지 않습니까! 지금도 해 비추는 땅을 양달, 그늘진 곳은 응달이라고 써오는 것을. 그래서 고조선 수도를 '아사달'이라 했던 것입니다.

아하, 그렇죠? '아사달'의 아사는 해, 달은 땅. 즉 해가 비추는 땅즉 道가 있어 태양처럼 밝은 땅, 결국 배달의 딴 명칭이었습니다. 조상의 나라 배달국을 계승한다는 (고)조선의 의지를 수도이름으로 나타낸 것이지요.

참 방금 '아하'라고 했나요? 아하도 역시 해라는 말입니다. 해처럼밝게 깨달았다는 말로 감탄사로 쓰이게 된 말이죠. "아하―"

밝달민족의 후예여서인지 산동성을 근거로 한 은나라 또한 수도를 옮긴 곳마다 이름을 밝(亳: 서울 경 京 + 집 택 宅, 밝은 땅. 아사달)이라 하여 근본을 밝히고 있었음을 민족문화연구원장 심백강박사는 증언하고 있습니다.

💡 우리의 '밝다'의 의미는

'한국에서 밝달, 배달 그리고 환인과 환웅 그리고 1대 환웅 커발한(크게 밝은 태양), 홍산(붉은 산), 부루, 불(서울, 이스탄불, 불가리아, 발칸반도, 발칸산맥), 해모수, 박혁거세, 발해, 백두산, 태백산맥 등으로 이어져 우리가 진정한 배달겨레였음을 일깨우고 있습니다.

　지금의 서울(京)이란 명칭 또한 옛날 경주말(서볼 > 서울 > 서울)로서, 사람들이 불을 갖고 많이 모여들어서 수도(capital)가 되므로 즉 밝은(셔) 불(볼: 火)이 모여 태양처럼 밝힌다는 뜻에서 생긴 말입니다. 밝은 불이 모이면 어둠(부정한 것)이 물러가고 모든 것이 광명정대하게 처리됩니다. 지금 한반도 안의 도시들이 모두 한자어로 바뀌었지만, 그래도 우리의 수도 서울(SEOUL)만이 유일하게 옛 우리말을 간직하고 있는 것은 태양처럼 밝게 되라는 조상님의 염원만은 잊지 않겠다는 천손의 최후의 몸부림은 아닐까요?

아, 밝은 태양! 태양민족이여!

배달나라

음 그대로 '배달'(倍達) 즉 대대로(倍) 도를 이루며 道를 통해서(達) 이어져온 나라란 뜻입니다. 따라서 밝은 도를 통해 대대로 이어 온 겨레란 뜻의 '배달'(倍達)이란 말도 나오게 되는 것이구요.

◆ 한글학자이며 사학자이신 강상원 박사님은 그의 위대한 저서 「한자는 東夷族(동이족)의 문자 주석」에서 배달을 원래 산스크리트언어(Sanskrit language)에서 풀어야 한다고 말합니다. 즉 배달(倍達)이란 산스크리트어인 veda-tal, artha 즉 지혜(베다)에 정통(精通)한(well versed in wisdom), 빼어난(excellent, intelligent)으로 풀이합니다.

흔히 우리가 "글을 달달 외워라!"라고 말하는 것은 도를 통하고(達하고) 외우라는 뜻인 것이지요. 목숨이 붙어 있는 한 지고지선의 가치, 정통한 진리를 찾는다 하여 首(수: 머리, 목숨) + 辶(책받침: 책, 진리) 즉, 도(道)의 나라라 했던 것이죠.

'붉달, 배달'의 공통된 의미는 도(道)를 통해 밝힌다는 것이죠.

다시 말해 최고의 가치, 도가 이루어지는 밝은 땅이었습니다. 이처럼 우리는 도를 무척이나 중요시했던 민족이었지요. 이들이 바로 우주의 본체를 흰 것(太白 태백)으로 깨달았던 위대한 겨레로서 밝은 옷인 흰 옷을 즐겨 입었던 백의민족(白衣民族)이었습니다. 그리고 이러한 사상을 크게 환하게 깨친 나라의 어른을 환인(桓因), 환웅(桓雄)이라 했습니다.

예부터 백일이나 돌잔치에 밝은 떡 '백설기'를 앞에 놓고 돈과 칼, 실, 책, 붓 등을 잡는 풍속이 있습니다.

아이가 돈을 집으면 부자가 될 것이라고 좋아했으며, 칼을 집으면 대장군이 되어 나라에 큰 공을 세울 것이라 좋아했고, 실을 집으면 장수할 것이라며 축복을 했습니다. 그러나 아이가 붓이나 책을 집으면, 그 어느 때보다 탄성을 올리면서 집안에 '대학자나 대성인'이 나온다고 기뻐했던, 이렇게 도의 가치를 소중히 여겨왔던 아름다운 문화민족이었습니다.

그래서 서로의 이름 뒤에 '님'(태양 같은 존재)을 붙이며 존중했으며 살아서는 도를 닦는 선비가, 죽어서는 도를 완성하는 신선이 되고자 했습니다. 옛날(환국·배달국·고조선시대) 우리의 임금님(천제)들의 죽음조차 산으로 들어가 신선이 되었다고 상징적으로 기록되어 전하는 것과 지금 산신께 제를 지내는 것이 다 이런 까닭이지요!

◉ '배달나라'(BC 3898)는 이렇게 시작합니다.

　　　　　　(고조선(BC 2333) 이야기가 아닙니다! NEVER!)
- 고기에 이르기를, 옛날 환국시대 환인의 서자(庶子) 환웅이 자주 세상에 내려가 인간세상을 구하고자 하므로 아버지가 환웅의 뜻을 헤아려 천부인(天符印) 3개를 주어 세상에 내려가 사람을 다스리게 하였다. -중략- 환웅이 무리 3,000을 거느리고 태백산(太伯山)꼭대기의 신단수(神壇樹)밑에 내려와 그곳을 신시(神市)라 이르니 그가 곧 환웅천왕이다. -
　　　　　　　　　　　　　　　　　　　　　　　「삼국유사」

이를 감히 풀이하겠습니다.
"옛 기록은 말하고 있습니다. 우리의 최초의 기록상의 나라, 환국(桓

國, 한국)의 마지막 환인인 7대 **지위리**(智爲利)**환인**(天帝, 上帝)이 계셨습니다. 그 분(지위리 환인)의 **장자이며 태양의 아들**('서자', ㅅ=ㅎ, sun, 숫자 = 해의 아들)이라 이름 높았던 **커발한**(크고 밝은 태양)께서 **홍익인간세**(弘益人間世: 세상을 두루 이롭게 하자)에 뜻을 두심을 헤아려 **상제**(하느님)를 대신한 환인시대 맨 마지막 임금(님: 하늘태양신, 검: 땅태음신. 하늘과 땅을 주재하는 신)이신 지위리 환인께서 **땅의 군주에게 하명하는 천부**를 부여합니다. (**천부**天符란 우주적 질서를 파악하고 있는 하느님을 대신하여 **제왕을 가리고 신의 명령을 하달하고 신의 병사를 부르는 권한**을 부여하는 거역할 수 없는 **절대적인 부름**(call)이지요. 그래서 **천부가 없이 일을 벌이면**(천하를 도모하면) **천벌을 받아 주살**(죽임)을 당한다고 전해집니다. 천부란 천손(한국)의 장자에게 내리는 것이어서 그래서 **천하의 모든 종족들은 이에 승복할 수밖에 없다는 것이지요.**)

이에 따라서 천손의 장자인 지위리환인께서 장자인 커(거)발한에게 **천부를 증명하는 '천부인 3개'** 즉 하늘나라 환국의 오묘한 정신세계를 담은 고유의 **경전**(scripture), **천부경**(天符經)이 새겨져 있다는 거울 **천부경**(天符鏡: 신이 내린 구리거울)과 천손의 권위를 나타내는 **천부검**(신의 검)과 하느님의 말씀을 들을 수 있는 **천부령**(신의 방울, 북)을 주시어 환국시대를 이은 새로운 **나라**(배달나라)를 여심을 허락하십니다.

도를 깨우친 아드님 커발한은 문명개척단 3000명을 포함한 백성을 데리고 **크게 밝은 산**(백두산?)에 도착하여 **신단수**(神檀樹: 체제를 갖춘 국가를 상징하는 나무, 밝달나무) **아래 터를 잡고 솟대**(솟터: 태양처럼 밝은 곳)**를 세우고 상달 10월**(열다. 10) **조화와 완성의 수인 3일을 택하여 천제를 올린 후 하늘을 열어**(개천) **신시 배달국을 세우시니**(개천1년

=BC 3898) 이 분이 배달국의 18분의 환웅(큰 어른) 중 첫 임금이신 커(거)발한 환웅이십니다." (잊고 있었던 환웅님의 배달국 건국역사였습니다!)

배달국시조 커발한환웅(좌) 배달국 14대 치우환웅(우) 김산호 화백 상상도

BC(서기전)3898년, 한겨레의 지도자들은 배달국의 성지인 신시에 모여 커발한(크고 밝은 태양)환웅을 추대하며 천제를 올리고 하늘을 처음 열어 개천(開川)을 합니다. 배달국 1대 커발한 한웅이 나라를 여신 것을 개천 1년으로 시작하여 18대의 거불단 한웅님(서기전 2381~)까지 1565년을 이어 다스리게 됩니다. 그러하기에 고조선의 1년은 개천 1566년이 되는 것이지요! 그리고 한웅천왕의 나라를 배달나라, 신시(神市), 또는 천하를 호령하던 구(九)이족인 구려(九黎) 구이(九夷)의 나라라고 하였습니다. 이 아홉 동이가 조화하고 움직이면 세상이 바뀌었습니다. 그래서 그때부터 **"꼬리 아홉 달린 여우**(구미호, 九尾狐)**가 나타나면, 세상을 바꾼다!"**라는 말이 전해진 것입니다.

지금으로부터 5900여년 전의 일로서 일연은 「삼국유사」에서 환웅님들의 배달국 시대를 이렇게 시작하고 있습니다. 우리가 흔히 '반만

년 역사'라고 줄여 말하는 역사의 실체입니다. 환인시대는 까먹었을
망정 백두대간을 따라 **태백산**에도 **지리산**에도 **속리산** 등에도 **천왕봉**
(天王峰)이라 부르면서 **천제단**을 두고 **천제**를 지내왔던 것은 그래도
우리 겨레가 **환웅시대 천왕, 천제**(天帝)의 큰 뜻과 자부심은 잊지 않
겠다는 의지였지요. 지금의 천왕봉은 많은 이들에게 단지 일출을 감
상하며 개인의 소망만을 읊조리는 장소일 뿐, 그 배달국의 큰 의미는
잊혀진지 오래되었지만……!

지리산 천왕봉 〈출처: koreasanha〉

▶ 배달국의 18분의 한웅(환웅, 단웅, 천왕, 천제)님 조상들을 원동중의
「삼성기」(三聖記) 하편은 이렇게 전하고 있답니다.

(꼭 믿으라는 것은 아닙니다.)

1대 거발한 한웅, 2대 거불리 한웅, 3대 우야고 한웅,

4대 모사라 한웅, 5대 태우의 한웅, 6대 다의발 한웅,

7대 거련 한웅, 8대 안부련 한웅, 9대 양운 한웅,

10대 갈고 한웅, 11대 거야발 한웅, 12대 주무신 한웅,

13대 사와라 한웅, 14대 치우 한웅(자오지慈烏支 환웅),

15대 치액특 한웅, 16대 축다리 한웅, 17대 혁다세 한웅,

18대 거불단 한웅.

이 배달국은 환인시대의 큰 정신과 사상인 신교문화를 이어받아 적어도 6000년 전(BC 4000년경) 〈홍산문명〉(요하문명)의 번성을 이룹니다. '홍산'(紅山)이란 붉은(밝은, 紅)+산(달, 山)으로 환웅시대의 '밝달문명'임을 드러내고 있습니다.

⇨ 인류학자들은 이곳에서 현 인류의 가장 오래된 문명의 유물을 발견합니다. 요하의 발해만 위쪽 내몽골자치구 적봉시의 동북방에 위치한 붉은 산인 홍산을 중심으로 높은 정신문명은 물론 발달된 농업경제와 어업경제, 보조적인 목축, 그리고 분업화된 수공업경제를 갖춘 높은 물질문명을 이루었다고 말합니다.

이들은 훗날 만주의 홍산문명(배달문명 BC 4000 이전)을 갖고가 중동에서는 메소포타미아문명(BC 3800년경 수메르문명)을 일으키고 이어 이집트문명(BC 3200)과 그리스문명(BC 3000)에 영향을 미치고 인도문명(BC 2500)마저 촉발시킨다고 합니다. 그리고 1500년 뒤 황하의 하류로 이동하여 문명을 탄생시키니 그것이 바로 우리의 황하문명(BC 2000)이라는 것이지요.

이들이 바로 인류학자들이 말하는 지구상에서 가장 오랜 인종으로 편두직모(偏頭直毛: 뒷머리가 납작하고 곧은 머리털)에 상투(천손)를 틀고 머리에 새의 깃을 꽂고 다니며 하늘백성임을 드러내고 밝은 땅(밝달, 배달)의 나라에서 높은 문명을 탄생시켰던 옛 한국인이었습니다.

이러한 배달나라는 힘이 센 사람이 환웅, 즉 천황(천왕)이 되는 것이 아니었습니다.

일반적으로 왕이란 장자(맏아들)세습이 상례였지만, 옛날 우리나라는 제왕의 아들이라도 도가 높지 않으면 제왕으로 추대되지 못했습니다. 도(道)가 높아 천지의 이치를 깨닫고 진리를 터득하고 덕이 높은 분이라야 진정 사회를 이끌 수 있다고 생각했지요.

또한 지금은 투표로 지도자를 뽑지만, 먼 옛날 우리나라는 道가 높은 분을 왕으로 추대(推戴: 밀 추, 받들 대)하였습니다. 이러한 분에게는 절대 순종을 해야 하기에 찬·반의 앙금을 남기는 투표가 아닌 화백(和白: 어울려 밝힌다.)을 통해 어른을 만장일치로 추대하여 힘을 실어드렸던 것이었지요. 그때 나온 것이 '씨'라는 호칭입니다.

◆ 씨(氏)에 대해 〈상고사학회〉의 고 이중재 회장님은 이렇게 이야기합니다.

씨(氏)자는 원래 '씨(氏) 부수글자'로서 '왕이란 호칭이 생기기 전의 제왕'이라는 뜻이었으며 백성을 생각하는 마음이 나타나고 있음을 말씀하십니다.

다음은 씨에 대한 회장님의 말씀입니다.

"백성을 뜻하는 민(民)은 씨(氏) 부수의 일 획에서 찾지요. 씨(氏)가 제왕(王)이라면 민(民)은 제왕 위에 있는 것 하나(一). 뭐죠~? 그래요! 제왕보다 높은 하나는 하늘밖에 없죠. 옛날 우리 선조께서는 그 제왕보다 높은 하나인 하늘을 백성으로 생각한 겁니다. 그래서 민은 하늘(天, sky)이 되는 것이고 그래서 민심(民心)은(=) 천심(天心)이다. 라는 말이 생긴 것이죠. 즉 권력은 국민에서 나오는 것이니 왕은 국민을 잘 받들어야 된다는 민본주의(humanism)에 기본을 두었던 조상의 고귀한 정신세계를 알아야 합니다. 서양의 모든 나라들이 인간을 신의 종으로, 도구로 생각했던 신본주의(神本主義)에 비하면, 엄청나게 진보된 현대적 사상이지요.

이렇듯 높은 문화시대의 제왕의 호칭이 씨(氏)였는데 상고시대의 우리의 지도자는 힘이 아닌 도로서 민심(권력)을 얻으려 했고 도(道)가 제일 뛰어나야지만 지도자가 될 수 있었습니다. 그래서 우리에게 '추대'(推戴: 윗사람으로 모셔 받듦)라는 관례가 있는 것이죠.

높은 문화시대의 제왕의 호칭이 씨(氏)인 것입니다. 유인씨, 환인씨, 복희씨, 여와씨, 치우씨 등 이분들은 뛰어난 도로서 지도자가 되신 분들이십니다.

그래서 훗날 성씨에 반씨(氏), 박씨(氏), 김씨(氏), 이씨(氏), 강씨(氏), 최씨…… 이렇게 붙여 불러왔던 것입니다. 박왕(王), 김왕(王)……, 그러니까 박가(家), 김가(家) 하면 안 되는 것입니다. 가(家)는 사람 흉내를 하는, 즉 도를 통하지 못한 돼지(豕)를 뜻하니까요. 성씨(姓氏)는 나라를 상징하는 것이기에 함부로 개인이 낮추어서는 안 되는 법이지요."

⇨ 세종대왕 재임 시 7년의 흉년이 있었을 때의 유명한 일화입니다. 백성의 참혹한 광경을 본 임금은 임금의 창고마저 열고 죽을 써 광화문 앞에서 구휼하라 명하고 대궐로 들어와서 초가집을 짓게 하고 그 안에서 정사와 침식을 하십니다. "백성들이 굶어죽어 가는데 임금인 내가 어찌 구들장을 짊어지고 편히 살 수 있겠는가?"

이것이 조상의 배달정신을 이어받은 우리의 임금의 바른 모습이고

한국인의 정체성(참모습)이었습니다. 지금 한국의 위정자들은 과연 이러한 역사와 문화를 알고 있을까요?

　늑대! 무리를 지어 다니며 난폭함으로 인간에게 공포의 대상이었던 늑대(WOLF), 그러한 늑대의 사회는 결코 사납고 싸움에 능해야 우두머리로 인정받는 것이 결코 아닙니다. 그들 우두머리의 선택기준은 **공동체의 영위와 생존 그리고 이를 위한 사랑과 헌신적 솔선수범**입니다. 간혹 무리에 싸움이 일어나면 우두머리는 힘센 늑대에게 장난을 걸어 동료를 향한 공격성을 무디게 하여 **공동체를 유지시킨다**고 합니다.

　또한 먹잇감이 드문 겨울에는 무리를 위해 홀로 굶주림 속의 고독한 정탐을 해야 합니다. 사냥감을 찾은 우두머리는 울부짖어 동료를 부릅니다. **무리들은 응원과 칭찬으로** 답합니다. 그러나 먹잇감을 찾지 못한 우두머리의 걱정어린 울부짖음에는 **무리들의 격려의 화답**이 이어집니다.

늑대(WOLF) 진정한 어른

늑대의 우두머리는 우리의 옛 사회의 모습처럼 **단순한 서양의 리더**(leader, 잡아 끌어주는 자)**가 아닌** 진정한 어른(조화로서 솔선하여 본이 되는 자)의 모습을 갖추어야 했습니다. 이렇게 공동체의 영위와 생존을 위한 자만이 모두의 동의를 얻어 우두머리로 추대(推戴)받았던 것입니다.

세계의 모든 개(犬 dog)가 먼 옛날 한국땅이었던 만주의 늑대 2마리를 부모로 하여 진화하였다는 세계과학자의 발표는 이 땅이 사람이나 동물, 식물에까지 모두 성(聖)스러웠음을 말해줍니다.

씨는 임굼님(임금님, 천제)과 같이 쓰이다가 고조선의 제후국인 상나라(商=殷은나라의 첫 명칭)에선 아비의 나라인 배달국의 배달정신이 많이 사라지게 되자 씨를 못 쓰고 왕(王)이라는 호칭이 시작되었다고 합니다.

그리고 「고사변(古史辯)」이란 책은 '동이족은 은나라 사람과 동족이며 그 신화 역시 근본뿌리가 같다.'(東夷與殷人同族 其神話亦同源) 라고 하여 중국 동쪽지역의 은나라의 뿌리가 우리와 같은 동이였음을 분명히 하고 있습니다.

왕(王)이란 원래 우리 천손민족 고유의 사상인 하늘신(天一, 天神), 땅신(地一), 인신(太一) 즉 삼신(一 一 一)을 꿰뚫어 하늘에 제를 올리는 제정일치의 시대에 가장 절대적인 주권자를 뜻했는데, 훗날 지나(옛 중국)의 작은 지도자들이 너나 할 것 없이 마구 사용하면서 삼신을 경외하는 의미인, 즉 하늘과 땅과 그 사이에 있는 모든 것들을 조화롭게 관리하는 자라는 의미가 사라지고 오로지 힘(power) 즉 권력으로, 지배(↓)하는 자를 뜻하는, 격이 떨어지는 호칭이 되었답니다.

훗날 진(秦)나라의 왕이 된 영정(嬴政, 처음 이름은 한치, 韓稚)은 남쪽의 지나족을 통일(?)한 뒤 '삼황오제'(三皇五帝)라는 전설적인 임금이 있었다는 사실을 알아내곤, 삼황에서 '황'자를 따고 오제에서 '제'자를 따서 스스로 '황제'라는 칭호를 만들어 진시황(秦始皇)이라 부르게 된 데서 나온 말이라 합니다. 이때부터 왕이란 호칭이 더욱 격하된 것이지요.

그러나 황제(皇帝)의 황마저 본디 한국의 상징인 봉황(鳳凰)의 암컷인 황(凰)에서 几를 벗겨내어 황(皇)으로 쓴 것에서 유래되었다고 학자들은 말합니다. 씨나 왕이나 황제나 다 근본은 우리의 문화입니다. 따라서 우리가 중국에게 부족하고 작은 나라였다고 생각하는 것은 본말(처음과 시작)이 전도된 사대주의에서 나온 자기비하일 뿐이지요.

그러니까 천손 한국의 임금님(임금, 인간세상을 다스리는 신)은 환웅 시대까지 천손을 의미하는 씨(氏)로 불리다가 고조선(천왕, 단군: 백성이 부르는 말)에서 고구려(태왕, 호태왕: 위대한 임금), 백제(천왕, 어하라: 백성이 부르는 말), 신라(거서간, 이사금, 차차웅, 마립간), 고려 중엽(고려 24대 원종 1259~1274)까지는 황제(제왕)의 위치로 이어졌었습니다.

그러나 천손의 혼을 잊었던 근세조선 때는 하늘에 스스로 제사조차 지낼 수도 없는 제후(왕)로 격하되었지만, 조선 말 고종황제(高宗皇帝)께서 천손의 역사를 찾아 제천단인 원구단(圜丘壇)을 짓고 '광무'(光武)라는 연호를 내세워 '대한(大-韓)제국'을 선포하시며 겨레의 혼을 일깨우고 천손의 장자로서의 자존심을 되찾아 놓고 나라를 마감하게 됩니다. 지금의 서울 소공동 조선호텔 구석진 자리로, 옛날 천제를 올리는 원구단은 일제에 의해 허물어져 사라지고 황궁우만 쓸쓸히 남아 지금 옛 천손의 자부심을 꿈꾸는 후손을 고대하고 있습니다.

그러나 그간의 많은 정부들은 겨레의 염원이었던, 사라진 원 (환) 구단의 복원은 꿈조차 꾸지 않고 있을 뿐입니다. 주변의 중국과 일본은 황제의 나라(폐하, 陛下: 뜰에서 층계 위로 우러러 뵌다.)임을 외치지만, 우린 단지 신하의 나라로서 전하(殿下: 황태자나 황태자비 등의 황족, 제후국의 왕과 왕비가 사는 큰 집)라 부르고, 심지어 천손의 장자 대한민국의 대통령을 각하(閣下: 조그만 전각의 주인)라 부르며 스스로의 나이인 한기(韓紀=대략 1만 년)나 개천(開天=BC 3898+2013) 단기(檀紀=BC 2333+2013)연혁은 내던져버리고 서양의 연혁인 서기(西紀)를 근본으로 하고 있으니, 이러한 나라에 무슨 자존심이 있다는 것인지……! 자신의 정체성도 모르고 스스로조차 세우지 않고 있는 나라를 누가 존중해 줄 수 있을지……?!

일제는 천제단인 원(환)구단(우)을 부수고 (조선)호텔을 지어
세계인의 잠자리로 만들어 능욕함. 지금 후손에게 잊혀진 옛 황궁우(좌)만!

붉달나라는 도(道)의 나라로 모든 것이 태양처럼 밝게 처리되길 원했기에 배달나라 신시(神市)에는 솟대를 세웠습니다. 솟대는 솟터에서 나온 말로 후에 소도 > 휴도 > 부도(부다) 이렇게 변해가는 말이라 합니다.

솟의 '솟'는 'ᄒ'로 즉 태양(sun)을 의미합니다. 해처럼 밝게 처리되는 곳이란 뜻이 됩니다. **최고의 가치는 해처럼 밝아야 한다는 뜻이겠죠.** 그래서 밝은 땅(달)을 지키는 나무란 뜻으로 박(밝)달나무(神樹)도 있었던 것이구요.

또한 **솟터**에는 신(神)의 영역이라 하여 검줄(神줄, 금줄)이 둘러쳐지고 광명한 가치가 드러나는 밝은 터라 믿었습니다. 옛날 고조선 이전에도 중죄인이 **솟대** 안으로 들어가면 함부로 잡지를 않았다 하니 그만큼 신성한 장소로서 태양처럼 일처리를 잘 했었나, 다시 모든 것을 되돌아보는 장소라고나 할까요? 훗날 조선 태종 때의 신문고(申聞鼓: 억울함을 하소연하기 위해 쳤던 북)는 **이러한 도에 근원을 둔 문화라 할** 수 있습니다.

우리에게 북두칠성이 하늘의 나침반이라면 **솟대는 삶의 나침반**입니다.

밝고 신성한 삶에 대한 추구입니다. 〈능강문화원〉의 윤영호 원장은 **솟대의 ㅅ** 즉 새는 조상의 영혼의 환신으로서 **천상의 명령을 지상에, 인간의 소망을 천계로 이어주는 안테나 즉 중개자**라 합니다. 그래서 새가 인간의 생명을 하늘로부터 가져오지만 죽으면 새가 그 영혼을 다시 하늘나라로 가져간다고 믿어 왔습니다.

신시의 상징 솟대

먼 옛날 천상의 명령과 인간의 소망을 하늘의 중개하는 자를 '무'라고 했습니다.

무(巫)는 하늘(⎺)과 땅(_)을 이어(ㅣ) 인간(人)의 바람을 하늘에 고하고, 신의 뜻을 인간(人)에게 전하는 중개자였습니다. 무는 만주말로 샤먼(shaman)이라고 불렀지요. 만주말의 [샤안] [선]에서 나온 말로서 선(仙)을 이룬 사람(man)을 뜻한다고 합니다.

⇨ 인류의 샤머니즘문명을 연구해온 독일의 칼 바이트(H.Kalweit) 박사는 이렇게 정의합니다. 자연과 하나 되어 조화로운 삶을 산 영적 스승인 신인(神人)들이 바로 화이트 샤먼(white shaman)이다.

그렇습니다. 광명한 삶을 산 대무(大巫)라 하였습니다. 대무는 당시의 과학자이며 천문학에 밝은 열린 지식인이고 예지인(叡智人)이자 고도의 문명인으로서 한국의 신교문화(神敎文化)를 연 신인이었다고 합니다. 만주와 시베리아의 샤먼(大巫)은 주로 새의 깃털로 장식한 새(해, 하늘) 모양의 무복을 입었는데 그 모습을 지금의 인디안 추장의 새 깃털의 옷에서 다시 찾을 수 있습니다. 옛날 우리의 조상이 머리나 의관에 새(해, SUN)의 깃을 꽂고 다닌 것도 다 신교문화를 이어받은 천손의 후예라는 표시였지요.

그들은 태양을 향해 팔을 벌려 고했습니다. 이것이야말로 인류 문화의 순수한 원형이라고 합니다. 그리하여 세계의 인류학자들은 동서양 종교의 기원을 샤먼의 샤머니즘(shaman+ism)에 두고 있습니다!

서양을 비롯한 많은 나라들은 그들에게 없는 솟대와 고인돌 등 인류시원문화의 흔적을 좇아 연어처럼 찾고 있으나 정작 문명의 주인인 우리는 모르고 있으며 심지어 미신이라며 훼손하고 있습니다.

⇨ 마침 신교의 도(道)를 설명하는 구절이 고려 때 국무총리(시중)를
지낸 이암이 지은 「단군세기」 단군3세 조에 나오는군요.

"아비가 되고자 하는 사람은 **아비다워야** 하고 임금이 되고자 하는
사람은 **임금다워야** 하고 스승이 되고자 하는 사람은 **스승다워야** 합
니다. 아들, 신하, 제자가 된 사람은 역시 **아들답고 신하답고 제자다
워야** 합니다. 그것이 바로 **신교의 도리입니다."**

이렇게 당시 우리의 신교(神敎)는 맹목적인 신앙으로 이익을 요구하
는 세속적인 종교가 아닌 **사람이 하늘의 이치를 잘 따르는 법**을 말하
고 있습니다. 즉 사람은 각자 이름(직분)이 있으며 그것과 실질이 같아
질 때, 즉 명실상부(名實相符, -답다.)할 때 사람의 세상은 제대로 되어
진다는 이치를 담고 있습니다. 그래서 먼 옛날 저 서쪽 바벨탑을 쌓으
며 한 때 8000이 넘는 언어를 쓰다 홀연히 사라졌다는 **바벨족의 이
야기**는 '-답지' 않은 세상을 언어의 혼란으로 비유한 예인 것이지요.

이렇게 이름의 가치를 중시하였기에 성인의 후손인, 조선은 행정
구역을 도(道)로 칭하여 경기도(京畿道), 충청도(忠淸道), 함경도(咸鏡
道)……라 불러왔습니다. 중국이 성(省: 하북성…….)으로 일본이 현(縣:

나라현……)이라 칭하고 있는 것과 차이를 느끼지 않습니까?

이번엔 서울의 거리의 이름을 보겠습니다. **명륜동**(明倫洞: 인륜을 밝혀라), **숭인동**(崇仁洞: 인을 숭상하라), **충신동**(忠信洞: 충과 신이 긴요하다), **예지동**(禮智洞: 예와 지가 필요하다), **인의동**(仁義洞: 인과 의를 존중하라), **통의동**(通義洞: 의를 통달하라), **효제동**(孝悌洞: 효와 제가 중요하다)이라 하여 '**인의예지신**'(仁義禮智信)의 마음으로 살아야 하며, 그리고 적선동(積善洞)을 두어 선을 쌓을 것을 당부합니다.

그리고 한양의 4대문을 동대문, 서대문, 남대문… 이라 부르지 않고, '**흥인지문**(興仁之門), **돈의문**(敦義門), **숭례문**(崇禮門), **홍지문**(弘智門: 북서문)'이라 불렀습니다. 그리고 임금이 계신 경복궁 앞에는 '**광화문**'(光化門)을 두어 **빛처럼 밝은 임금**이 되어 만백성을 살피고 그 가운데 보신각(普信閣)을 두고 보신각의 종을 하루에 두 번씩 침으로써 '**8도(道)의 만백성에게 인의예지신**(仁義禮智信)**의 도**'를 일깨우고 도를 실천하게 했던 위대한 배달민족이었습니다.

그래서 구한말(18C말)에 영국대사 부인은 조선의 이러한 높은 문화에 **경탄**하고 한국을 높이 칭송했다는 말도 전합니다.

그런데 요사이 '짜장면 배달이나 택배를 잘해서 배달민족'이라고 말들을 합니다……. 아름다운 뜻을 모르는 것도 조상에게 부끄럽고 죄스러운데, **아름다운 문화를 가지고 농을 삼고** 킬킬대고들 있으니……. 이것이 어찌 밝은 도를 후손에게 전해야 하는 배달겨레의 모습인지! 오랫동안 한반도에 갇혀 살다보니 스스로 높은 하늘을 날던 봉황이었음도 모르고 이제 천손의 근본도 다 잊었습니다.

반면, 일제는 깊은 도(道)에서 연원된 한국의 신교문화가 일본신교 문화의 뿌리이며 세계종교의 뿌리문화임을 알고서, 심원한 한국의 신 교역사와 밝은 정신세계가 밝혀질까 두려워 이를 폄하하여 조선인 스 스로 말살하게 합니다. 신교 정신을 이어받은 고구려, 백제, 가야, 신 라의 멸망으로 고려와 조선조에 들어와 쇠락해진 민족 고유의 신교정 신(神敎精神)은 난립한 사이비 무(당)들에 의해 굴절되고 여기에 일제 의 식민지정책에 의해 처절하게 도륙당하고 정신이 잊히면서 '천지신 명'(天地神明)을 부르며 하늘과 조화를 이루려던 순수한 모습을 더 이 상 자랑스러워하지 않고 더구나 이 모든 것들을 천하게 여기고 미신 으로 치부하면서 인류의 뿌리겨레로서의 자긍심을 잊고 살아갑니다.

세상(하늘)의 중심을 자부하는
황색의 신조, 봉황 창경궁 명정전
천장의 봉황장식
〈출처: 한국민예미술연구소〉

이렇게 도(道)의 시대의 새가 바로 불멸의 태양새, 봉황(鳳凰)으로 서 모든 새(해=왕)들의 군주이며 동방동이족의 신조(神鳥)이지요. 예부 터 360 종류의 새의 수장으로서 봉황이 하늘을 날면 많은 새가 그 뒤를 따라 날았으며 봉황이 죽으면 탄식하며 슬피 울었다고 합니다. 봉황은 태평성대와 성군을 상징하는 길조이기에 모든 이들이 봉황의 출현을 고대하였다고 합니다. 훗날 동이의 우두머리인 고구리(려) 때의 삼족오로 변하는 새이지요.

오동나무에 살고 대나무 열매를 먹으며 살아있는 풀 위에는 앉지 않는 것으로 알려진 **봉황**은 고전인 「산해경」에 **빛의 새**(光鳥, 광조), **밝은 새**(明鳥, 명조)로 표현되어 있습니다.

또한 「설문해자」에서는 봉황이 '**한국의 새**'로서 용을 거느리는 존재였음이 밝혀집니다.

"**태양새, 봉황은 천상**(동북방 지역)**의 새이다. 봉황은 신조**(神鳥)**이다. 수컷은 봉**(鳳), **암컷을 황**(凰)**이라 하는데 수컷인 봉의 형상은 기린의 앞모습에, 사슴의 뒷모습, 뱀의 머리, 물고기의 지느러미, 용**(龍)**의 무늬, 거북이의 등, 제비의 턱에, 닭의 부리를 하고 있으며 오색이 모두 갖추어져 있다. 머리의 무늬를 의**(義), **등의 무늬를 예**(禮), **가슴의 무늬를 인**(仁), **배의 무늬를 신**(信)**이라 한다.**

군자의 나라, 동방에서 나와 사해 밖으로 날아 곤륜산을 지나 지주산에서 물을 마시고, 약수에서 깃털을 씻으며, 저녁에는 풍혈에서 잠을 잔다. 이 새가 한 번 나타나면 천하가 아주 태평스러워진다."

한때 '**봉황하고 용하고 싸우면 누가 이길까?**'라는 유치한 생각을 한 적이 있었는데, 이렇게 용(龍)이 봉황의 일부분으로 묘사됨으로써 용은 단지 봉황의 문화였음을 이제 알겠습니다.

이처럼 우주의 조화와 완성을 뜻하는 겨레의 **오색**(五色: 청홍흑백황)**으로써 천하가 태평한 세상을 이룬다는 표현에서 당시 우리 배달겨레의 강력한 힘의 우위를 알 수 있으며 성인**(聖人)**의 탄생과 함께 모습**

을 나타내는 새, 봉황이야말로 군자국(인의예신)으로서의 우리 겨레의
정체성을 오롯이 드러내고 있는 상징이라 할 수 있습니다.

　또한 우리의 만주 홍산(밝달)문명지에서 옥(玉)으로 만든 용(龍)이
처음으로 출토되었고 김대성님은 「금문의 비밀」에서 용이 동이족이
키운 누에가 변한 상상의 동물이었음을 밝혀냄으로써 용을 앞세워
천하의 중심(?)이라고 이웃나라를 무시했던, 저 한(漢)족 문화의 근원
이 누구로부터 어디에서 온 것인가를 알 게 해 줍니다. 용문화 역시
다 우리 동방동이의 배달문화였다는 겁니다

강서 대묘의 청룡 〈출처: 조선닷컴 블로그〉

　이렇게 영원불멸의 도로서 고귀함과 상서로움의 성천자(聖天子)로
상징되는 봉황은 6천 년 전의 홍산(배달)문명지에선 봉황토기로 나타
나고, 은(殷, 고조선의 제후국)나라 탕왕 때 하늘을 뒤덮었다는 '대붕'
(大鵬)으로 나타나고, 백제는 이를 금동대향로의 머리에 드러내고, 때
론 만주에 있는 고구리(려)고분인 무용총에서는 남쪽하늘을 지키는
불의 새, 불사조(Phoenix, 피닉스)인 주작(朱雀)으로 나타납니다. 그래
서 천하의 주인인 배달겨레를 네 방위로 나누어 지키는 수호신으로
좌청룡(동, 靑龍), 우백호(서, 白虎), 북현무(북, 玄武), 남주작(남, 朱雀)을

그려 전하고 있는 것이지요.

또한 새 중에 매일 알을, 즉 매일 해를 낳는다 하여 신라는 닭을 신성시 했으며 그래서 나라 이름도 계림(鷄林: 닭계)이라고까지 했던 것이죠. 고구려 또한 태양새를 삼족오(三足鳥)로서 신성시 하고 온 벽화에 그려놓아 혼을 잊지 않았습니다. 태양새는 불멸의 새(phoenix)입니다. 그래서 밝달(배달)민족은 천손의 징표로서 새의 '깃털'을 머리에 꽂고 다녔던 것이고 이러한 신성한 상징성으로 전통혼례식에서 닭을 올리는 것이랍니다.

강서 중묘의 봉황이 변한 주작
〈출처: 문화재청〉

그래서 천제가 거주하는 궁궐을 봉궐이라 하고 궁궐문에 봉황의 무늬를 장식했으며 '봉황단'을 쌓고 '봉래의'(鳳來儀)라는 무용의식에서 '봉황음'과 '봉황곡'을 부르며 봉황이 날아오기를 기원했으며, '봉황산'에 '봉황성'(고구려 오골성)을 쌓고 신선이 날아올랐다고 하여 '비봉산'이라 했으며 천제는 이러한 나라를 '봉연'(鳳輦, 봉여, 봉거)이라는 수레를 타고 다녔다고 했습니다.

그리고 처마의 끝 암기와 암막새에도, 고려시대의 '상감청자'에서 하늘을 날면서, 성군(聖君)의 옷에 수놓아지고, 여인네 머리의 비녀장식에 '봉잠'으로, 베게 '봉침'(鳳枕)으로, 대나무악기 '봉소'(鳳簫)로, 봉황부채 '봉비선' 청와대의 **대통령문양**에도 봉황이 새겨져 날아오르고 있지요.

우리가 사랑해야 할 우리의 문화입니다.

신시의 **솟대**에는 새 세 마리가 앉아 있습니다.

3은 도(道)의 **천손겨레가 사랑한, 우리의 정체성을 밝혀주는 수**입니다. 하늘(天), 땅(地), 사람(人), **삼신**(三神)**사상**, 삼신일체사상입니다. 그래서 삼신할머니가 우리를 지켜준다고 믿는 한국인입니다. 3은 성수(聖數)로서 완성수이며 조화의 수입니다. 마치 모든 것을 섞어 끓여내는 솥(釜 부, 釜山 부산)과 같이 나(1)와 너(2)를 버리고 **우리**(3)로 조화(harmony)를 이루어 큰 것을 창조해 내는 위대한 수입니다.

삼신할머니

⇨ 단기 4333년, 그러니까 서기2000년 5월 3일 남북 고위급회담이 판문점에서 열렸을 때의 일화입니다. 남한 대표가 북대표에게 **왜, 하필 회담일로 3일을 고집하였는가** 묻자, 북한의 대표는 "**우리 민족은 3을 숭상하는 민족이지 않습니까!**"라고 답변을 했습니다. 그때 **남한의 대표**는 무슨 뜻인지를 몰라 멍하니 침묵만 하고 있는 모습을 TV로 보고서 못내 안타까웠습니다. 3은 조화와 완성을 뜻하는 우리 겨

레의 성수(聖數)로서 아리랑(절묘한 조화)을 이루어내는 수이기에 민족의 염원을 잘 풀어나가자는 표현이었는데……. 민족문화의 정체성에 대한 이해와 혼(魂)도 없이 민족의 과제와 응어리를 풀려는 남쪽위정자의 무책임한 자세가 참으로 무섭고도 미웠었습니다. 그러니 이들이 "서당개 삼 년이면 풍월을 읊는다!"는 말의 진정한 의미를 알기나 할까요!

'삼신할매(마고할매)가 엉덩이를 냅다 쳐주어 세상에 나왔으며, 우리나라 역사의 삼위성조(三位聖祖)시대로 환인 환웅 단군시대가 있었으며, 그래서 사찰에 삼성각(三聖閣)이 있는 것이고, 삼황, 삼천궁, 삼천궁녀, 한웅시대 정부조직은 셋으로 풍백(입법) 우사(행정) 운사(사법)가 있었고, 고조선도 막조선(마한) 진조선(진한) 변조선(변한) 셋(삼한관 경제)으로 나뉘어 있었고, 제주도 삼성(三姓)신화, 우리 민족이 발원지인 천산산맥의 삼위태백산, 한웅과 같이 온 제세핵랑군 3000명, 천부경(鏡: 신경) 천부령(신령) 천부검(신검)의 천부인 셋, 경전 천부경(天符經)의 일석삼극(一析三極: 큰 하나에서 셋이 나온다.)의 사유체계와 삼위일체(三位一體)사상, 인간사 360가지, 한글의 천지인(天地人) 삼재(三才), 삼태성, 고구려의 천손의 상징 삼족오(三足烏), 세 개의 대가리를 가진 강력한 힘의 매 삼두일족응(三頭一足鷹), 화재·수재·풍재의 삼재(三災)법, 삼정승, 삼칠일, 삼강행실도, 삼월삼짇날, 장사 지낼 때의 삼일장(三日葬), 마음이 고요해지는 삼매경(三昧境), 빨강 노랑 파랑의 삼원색, 3차원의 세계, 아침 점심 저녁의 세끼, 과거 현재 미래의 삼시, 가위 바위 보의 3, 3음보, 제례 시 삼배(三拜)하고, 솥에도 다리가 셋,

만세도 삼창을 하고, 음식도 '**고시레**'(고수레)하고 세 번 뿌리고, 심지어 줄행랑 칠 때도 **삼십육계**라 했고 더럽다고 침을 뱉어도 세 번을 뱉었습니다.'

이토록 우리는 오랜 역사에서 무의식중에 **조화와 완성을 위한 가장 이상적인 숫자로 3**을 써왔던 겨레였습니다.

우리 겨레에게 조화의 지혜를 일찍 일깨우는 새는 기러기입니다. **신랑이 신부 집에 기러기를 가지고 가는 혼례풍습은 처음 신교문화에서 유래되어 천손의 황족에서 행해져왔던 의식이었다고 합니다.** 다른 동물에 비해 부부금실이 지극한 점도 그렇지만 어린 새끼를 홀로 내버리지 않으며 지치거나 병든 기러기를 곁에서 지키며 **함께 동행하고 조화를 이루면서 조상과 혈육을 잊지 않기 때문**이랍니다.

이러한 기러기들은 먼 길을 날아가는 동안 끊임없이 소리를 냅니다. 리더에게 보내는 응원의 소리이지요. 혹시 리더가 지치는 기색을 보이면 뒤의 기러기가 앞으로 나와 리더를 대신합니다. **절대적인 질서 속에서 조화를 이루면서 전체의 목적을 위하는 새**이지요. 그러하기에 기러기는 혼자서는 불과 수천 킬로밖에 날 수 없는 약한 날개를 갖고 있지만, V자로 무리를 지어 날면 무려 4만 킬로의 머나먼 길도 날아갈 수 있다고 합니다. 너(1)와 나(1)를 합하여 우리(1+1=3↑)로 승화시키며 조직도 살고 자신도 사는 지혜를 기러기에서 배웠습니다.

기러기, 조화의 지혜

그래서 기러기처럼 우리를 위해 **조화를 이루는 사람**을 '**좋은 사람**'이라 했으며 우리로서 조화를 하지 않고 나만을 고집하는 사람을 나쁜(나쁜, only me) 사람이라고 했던 것이죠. 암세포는 말이죠. 조직과의 조화를 이루지 않고 자기만을 생각하다가 **결국 조직도 죽이고 자신도 죽는다**는 어리석고 **나쁜** 세포이지요.

영화 〈7번방의 선물〉에서 죄 없는 사형수 이용구는 그의 딸 예승이에게 자기는 결코 **나쁜 사람**이 아님을 거듭 주장합니다. 어찌 보면 별거 아닌 욕이라 생각할지 몰라도 옛날부터 **나쁜 놈**이라는 욕이 가장 큰 욕으로 인식되었던 민족입니다. "**왜 내가 나쁜 놈이냐? 이 사람이 나를 어떻게 보냐!**"면서 마구 따지며 난리가 났었지요. 이렇듯 사람이 사람답지 못함을 가장 치욕스럽게 여겼으며 그 만큼 사회 속에서 다른 이와의 조화로운 관계를 중시했던 조상이었습니다.

세상에는 세 부류의 사람이 있습니다. **어른**과 **애**, 그리고 **어른애**(생각이 어린 어른), 이중 애와 어른애는 **조화를 생각하지 않고 자기가 하고 싶은 것을** 하지만, 어른(어르신)은 **전체와의 조화를 생각**하고 하고 싶은 것이 아닌, **해야 할 것을 찾는다**고 합니다.

배달나라에는 조화로써 완성을 이루는 화백(和白)제도가 있었습니다.

초등학교 시절 신라 때의 긍지를 느끼게 했던 〈화백제도〉에 대해 전 무척이나 궁금했었던 적이 있었습니다.

"신라 때 있었던 **가장 이상적인 의사진행 형태로 만장일치제**였습니다. 아시겠죠. 여러분?" 선생님의 이 말씀이 다였습니다. '만장일치와 민주주의' 무언가 맞지 않지 않습니까? 만장일치는 군주주의나 독재에서 삐져나온 괴물 정도로 알고 있었는데 말입니다.

'**화백은 화붉**' 즉 '**어울려 하얗게 밝힌다.**' 또는 '**환하게 밝힌다.**'의 뜻입니다.

서로 어울려서 의사를 교환하고 충분히 이해해서 밝게 정한다는 말이죠. 화백회의는 주로 차례 때에 열렸는데 중요한 화백회의는 '**마차례**' 때 열렸다 합니다. 마차례는 으뜸 되는 차례로 주로 음력 10월에 했기에 10월을 **한 해를 시작하는 달의 뜻인 상달**(으뜸달)로 정하고 겨레의 지도자들이 한 자리에 모여 천제를 올리고, 지나온 날의 반성과 내년에 해야 할 일이나 지도자 선출 등 민족의 대사들을 결정하는 회의였습니다.

배달국 14대 임금이신 **치우천황 때**(서기전 2707~)의 **소중한** 화백기록이 원동중이 지은 「삼성기」 하편에 있어 받들어 소개합니다.
'치우천황이 토지를 개간하고 구리와 쇠를 캐어 군대를 조련하고 산업을 일으켰다. 때에 **구환은 모두 삼신을 한 뿌리의 조상으로 삼고서 소도를 관리하고 관경을 관리하며** 맡은 책임과 재앙을 다스리는 것 등을 모두 **구환**(구한, 구이)**의 무리와 더불어 서로 의논하고 하나로 마음을 합쳐 화백을** 하였다.' (治尤天王闢土地 採銅鐵兵興産 時九桓皆以三神爲一源之祖 主蘇塗主管境主責禍 與衆議一歸爲和白)

이때 우리는 차(茶, tea)를 신물로 여기고 모든 의례의 의식물로 썼다고 합니다.

하늘에 경건히 반성하고 기원하면서, 하늘과 땅, 사람을 이어주는 신물(神物)로 대신하여 권하고 마셨습니다. 이렇듯 '화백과 차문화는 그 사상과 특성으로 보아 우리 **붉달**(배달)**문화에서 연원**'되었음을 알 수 있습니다. 그러나 신성하고 깊은 역사를 잊게 되면서 제례에 차대신 술(酒)을 놓음으로써 정월 초하루 설날(해처럼 밝게 희망을 갖는 날)부터 술에 취해 멍하고 혼탁한 정신으로 건들거리며 한 해를 시작하게 되었던 것이지요! 존중받는 사회를 이루고 싶다면, 문화를 바로 세우고 이를 어른들이 바로 잡아야 합니다.

자 이제부터, 우리 **조상님들의 화백회의의 광경**을 한번 보시겠습니다. – 많은 지도자들이 모여 갑론을박(甲論乙駁)을 합니다. 어떤 안건에 대해 찬성과 반대로 갈라집니다. 그러나 **요즈음처럼 투표하여 과반수나 수의 대결로 결정짓지 않습니다.** 조상님들께선 둘러 모여 듣고 **토론하고 또 토론하면서** 그래도 뜻이 맞지 않으면 같이 술도 마시고 춤도 추고하면서 상대방들을 **설득하고 또 설득하면서** 이해시키고 또 상대를 이해하면서 서로의 입장을 충분히 알아 갑니다. 그리하여 3의 정신으로 의견을 **절충하고 타협하여** 결정합니다. 즉 어울려 환하게 밝힙니다. 흡족한 만장일치로 한 줌의 앙금도 없는 회의입니다. 그래서 화백에서 내려진 결정을 **금석맹약**(金石盟約: 깨지지 않는 굳은 약속)이라고 하는 것입니다. 회의가 끝나고 함께 **춤추고 축배를 기울입니다**…! –

이러한 조화의 정신에서 우리의 기록문학이 나옵니다.

훗날 「조선왕조실록」 「승정원일기」 「일성록」과 같은 우리를 밝히는 '객관적인 기록문화'가 나오게 된 것도 배달나라의 진정한 주인인 백성을 위해 최선을 다한 일들을 기록으로 남겨 후세의 평가를 기다리는 여유가 아니었을까요!

⇨ 세종12년(1430년) 「실록」에 전하는 세종대왕의 〈토지세 제도에 대한 상소의 해결과정〉은 지금도 회자되는 귀감으로서 자랑스러운 우리만의 위대한 문화입니다.

'토지세 제도에 대한 백성의 불만의 상소에 대한 ① 해결안을 정부는 곧바로 완성(세종12년 3월)을 합니다. 하지만, 해결안을 곧바로 시행하지 않고 ② 조정회의를 거치고 ③ 농민들에게 〈직접 국민투표〉를 실시(세종12년 3월5일부터 8월10일까지 5개월간)하여 찬성 9만8657표, 반대 7만4149표로 가결됩니다. 그러나 다시 ④ 조정회의를 거쳐 ⑤ 시범실시하고 또다시 ⑥ 조정회의를 거쳐 전국실시에 따른 문제점을 토론한 후 세종25년 11월, 13년 만에 '토지세제도 문제점 해결안'을 ⑦ 공포·시행합니다.'

이렇게 3번의 조정회의와 국민투표까지 실시하여 문제점을 해결하고 최종적으로 백성이 결정하는 화백의 나라였습니다.

세종실록 〈출처: TISTORY구글〉

본립이도생(本立而道生) 즉 '근본(本)이 바로 서야 도(道)가 살아난다.'는 옛말이 있듯이 우리나라는 역사이래로 근본이 신이나 왕이 아닌 **백성을 위한 백성의 나라**였습니다. 임금님 또한 백성의 마음을 얻지 못하면 더 이상 임금도 아니었지요. 그래서 **민심**(民心)은 **천심**(天心)이라 했으며 사람의 본성을 곧 하느님이라 했습니다. 그래서 '**인내천**'(人乃天) 즉 사람이 곧(乃) 하늘임을 내세웠던 동학혁명(東學革命, 1894)도 이러한 뿌리사상에서 일어날 수 있었던 것이었지요.

이렇게 지도자는 백성과 함께 **동행**하고 백성은 지도자에게 **끊임없이 응원**을 보내며 조화를 이룹니다. 우리의 '**화백제도**'는 요사이처럼 보수니, 진보니, 중도우파니, 갑(甲)이니, 을(乙)이니 하며, 이전투구(泥田鬪狗: 진흙땅 개싸움)하면서 투표로 갈라져 상처 내며 소수의 의견을 묵살하지도 않고 **낮은 목소리로 충분한 대화**를 통하여 독재력 발생을 원천적으로 제거하고 소수의 의견도 존중하면서 단순한 찬성, 반대로 에너지를 분열시키는 것이 아닌 **융합에너지**로서 **시너지효과**를 이루어 내시었으니, 이것이야말로 진정 성숙한 민주주의 회의제도로서 오늘날 민주주의가 나아가야 할 진정한 모델이 아닌가 합니다.

화백─화붉, 조화롭게 어울려 환하게 밝힌다.

참으로 멋지고 이상적인 민주주의 회의 절차입니다. 반대자와 소수의 의견도 존중하여 수렴했던 슬기로운 우리 조상님들입니다.

이렇게 나라의 큰일을 이상적인 민주주의 회의 절차인 화백회의를 통해 결정할 수 있었던 것은 만민을 위한 민본·민주의 마음이 근간을 이루었기 때문이었습니다. 이러한 민본·민주의 마음을 먼 옛날 고조선 이전의 〈홍범구주〉에서 찾을 수 있습니다.

⇨ 〈홍범구주〉(洪範九疇)란 지금부터 4300여 년 전보다 훨씬 이전인, 천손 배달족(환웅시대 BC 3898)이 '하늘 아래 만민에게 큰(洪) 이익을 주기 위하여 군주가 세상을 다스리는 아홉(九)가지(疇) 마음가짐과 방법(範)'을 요약·정리한 것으로서 홍범의 구주(九疇) 중 다섯 번째 '건용황극'(建用皇極)에는 백성을 위한 왕도정신(王道精神)과 배(밝)달겨레의 정신이 극명히 드러나 있지요.

"민인(民人, 백성)이 유능(有能)·유위(有爲)한 자로 하여금 그의 특기와 장점을 발휘케 하여, 국가흥륭(興隆: 융성히 일으킴)을 꾀하고, −중략− 왕은 치우치지 않고 기울어지지 않아 의(義)를 따라야 하고, −중략− 왕이 최상의 표준대로만 하면, 민(民)도 최고 표준으로 돌아온다."

이러한 건용황극의 구절은 "왜 천하가 우리를 배달나라, 성인군자(聖人君子, saint)의 나라라고 했는가?"라는 물음과 지금과 달리 "정치하는 사람이 왜 존경받을 수 있었는지?"라는 물음에 답을 주면서 지금의 우리를 다시 한 번 되돌아보게 합니다.

⇨ 안재세님은 〈배달의 소리〉「홍범구주의 유래와 내용 요약」이란 글에서 '기자(箕子: 은의 왕족으로 은이 망하자 뿌리나라인 고조선으로 망명 와 살다 되돌아간 사람)는 주나라의 무왕에게 단군조선에서 시행하던 「홍범구주」를 전하였고, 공자는 「홍범구주」를 통치방법으로서 높이 평가하였으며 공자의 시경, 서경, 역경(주역)의 해석에도 「홍범구주」를 기본

으로 하고 있음'을 밝히고 있습니다.

재야사학자 강무학님 또한 『홍범구주』가 은나라(옛날 중국 산동 지역에 있었던 동이의 나라, 고조선의 제후국) 탕왕(湯王)의 9년 치수의 기본이 되었으며 춘추 때에 이르러 공자가 열국을 주유하며 왕들을 설득했던 것(주유천하, 舟遊天下)도 바로 홍범의 정치를 보급하기 위한 것이었다. 따라서 고조선 때 이미 실시되고 있었던 「홍범구주」가 바로 중국 문화의 뿌리였음'을 주장합니다.

이렇게 자랑스러운 '화백(화붉)제도'는 신라 때에 있었던 것으로만 알려져 있지만, 위의 기록들과 원래 신교문화에서 유래된 것으로 보아 신라를 너머, 고조선 때도 너머, 그러니까 최소한 신시문화의 배달(밝달)나라에서부터라고 봄이 옳을 것입니다. 아니 배달나라(BC 3898)보다 훨씬 이전일 수도 있습니다.

우리 선조가 세우는 왕조마다 500년(근세조선, 고려, 고구려, 백제)을 넘어 1000년(신라, 환웅의 배달국), 2000년(단군조선, 환인시대의 환국) 이상을 이어 어느 민족보다 오랜 사직을 보전할 수 있었던 것은 일방적으로 자신의 말만 하는 아마추어가 아닌, 화백의 정신 아래 진정한 대화를 할 줄 아는 프로였기에 때문이지요.

이제 국사 선생님들이 화백제도를 왜! 최고의 훌륭한 회의제도라 했는지 아시겠죠? 그때가 바로 배달나라입니다. 이렇게 우리는 국가에서 일반 백성에 이르기까지 전 사회를 걸쳐 이 화백회의가 근간을 이루었던 자랑스럽고 멋진 민족이었습니다! 그러나 이제는 기러기에게서 조화의 모습을 다시 배워야 할 것 같습니다.

그래서 **하늘나라, 밝달**(밝은 도가 이루어지는 땅)**나라**를 이어받은 조선의 궁전 앞에는 해치(해태)가 세워져 있습니다.

'해님이 파견한 벼슬아치'라는 순우리말이라 합니다. 시비(是非)나 선악(善惡)을 판단해서 하늘나라로 인도한다는 전설의 동물로 후손의 나라가 밝은 땅의 하늘나라로 영원히 이어져 나가기를 염원했기 때문이지요.

중국의 옛 문헌인 「산해람」에는 "**동방의 나라 산 속에 해치라는 신령한 동물이 산다. 요왕 때 이 신수가 나와 사악한 범죄자를 가려내었다.**"라 했으며 「이물지」(異物志) 또한 '**북쪽 거친 벌판에 짐승이 있으니 해치라 한다. 옳고 그름을 구별하여 사람이 다투는 것을 보면 부정한 사람을 뿔로 받는다.**'(北荒之中有獸 名獬豸 一角性別曲直 見人鬪 觸不直者)라고 하여 해치가 도를 이룬 동방 밝달나라의 고유한 신수(神獸: 신령한 짐승)임을 기록하고 있지요.

훗날 「세종실록」에도 주로 언관이나 어사들이 해치관을 썼다고 하며 **사헌부**(관리의 감찰과 법을 집행하는 관청)의 상징으로써 수장인 대사헌의 관복의 흉배에도 해치를 새겼다 합니다.

동방의 배달나라를 지키는 신령한 동물 해치

이렇듯 천제국(天帝國)을 지키는 전설의 신수인 해치(獬豸)가 세월 속에 왜곡되어, 지금의 중국은 해치(獬豸)의 귀를 숙이어 가리게 하여 왜곡하고 가축처럼 방울 달린 목줄을 매달아 사자개상으로 만들어 궁궐과 사당의 문 앞을 지키게 하면서 지금 사자(獅子)라 우기고 있으며, 일본 또한 해치를 궁궐과 신사 앞에 고마이누(狛犬)라 하여 개로 만들어 놓고 고구려개라 부르고 있습니다.

⇨ 이에 〈가회민화박물관〉의 윤열수 관장은 "해치가 사람들의 다툼을 가려야 한다면, 들을 수 있도록 귀도 세워져 있어야 할 것이며 상상의 신수라면, 적어도 방울 달린 목줄은 없어야 할 것"이라며 시급히 고쳐야 함을 주장하고 있습니다.

그러고 보니 우리나라 해치(해태)도 조상의 역사를 잊어서인지 귀가 덥히어 있어 인간들의 다툼을 들을 수 없기에 지금의 세상이 시끄러운가 봅니다.

요즈음 국민의 관심을 받고 있는 영화 〈부러진 화살〉은 우리 겨레의 정체성의 부재를 단적으로 보여주는 예입니다. 영화에서 박준 변호사는 "제발 있는 그대로만 보아 달라!"고 외칩니다. 답답합니다!!! 그래서 지금 국민은 왕명과 관계없이 자체적으로 고관대작들의 비리를 파헤치고 처벌했던 조선시대의 사헌부(司憲府)와 같은 기관의 설립을 통해 겨레의 정체성의 부활을 고대하고 있습니다.

이렇게, 상고시대부터 모든 것을 광명정대하게 처리하여 정의로운 민족으로 존경받던 대인군자의 나라였음을, 그래서 자연의 이치로 밝게 처리했던 도의 배달민족이었음을, 태양의 법(法)대로 처리하라는 밝은 광화문이 있는 나라였음을 까맣게 잊고 양심을 팔아가며 살아갑니다. 조상은 우리에게 물(氵=水)이 흘러 가(去)듯 하라고 법(法)이라는 글자를 교훈으로 남겼음에도 말입니다.

얼마 전, 검찰청에서 '해치 청동상'을 세웠다 하니 조상님의 밝으신 일깨움이 현재에 부활할 것을 기대해 보겠습니다.

광화문 앞 해치

그리고 도(道)의 민족이기에 교육(education)을 중요시 하였습니다. 그래서 首(수: 목숨 걸고) + 辶(책받침: 책)을 보라는 뜻의 글자 즉, '도(道)의 나라'라 했던 것이죠.

⇨ 구한말(19C말) 당시 이야기입니다.

미국의 젊은 기자가 골목을 지나는데 다 허물어져 가는 집에서 무슨 중얼중얼하는 소리가 나더랍니다. 실례인 줄은 알지만 갸웃이 안을 들여다보았죠. 그런데 이것이 웬 일입니까? 자기 또래보다 나이가 좀 적은 조선의 젊은이가 책상 앞에서 책을 읽고 있는 것이었습니다. 보아하니 양반은 분명 아닌데……. 기자는 깜짝 놀랐습니다. 미국에서 일본 사람들에게 들기론 '한국인은 아주 우매하고 미개한 민족으로 책은커녕 자기의 문자도 없는 민족'이라고 들어 알고 있었기에 눈앞에 벌어진 광경을 믿을 수가 없었던 것이지요. 더구나 자기 나라 미국은 글 모르는 자가 태반이고 귀족들마저 책은 장식용으로 쓰일 뿐인데 말입니다.

그가 나중에 조사해보니 이들이 쓰는 **한글**은 영어보다도 훨씬 뛰어난 **세계 최고의 음소문자**(자음과 모음의 조합에 따라 무수한 소리를 표기할 수 있는 문자)이며 **활자를 처음 만든 민족**이고 **책을 목숨처럼 아끼는 문화민족**임을 깨닫고 조선 사람들에게 한없는 존경심을 갖게 되었다는 일화입니다.

이렇듯 우리는 도(道)를 숭상했던 민족이었습니다. 그러하기에 **인류 최고의 문자**를 소유할 수 있었던 것이고 그 문자로서 도(道)를 기록해 왔던 것이고 그리고 **세계 최초의 활자와 금속활자를 발명**하여 세계의 문자·문화혁명을 일으킨 나라였던 것이지요! 그러나 지금은 '다 먹고 살자고 하는 짓'이라며 조상의 도를 뭉개버립니다.

우리 밝은 땅의 천손겨레는 **태어나지도 않은 생명체에게도 도**(道)의 교육을 해 왔습니다.

바로 '**태교**'(胎敎, prenatal care)입니다.

우리 하늘겨레는 세상 어느 민족보다 태교에 많은 신경을 써 왔습니다. **태교는 고대한국과 인도에서 시작된 것**이라고 합니다. 서양에서는 소크라테스가 태아를 정신을 지닌 객체로 인정하였고 유대인의 「탈무드」에도 태아에 대한 인식의 기록이 있기는 하지만 **동양과 서양은 관점과 시각에 있어 많은 차이**를 보입니다.

우선 태교의 근본부터 다름을 알 수 있는데 서양에서는 **태교를 잉태되는 이후부터** 육체적인 성장과 진화의 과정을 도와주는 것으로 보지만, 동양에서는 잉태 이전부터의 노력은 물론이고 어디선가 들어오는 영혼이 부모의 육체에 결합하는 과정에서 나타날 수 있는 자연생명력을 방해받지 않게 하는 것을 태교의 근본으로 하고 있습니다.

다시 말해 동양 아니 우리나라의 태교는 본질적인 자연생명력이 충분히 발휘되도록 하여 **자연(nature)**에 가까운 인성과 건강한 몸을 만드는 것을 중시하였죠. 때문에 오염된 물과 공기, 음식, 약물, 정신적인 스트레스 등 방해 요인들을 제거해 주는 것뿐 아니라, 임신 전후 기간과 수태 시의 마음가짐과 환경 조성 등의 노력이 태교의 핵심이었습니다.

예를 든다면, 민간에서도 삼태도, 칠태도 등으로 태교를 구분, 실천했는데 '아이 갖은 지 3개월(100일)이 되면, 아이의 기풍이 형성되므로 기품 있는 주옥과 같은 물건과 좋은 향기 등을 가까이 하라.'는 식이었죠.

천손으로서 건강하고 어여쁜 왕자와 공주를 출산하기 위한 **왕실태교**는 정성과 노력에서 실로 상상을 초월하는 것이었다고 합니다.

아침에 일어나면 맑은 물에 몸을 닦고 참선과 기도를 통해 **마음을 정갈히 했으며** 성현의 글귀를 읽으며 **뜻을 바르게 했고** 옥과 홍수정과 자수정과 같은 보석의 고운 색채를 보고 아름다운 음악(음악태교)을 들으며 **진선미**(眞善美)**를 따랐다고** 합니다. 그리고 수태기간에는 형벌을 집행하지 않았으며 심지어 궁궐 안에서 매도 치지 않았다고 합니다.

반면, **서양은 임신 후에 어떻게 하면** 아이의 머리가 좋아지고, 아기가 건강해지고, 좋은 성격이 되는가? 등 **목적 지향적 인위성**(artificial)을 강조하고 있습니다. 따라서 서양의 태교가 머리나 능력에 긍정적인 영향은 줄 수는 있겠지만, 엄마의 욕심이 아가의 영혼에 그대로 복사되는 점에서 **자연적 마음과 자율성에 상처를** 받게 되는 단점을 갖고 있습니다.

⇨ 여기서 조상님의 중요한 태교의 지혜 하나 말씀드리겠습니다.
'태교에서 제일 중요한 것은 무엇보다 산모가 적게 먹고 몸을 자주 움직이는 것'이라고 늘 일러 왔습니다. 그래야 아이는 욕망을 키우고 활동적이고 능동적인 아이가 되는 것이라는 것이지요. 그래서 예부터 **"아이는 작게 낳아 크게 키우라."**는 말이 전해 오는 것이구요.

태교에 대한 기록으로는 고려 말의 충신 포은(圃隱) 정몽주의 모친 이(李)씨가 쓰신 「**태중훈문**」(胎中訓文), 이후에도 「**동의보감**」, 율곡의 「**성학집요**」, 「**규훈**」, 「**내훈**」, 「**열녀전**」, 「**계녀전**」 등과 이보다 훨씬 전 발해 때에도 기록이 있었다고 합니다. 많은 전화와 전란 속에 책이 분실되고 소실, 약탈된 것이 무척 아쉽습니다.

그러한 중에도 1801년에 태교를 집대성한 세계 최초의 단행본 「태교신기」가 발간됩니다. 조선 정조 때의 사주당(師朱堂) 이씨가 쓴 「태교신기」는 동서양을 통해 태교를 종합한 최고의 고전으로 알려져 오고 있는 주옥같은 선조의 정신유산이랍니다.

➪ 「태교신기」의 기록 일부를 소개합니다.

"아비가 낳고, 어미는 기르고, 스승이 가르치는 것은 모두 하나의 일이다. 명의는 병이 생기기 전에 미리 다스리고, 잘 가르치는 자는 태어나기 전부터 시작한다 하였다. 그런즉 태어나서 받은 스승의 10년 가르침보다 어미의 뱃속에서 열 달 동안의 기름이 낫고, 어미의 열 달 가르침보다 아비의 낳음 하루가 더욱 중요하다."

태교신기 〈출처: 용인소식지〉

태몽(胎夢) 또한 중요시하였습니다.

현모로서 태교를 중시하셨던 **사임당 신씨의 태몽**(a dream of forthcoming conception) 이야기입니다.

신씨가 33세 되던 해 이른 봄 밤, 꿈에 동해에 이르니 **선녀가 바다** 속으로부터 살결이 백옥 같은 옥동자를 안고 나타나 부인의 품에 아기를 안겨주는 꿈을 꾸고 잉태하였더랍니다. 또 같은 해 12월 26일

새벽에도 검은 용이 바다로부터 날아와 부인의 침실 문머리에 머무르
는 꿈을 꾸고 아기를 낳았죠. 그가 바로 겨레의 스승 율곡 이이(李珥)
였습니다. 이만큼 정결하고 집중하여 그 뜻이 하늘에 닿기를 원하였
던 것이지요.

또한 해산 후에도 태교는 계속되었습니다.
천손(天孫)이었기에 탯줄과 태반을 태워 재를 옹기에 넣어 잘 보관하다
가 죽을 때 관 속에 넣어 하늘로 다시 올려보냄으로써 비로서 생을 함
께 마감했습니다. 더구나 왕이나 왕족들은 태를 태운 옹기를 태실(胎
室)에 보관하고 사방 300보 밖으로 금표를 설치하면서 관상감(觀象監)
까지 두어 관장했다고 합니다. 참으로 기이하고 대단한 민족입니다.

조선 성종 태실비 〈출처: 대한현공풍수지리학회〉

그런데 과학이 발달된 요즈음, 천손민족으로서의 이러한 전통이 새
롭게 주목받고 있습니다. 제대혈(臍帶血, cord blood)이라 말하는 것으
로서, 출산 때 엄마와 아기를 이어주는 탯줄에서 채취된 탯줄혈액이
지요. 여기서 놀라운 것은 그 탯줄혈액 속에는 백혈구, 적혈구, 혈소
판 등 혈액세포를 만들어 내는 조혈모세포와 뼈나 관절, 근육 등을

재생시키는 간엽줄기세포 그리고 생명을 탄생시키기 위한 온갖 호르몬과 효소가 풍부히 들어있어 악성 종양, 선천적 장애와 난치병, 몸의 대체 치료 등으로 가히 '생명의 보고(寶庫, 보물창고), 신의 선물'로까지 일컬어지며 인류의 건강에 찬란한 희망의 빛을 비추고 있다는 것이지요.

이미 우리가 황우석 박사를 비롯한 많은 학자의 줄기세포 연구나 뇌성마비 자가제대혈 이식, 세계 최초의 제대혈유래줄기세포 치료제 출시 등으로 제대혈줄기세포 분야에서 세계적인 역량과 기술을 갖추고 있는 것은 태실의 태반과 탯줄을 통해 천손들에게 희망의 메시지를 전하려 했던 선조의 일깨움 때문은 아니었을까?

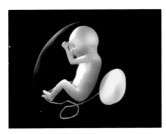

태아의 태반

태교, 역시 천손 한국의 도(道)의 문화였습니다.

수태 전, 임신 전후의 태교와 태몽 그리고 출산 후의 태실관리에 이르기까지 체계적이고 일관성 있는, 진정하고 완벽한 태교의 과정을 우리 한국이 갖추고 있는 것은 우리 한국인 모두가 천손민족으로서의 축복 받는 탄생이었다는 의미입니다.

그러하기에 우리나라만이 태어나는 순간 완벽한 '1살'로 인정하고 있는 것이지요. 아이가 뱃속에 있을 때의 존재를 사람으로 인정하고 체계적인 태교를 해 왔다는 증거야말로 평범한 탄생이 아닌 천손으로서의 탄생을 의미하는 제도입니다. 이렇게 완벽한(Perfect) 태교는 세계에서 유일하게 우리나라에만 있는 아름다운 우리의 문화입니다.

이 나라가 인류의 문명을 시작했던, 신성하고 광활한 우리나라였으며, 밝고 큰 홍익정신의 배달나라였습니다. 그래서 우리 겨레가 세계에서 가장 뛰어난 지능(IQ)을 갖고 있는 것이고 적은 인구(약 5천만)로써 세계기능올림픽과 수학을 비롯한 각종 올림피아드를 휩쓰는 것이고 또한 두뇌게임인 바둑에서 세계를 제패할 수 있는 것이랍니다.

지금 이 순간, 전 세계의 아가들이 동시에 태어난다면, 다른 나라 아가들은 0 살인데 우리나라의 아가는 1 살, 우리 한국의 아가가 세계에서 제일 형님이 되는 거랍니다. 뱃속에서부터 많은 교육을 받아서 제일 어른이 되는 것이지요. 그죠-?
이것이 우리 한국인이 세계인의 모범이 되어야 하는 이유이고 세계인이 한국을 존경해야 하는 이유입니다.
"아, 나의 탯줄은 어디에 있을까?"

"아시아의 위대한 문명발상지는 한국이었습니다. 세계 역사상 가장 완결무결한 평화정치로 장구한 세월을 아시아 대륙을 통치한 단군 시대가 있었습니다. 동양사상의 종주국인 한국인을 존경합니다."
하이데거(Heidegger 1889~1976)

배꼽의 신비한 아름다움
아리랑

"가장 귀하고 신성한 무리가
해가 뜨는 광명한 세상을 꿈꾸며
지고지선의 진리와 가치를 찾아 동쪽으로
끝없이 헤매었습니다.
그것이 아리랑입니다.
그들이 두뇌가 가장 뛰어났던 한국인이었습니다."

해를 품고 있는 고구려의 삼족오(三足烏)

생명의 신, 태양을 뜻하는 우리 겨레의 신조(神鳥)

영원불멸의 새 불사조(不死鳥)

3부 배꼽의 신비한 아름다움 - 아리랑

"아리랑~~"

아이: 아빠, 오늘 톰(TOM 미국친구)이 **'아리랑이 무슨 뜻이냐?'** 묻는
 바람에 무척 난감했었어요.

아빠: 요사이 한류 때문인지, 외국인들도 아리랑뿐만 아니라 **한국에
 대해 꽤 많은 것을 알고 싶어** 하는 것 같아 무척 긴장이 됩
 니다. 우리의 것을 제대로 알아야 할 것 같아요.

할아버지: 한류(K-Pop)가 아니더라도 제 나라의 문화를 모르고선
 그 누구 앞에서라도 당당할 수가 없는 법이지.

아이: 참, 올림픽 때도 남북한이 한반도기(旗)를 들고 함께 아리랑을
 부르며 입장했었다면서요?

할아버지: 그렇지. 그때 한국 사람이라면 모두 눈물을 흘리고 눈시
 울을 적시지 않은 이가 없었지. 가슴을 파고드는 그리움
 의 가사도 그렇지만 인간의 근원적인 애수를 자아내는
 가락 때문인지 **세계인이 가장 많이 부르는 민요가 아리
 랑**이고 세계인이 **뽑은 가장 아름다운 말이** 바로 아리랑
 (阿里郎, Arirang)이라 하는구나. 또 한국을 방문한 **외국인
 들이 가장 궁금해 하는 말이** 바로 아리랑이기도 하고.

아이: 할아버지말씀을 듣고 보니 한국인으로서 무척 부끄럽습니다.
 도대체 아리랑은 무슨 뜻이길래, 이렇게 세계인의 공감을 일
 으키고 궁금증을 갖게 하는 걸까요? 그리고 왜 학교에서도
 누구도 가르쳐 주지를 않는 것인가요? 아리랑이 우리말인

것은 맞나요?

할아버지: 우리의 정체성이 세계의 정체성과 맥을 같이 하고 있음을 뜻하는 것이지. 이심전심의 마음이랄까! 사실 그 무엇보다 중요한 것이 이런 기본적인 문화에 대한 이해 일 텐데 전혀 다루어지지 않고 있음이 매우 안타까울 뿐이지요. 한국의 정체성(identity)을 알기 위해서는 무엇보다도 아리랑과 같은 근원적인 이해가 있지 않으면 안 되지. 암! 그러니까 우리에게 배꼽과도 같은 말임에도 의미를 상실했기 때문에 지금 어른과 아이가 공감하고 함께 할 문화가 없는 것이지요. 그래도 '아리랑'에 대한 많은 연구가 있었기에 우리 역사의 실마리를 더듬어 볼 수 있어 참으로 다행 입니다. 아리랑의 뜻에 대해 여러 견해(끝부분에서 풀이)가 있지만, 여기서는 우리의 언어 속에 자연스럽게 드러난 문화를 중심으로 겨레의 아리랑을 찾아 볼까 합니다.

◉ 문화열차 아리랑터미널 옥외 간판 안내문

"아득히 먼 옛날 아프리카를 출발한 인류 중 가장 진화한 무리가 동쪽으로, 밝은 아침 해를 따라 동쪽으로 갔습니다. 그들은 태양을 알이라 하면서 춤과 노래를 즐기는 밝은 심성의 사람들이었습니다. 지구의 동북쪽, 따뜻한 한국땅으로 내려와 인류 최고의 문화를 만듭니다. 이들은 광명한 세상을 꿈꾸며 지고지선(至高至善)의 가치와 진리를 찾아 헤매었던 가장 귀하고 신성한 존재(천손)였습니다. 그런데ー 빙하가 녹고 우리나라에 물이 차오르자 우리의 문화를 갖고 한국땅을 떠나 전 세계로 흩어지면서 고향을 그리워하게 됩니다. 떠나가는 이별의 아픔과 함께 최고의 가치에 대한 영원한 그리움의 마음을 '한'(恨)이라 했습니다. 지구의 동북쪽(간,艮) 사람들의(아픔의) 마음(심,忄)과 조상의 영원한 그리움이 통곡으로 나타난 것이 '아리랑' 입니다."

"문화열차승객 여러분, 이제 여러분은 당신의 배꼽이 얼마나 귀하고 가치가 있는 것이었는지 아셨을 것입니다. 이번 여행에서는 우리가 아름다운 가치, 소위 아리랑을 얼마나 많이 갖고 있는 겨레인가를 아는 여행입니다. 승객 여러분께서는 잠시 피로를 푸실 겸 탁자 위의 떡과 과자, 음료를 드시길 바랍니다. 이 다과는 한국의 수많은 옛 영웅들이 조상을 생각하는 여러분을 위해 특별히 제공하는 것이니 드셔가면서 우리가 얼마나 아름다운 나라였는지를 공감하는 좋은 여행이 되었으면 합니다.

그리고 잠시 점검이 있겠으니 '힐링 코리아 첫 번째 배꼽이야기'라는 티켓을 잠시 저에게 보여주시길 바랍니다. 다음 역 또한 처음으로 개통되는 아리랑역입니다. 여러분을 반기는 아리랑노래가 잔잔히 들려오는군요. 그럼 떠나십시오."

반갑습니다!!! 후손여러분,

한국(COREA)을 상징하는 대표적인 단어이고 한국을 대표하는 전통민요 아리랑이 2012년 동지를 앞두고 우리나라의 15번째 유네스코 인류무형유산에 등재되었음을 우선 축하합니다.

'아리(랑) 아리랑 아라리요'의 후렴구로 끝나는 아리랑은 현재 한반도에만 150여 곡 8000여 수가 전한다고 합니다. 이러한 아리랑에는 멍든 슬픔과 고독, 절망과 아픔과 격정과 비통함이 나타나지만 함께 흥분과 기쁨과 환희와 관용과 여유와 희망과 행복이 함께 나타나고 있는 것으로 보아 우리의 아리랑은 희로애락(喜怒哀樂)을 넘어 기나긴 역사의 여정에서 우리의 정신과 문화를 대변하는 한민족의 정체성을 드러내는 노래라고 할 수 있지요.

아리랑은요, '아리'와 '랑'이 합쳐진 말로 봅니다.

ⓢ 아리는 태양처럼 크고 위대한 지고지선(至高至善)의 가치

광명(光明)을 숭상한 고대 한국은 **태양**(太陽, 해, SUN)**을 만물을 탄생시키는 씨, 즉 '알'**(卵, egg)**로 생각하며 최고의 가치에 놓는다고 합니다.

한민족의 영원불멸의 알
〈출처: 천부인과 천부경의 비밀〉

⇨ 상고사학회의 고 이중재 회장님은 "우리 선조들은 언제나 높은 (큰) 하늘을 보며 큰 뜻을 품고 살아서인지, 큰 강을 만나면 아리수라 불러왔다. 만주의 큰 강 요하도, 큰 강 압록강도 아리수라 불렀다. 즉 **아리**(우리) > **오리** > 압(鴨, 오리), 이렇게 **아리가 오리**로 음의 뜻이 변하면서, 아리가 날아다니는 새, 오리(압, 鴨)인 압록수(鴨綠水)로 변했다. 지금의 한강 또한 〈광개토호태왕비〉에 阿利水(아리수)라 기록해 놓고 있다."라고 말합니다.

다시 말하면 아리란 태양과 같이 가치 있는 것, 지극히 높고 지극히 크고 지극히 좋은 것 즉 생각할 수 있는 것 중에서 최고의 가치(the best worth)란 뜻으로 해석할 수 있지요.

그래서 우린 머릿속에서 최고의 가치를 떠올리려 할 때 "생각이 아리아리해."라고 했으며, 보이는 것 너머의 높은 가치를 보고 찾으려 할 때 눈을 비비며 '눈이 아리아리하다.' 했고, 혀로 느끼는 것 그 너머의 오묘한 맛을 표현하려 할 때 '혀가 아리아리하다.' 했습니다. 그리고 태양처럼 환하게 세상을 밝히려 했던 우리 천손겨레의 정체성을 오롯이 간직하고 있는 새, 태양신을 뜻하는 불사조 삼족오(三足烏)를 아리새라 했습니다. 또한 처녀의 마음이나 몸가짐이 몹시도 아름다울 때 우린 아리땁다(아리+답다)라고 말했던 우리였지요. 그러나 크고 높은 생각이 떠오르지 않을 때 우리는 아리송하다라고 말했습니다.

'아리'는 태양처럼 지극히 크고 높은 최고의 가치라는 뜻이었군요. 또한 한글학자이며 사학자이신 강상원 박사님은 아리를 성실한, 신실한, 존경, 숭앙 등의 뜻으로 풀이하십니다.

☯ 랑은 가장 귀(貴, nobility)하고 신성(神聖, sanctity)한 태양(신, GOD) 같은 존재

세상에서 가장 귀하고 신성한 마음이기에 사랑이라 했으며,
세상에서 가장 귀한 사람(자손을 이어주기에)이기에 신랑이라 했으며,
세상에서 가장 귀한 존재로 자신을 만들고 싶을 때 하는 것을 자

랑이라 했던 것입니다.

나라를 지켜주는 귀한 신선인 국선 이름을 영랑, 남랑, 술랑(안상)이라 했으며, 배달국시대를 열어 세상을 구하고자 했던 삼천 분의 귀하고 신성한 문명개척단을 제세핵랑, 천왕의 아들로서 화랑이 된 자를 천왕지자랑, 고조선 때의 나라를 지키려는 가장 귀하고 신성한 젊은이들을 국자랑, 고구려는 천지화랑, 신라는 이를 화랑이라 불렀고 화랑의 이름도 '원술랑, 죽지랑, 기파랑'이라 지었습니다.

세상에서 가장 맑고 아름다운 소리를 낼 때 "목소리 참 낭(랑)랑하다."라고 했으며, 너와 나와 우리를, 엄마와 아빠와 나를 가장 귀하고 신성한 존재로 만들고 싶을 때 "너랑 나랑 우리랑", "엄마랑~ 아빠랑 ~ 나랑~" 그리고 "낭군님 낭자~" 이렇게 말했습니다.

이렇게 어떤 존재를 가장 귀하고 신성하고 밝은 존재로 만들고 싶을 때, 우리는 '랑'(郎, 琅, 朗, 娘……)을 붙여 존경해왔던 민족입니다.

아리랑의 랑은 〈배달문화연구원〉 송원홍 원장의 견해를 주로 참고했습니다.

가장 귀하고 신성한 것

'사랑'에 대한 글쓴이의 생각

어떤 분은 따스한 마음, 애틋한 마음의 '다솜'을 들어 사랑의 순 우리말이라고 주장하고 있으나 〈국립국어연구원〉과 〈한글학회〉에서조차

'그 출처를 알 수 없다' 라 하고 학술적인 어원도 밝혀진 것이 없어 우리말이라는 증거가 없다는 입장이지요. 또한 '괴다'를 주장하는 이가 있으나 용례도 부족하고 다소 형이하학적인 의미(고이다.)로 전해지는 것으로 보아 우리의 사랑의 의미와는 멀었다고 보아집니다.

✓ 예전 고등학교 문법교과서를 펼치고 허탈한 웃음을 지은 적이 있었습니다.

그 책에는 '너와 나'는 문어체요, 너랑 나랑은 구어체 표현이라 적혀 있었습니다. '너와 나' 또한 대화 시에 자주 쓰는 구어체 아닙니까!

'랑'은 구어체, 문어체의 문제가 아닌, 이렇게 예부터 내려오는 우리 민족의 고귀한 정체성이 담겨 있는 역사와 문화의 단어였던 것입니다. 역사는 중심을 세워 내가 어디에 있는가를 알게 하는 작업이라고 합니다. 이렇듯 역사와 문화를 모르면, 사회의 지성이라는 교수도 그 중심에서 한참 벗어나 참뜻을 모르는 얼(혼, spirit)빠진 사람이 되는 것입니다.

'랑'은 구어체나 문어체 이전에 대상을 귀하고 신성한 존재로 만드는 아름다운 말로서 예를 들어 '엄마랑~ 아빠랑~ 나랑~'이라 말하는 가정에서는 가족이 서로를 귀(貴)하고 신성(神聖)한 태양처럼 위하기에 적어도 부모가 아이를 버리고 이혼하거나 자식이 부모를 가슴 아프게 하는 일은 절대 없는 것이지요.

아리랑겨레는 아득~한 옛날부터 큰 생각, 최고의 가치를 그리워했기에, 사는 곳 어디에나 영원한 그리움의 안테나를 세웠습니다. 하늘에 닿게 하려고 높이 세운 바로 기러기 세 마리의 '솟대'입니다. 떠나온 우리의 옛 고향(마고할머니의 마고성)을 향한 그리움이며 아름다운 가치에 대한 소망의 표현입니다.

"지고지선(至高至善)의 가치를 꿈꾸며 동쪽으로, 밝은 아침해가 뜨는 광명한 세상 동쪽으로, 최고의 가치와 진리를 찾아 헤매었던 가장 귀하고 신성한 존재가 한국의 아리랑이었습니다."

귀하고 신성한 동방의 태양

언제나 최고의 가치(아리)를 그리워했던 배달겨레!

그러나 지금 아리랑의 본뜻을 잊었기에 우리는 너나 나나 아름답고 숭고한 문화를 저버리고 자부심 없이 살아갑니다. 저급한 문화 속에서 문화후진국으로 살아가고 있는 것이지요. 아름다운 나라는커녕 관광지마다, 우리가 가는 곳마다 쓰레기로 넘쳐납니다.

반면 이러한 '랑'(郎)이란 명칭이 일본에는 많습니다. 어쩌면 우리가 버려버린 아리랑을 뜻은 모른 채 고스란히 간직하고 있는지 모를 일입니다. 그래서 한국은 세계에 변두리국가로 알려지고 무시를 받습니다. 이렇게―.

"한국은 야만국으로 고유문화(固有文化)가 전혀 없다. 자주적 능력이 없어 예부터 중국의 지배를 받다가 근대에 와서는 일본의 지배를 받고 1945년 후에는 미국의 **속국**이 되어 **빌붙어** 살고 있는 **미개한 나라이다.** 그리고 **역사나 조상에 대해서는 전혀 관심도 없는 백성들이다.**" 라고.

그리고 우리 스스로도 신성하고 자기의 아름다운 단어인 아리랑의 뜻은 커녕, 자부심과 정체성의 단어인 우리나라도, 국호인 한국의 뜻마저 사실은 모릅니다. 그리고 이런 자들이 '우리에게는 문화가 없다.' 라고 말합니다. '짜장면 배달'이라 농하면서.

   과연, 그럴까요?
자, 지금부터 배달겨레가 어떤 문화를 세상에 내어 놓았는지 알아보겠습니다. 밝은 땅의 아리랑겨레는 세상의 어느 겨레보다 '아리', 최고의 가치들을 많이 내놓습니다.

☯ **최고의 아리랑문화 아주 쪼~금만 소개합니다.**

"우선 2만2천년 전 최초의 도구인 마제석기를 만듭니다. 특히 1997년 발굴된 1만5천년 전의 소로리볍씨는 **인류 최초로 벼농사를 지으며 최초의 농경사회를 시작했었던 문화**를 입증함으로서 세계의 인류사를 새로이 쓰게 되었구요. 또한 최소한 1만수천년 전 인류 최초의 신석기 토기를 만들고 세계최초의 8천년 전 빗살무늬토기를 **만들어 인류의 신석기문명의 시작**을 바꿉니다. 세계최초로 약 8000년 전에 소나무배를 만들고 세계최초로 고래잡이와 목축을 했다고 세계는 말합니다.

세계최초로 거석(巨石, big ston)문화를 엽니다. 바로 고인돌(Dolman) 문화이지요. 당시 **뛰어난 정신적 지도자**(샤먼, Shaman)**의 무덤**이라고 칼 바이트 같은 인류학자들은 말합니다. 전 세계의 절반 이상이 우리나라에 있다지요!

그리고 **우리의 신교문화**(샤머니즘, shamanism)**는** 인류의 종교의 **뿌리**라고 합니다. 인류 철학의 원전이라 일컬어지는 경전 천부경(天符經)이 있으며, **과학의 진수라 일컬어지는 역**(易)**을 만들어 세상을 창조합니다.** 옛날 중국은 우리의 한역을 가져다 쓴 것뿐이라 합니다. 차차 아시게 될 겁니다.

북두칠성을 겨레의 별로 여겼으며 북두칠성이 북극성을 돌아오는 것을 상징하여 놀았다는 윷놀이, 세계적 문화인류학자, 미국의 스튜어트는 TV를 통해서 **한국의 윷놀이가** 세계 놀이의 원형이 되었다는 연구를 발표합니다. 그리고 하늘백성이었기에 하늘나라(天國)를 지키는 장쾌한 **두뇌놀이인 바둑**을 만들어 두었으며 **바둑의 기원이라는** 고누놀이를 고스란히 간직하고 있습니다.

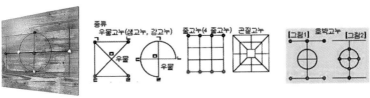

세계 고누놀이의 약70%가 우리에게 있답니다! 〈출처: 한브랜드연구소〉

이렇게 뛰어난 문화민족에게 뿌리가 없다?는 것이 말이 됩니까?

황하문명(BC 2000)의 어머니 문명으로서, 또한 이집트문명보다 적어도 천년은 앞서고 더욱이 지금까지 인류 최초의 문명으로 알려진 메소포타미아문명(슈메르문명)보다도 앞선 홍산문명(BC 4000년 이전)이 우리에게 있었습니다. 그리고 그 증거로서 옛 한국(환국BC 7197~ 배달국BC 3898~)의 환웅과 지도자의 것으로 추정되는 수많은 피라미드무덤들……! 현 인류의 가장 오랜 문명을 연 것입니다.

중국 북부, 함안의 수많은 피라미드 〈출처: 구글어스〉

이렇게 세계최초로 아리랑문화를 시작합니다.

운급의 「헌원기」에 의하면 4700년 전 치우임금님은 인류 최초로 갑옷과 투구를 제작합니다. 천손민족답게 인류 최초로 하늘의 별자리지도(하늘 길) 천문도(天文圖)를 완성합니다. 그것이 바로 후손 고구려로 이어져 세계천문학회가 세계최초의 천문도로 인정하는 고구려의 천상열차분야지도이지요. 그리하여 일(日), 월(月)인 음양과 화, 수, 목, 금, 토의 오행을 가지고 시간의 지도인 일주일을 기본으로 하는 최초의 책력, 칠회제신력을 만들었다고 하구요.

세계최고의 천문대인 '첨성대'가 있구요. 세계최초의 해시계 앙부일구(仰釜日晷), **세계최초의 물시계이며 정밀과학의 진수인 자격루**(自擊漏), 세계 시계제작기술에서 독창적인 천문시계인 혼천시계, 독일보다 170년인가 앞선다고 하네요.

앙부일구(仰釜日晷): 오목해시계

　그리고 **인간의 언어의 지도인** 인류최초의 문자(文字)라고 하는 녹도 문자를 만들어 세계의 문자혁명을 일으킵니다. 이러한 문화의 깊이로서 **세계문화유산으로 등재되고 인류 최고의 발명품으로 선정된 한글을 세상에 내놓습니다.** 또한 양(하늘)의 글자인 한글 이전에 음(땅)의 글자인 동방문자(일명 한자)를 만들어 세상을 개화합니다.

　폄석(貶石)**이라는 세계최초의 돌침이 발견됩니다.** 이는 침술과 의술로써 **인체의 지도**(길)를 이미 개발했음을 의미합니다. 그래서인지 **동양 최고의 의서인 허준의 동의보감이 있었습니다.**

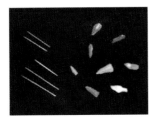

세계최초의 돌침.
폄석 〈출처: 의약사박물관〉

　그리고 최고의 항해술인 역풍항해술을 개발하여 바닷길을 열고 고구려의 후예 고선지는 실크로드를 개척하여 최초로 동양과 서양을 잇는 육지의 길을 엽니다. 그리하여 우리의 세계 4대 발명품인 나침반, 화약, 종이, 인쇄술은 **인류의 문명을 개척합니다.**

인류문명의 가장 위대한 발명이라는 활자도 **최초로 발명**하여 세상에 **지식의 길을 열고** 인류를 개화합니다. 그래서 세계에서 가장 오래된 목판인쇄물 '무구정광다라니경'(751), 세계최초의 '금속활자' 발명, 세계최고(最古)의 금속활자 인쇄물 '상정고금예문'(1234), 현존 최고의 금속활자 인쇄물인 '직지심체요절'(1377) 등은 세계의 지성들이 너무도 **부러워하는 문화유산입니다.**

그리고 인류 최고의 인쇄물을 가능케 하고 1000년의 세월도 뛰어넘는 세계최고의 생명의 한지(韓紙)였던 '잠견지' '음양지', 여기에 세계기록유산 고려팔만대장경은 천손에 대한 한없는 **믿음의 길이었습니다.**

이렇게 하늘길을 열어 하늘의 지도와 시간의 지도를 그리고 생각을 열어 언어와 문자의 지도를 펴고 바닷길과 육지의 길을 개척하고 **지식의 길과 믿음의 길을 열어 세계의 지식과 문화를 선도합니다.**

(아고, 숨 차다! 좀 쉬고)

일본과 많은 나라가 재현하려다 손을 들었던, 지름 21cm의 원에 1만3천 개의 기하학적 선이 그려진, **세계에서 가장 정교하고 불가사의**하다는 청동기 유물 '여러꼭지잔줄무늬청동거울'(다뉴세문경)이 우리 **고조선 때의** 조상의 유물임을 아십니까? 그리고 온갖 과학과 예술과 미학의 극치라며 감탄하는 '석굴사(암)과 불국사', 세계 과학의 독보적인 위치에 있는 최고의 걸작 '성덕대왕신종', 무게 0.04g, 지름 0.3mm의 **금알갱이들로 만들어져 "우주인이 내려와 만든 것이 아니냐!"**며 세계의 과학자들을 경악케 했던 세계에서 가장 정교한 금속공예품인 '감은사 금동사리함'이 우리에게 있습니다. 신비로운 비취색의 과학 고려청자가 있네요. 인간의 경지를 뛰어넘는 초유의 걸작품들입니다.

청동기 세공의 극치 여러꼭지잔줄무늬거울 〈출처: 환단고기 역주본 상생출판사〉

〈좌〉 경주박물관의 성덕대왕신종(에밀레종?) 〈출처: 천지일보〉
〈우〉 감은사 금동사리함 〈출처: 문화재청〉

　가장 **이상적이고 풍부한** 발효음식 문화를 풍부히 탄생시켰으며, 세계최초의 얼음냉장고 '석빙고'가 신라 때에 있었지요, 「산가요록」에는 세계최초의 '온실' 발명도 보이구요. **세계최고의 아름다운 성(城)으로 성문화를 집대성하여 인류의 세계문화유산으로 선정된** 수원화성, 세계최초의 '측우기'와 하천의 범람을 미리 아는 수표, 정약용의 거중기, 세계최초의 미사일 '**신기전**', 세계최초의 **2단 로켓**, 획기적인 첨단 **자동화기**(火器)를 실은 문종화차, 세계최초의 철갑선 '거북선'…….

세계최초의 로케트 신기전
문종 때의 신기전화차
〈출처: 전쟁 박물관〉

또 세계 최고(最古)의 기록유산인 '훈민정음 해례본, 조선왕조실록, 승정원일기, 일성록'을 남기지요. 그리고 베트남의 아버지라 불리는 호치민이 죽을 때까지 손에서 놓지 않았다는 **지도자의 교본 목민심서**(牧民心書)……. 이렇게 수많은 우리의 최고의 가치들이 이웃나라로, 서양으로, 세계로 퍼져나갑니다. 이 모든 것이 최초요 최고였습니다.

정약용의 목민심서
〈출처: 장미공주-blog.daum.net/flowerant〉

그러나 무엇보다 엄마, 아빠의 원형인 인류 최초의 언어였던 '나반과 아만'이란 말을 고스란히 지켜오면서 인류 최고의 가치이념인 '홍익인간'의 정신으로서 지고지선의 가치, '아리'를 끝없-이 추구했던 고귀한 민족이었습니다."

☯ 어~때요? 우리 아리랑겨레! 우리에게 문화가 없다구요?
세상 수많은 민족 중에 우리가 이루어낸 것 어느 하나라도 흉내 낸 민족이 어디 있습니까? 이 중 단 하나의 문화만 있어도 자랑스러워

할 터인데 이 많은 문화와 문명을 우리는 해냈습니다. 태(太)한국은
다른 어떤 나라와도 비교할 수 없는 높고 귀한 나라였습니다.

대영박물관이 있고 프랑스의 루블박물관이 유명하다구요?
그곳엔 조각품이나 그림만 잔뜩 하답니다. 게다가 영국을 비롯한 서
양이나 중국과 일본은 대대로 남의 것을 약탈하여 남의 나라 것을
자기 것인 양 전시하고 있을 뿐이지요. 그러니 코 높은 유럽을 다 합
치고 중국을 합쳐도 우리에게는 상대가 되지 않는 것이지요.

세계의 문명과 문화를 연 민족인데 말하여 무엇하며 또한 문화(文+
化)라는 말 자체가 글(文)에서 나와 된(化) 것임을 뜻한다면, 인류 최
초로 글인 녹도문(뒤의 문자아리랑에 나옴)을 만든 우리야말로 문화를
시작한 나라가 아니겠습니까! 마치 부모와 자식 관계라고나 할까요!

이제 여러분은 "지금의 한류(K-POP)의 근본이 어디에 있었는지?"
　　　　"한국인의 성공과 열정의 원동력은 무엇인지?"
　　　　"우리가 왜 명품을 좋아 하는지?" 조금은 이해하셨을 것입니다.

더구나 대고구리(려)제국의 수도였던 만주 집안에 널려 있는 1만2천
기가 넘었던 세계 최대의 고분군(피라미드군)에는 아직 얼마나 많은 조
상의 유물이 있을지! 그리고 배달국의 문명지인 홍산유적지에서는 선
조의 유물이 얼마나 쏟아져 나올는지! 만주 북서부와 중국북부와 서
쪽 티베드에 널려있는 수많은 피라미트에는 얼마나 많은 한민족의 유
물이 묻혀 있는지! 바다가 되어버린 서해와 남해 저 끝의 마라도까지
얼마나 많은 선조의 유물이 묻혀 있을지! 4만기가 넘는 고인돌 밑에
는 어떠한 유물이 있을지!

고구려가 망하고 당나라에서부터 일제 강점기, 그리고 서양열국에까지 도난당하고 빼앗긴 숱한 보물과 문화재들이 얼마나 될지!(확인된 해외 문화재 152910점. 그러나 최소한 10배수 하는 것이 상식임)를 생각한다면, 지금 우리가 알고 있는 문명보다 우리 한민족의 문명은 훨씬 더 위대했을 것입니다. 정말이지 심오하고도 무섭도록 아름다운 겨레였습니다.

일본의 국보1호(약탈당한 미륵반가사유상)
《출처: Daum블로그김남숙 시인》

✓ 그럼에도 불구하고 한국을 대표하는 지식인들은

"우리나라는 변두리 종속역사로서 민족고유문화가 없었다." 라고 말해 왔습니다. 한국학중앙연구원 전 한국정신문화연구원 박성수 명예교수님은 우리나라의 역사와 문화의식의 수준을 이렇게 한탄하십니다.

"양심적인 지식인으로 유명했던 함석헌(1901~1989)은 그의 저서 「뜻으로 보는 한국사」에서 '우리나라에는 민족고유문화가 없었다. 있었다면 밀림에서 발가벗고 나와 북치고 춤추는 야만인의 원시문화였다. 그러니 그것은 문화가 아니라 다 먹다 남은 생선뼈다귀' 라고 폭언한 일이 있었다. 이런 사람의 책이 지금도 서점에서 버젓이 팔리고 장기베스트셀러의 대열에 끼어 있으니 참으로 부끄러운 일이 아닐 수 없다.”

⇨ KBS-TV의 〈성공시대〉는 세계에서 성공한 한국인을 소개하는 프로입니다.

그런데 이분들의 공통점은 가보지 않아도 이미 알 수 있었으며, 해 보지 않아도 최선을 다 하면 할 수 있다고 생각했으며, 안 된다는 생각을 절대 하질 않고 두려움 없이 해 내었으며, 결코 포기를 몰랐고 이들이 다른 민족과는 다른 독특하고 기발한 아이디어의 소유자였다는 것이었습니다.

그러나 사실 이러한 것은 정상적인 한국인이라면 누구나 할 수 있습니다. 왜냐하면, 우리 한 사람 한 사람의 핏 속에는 옛날 마문명과 환국과 배달국까지의 배달제국문명(홍산문명)과 고조선제국이나 고구려제국까지 세상의 주인으로서의 위대한 정신세계와 아름다운 문화 여기에 대륙과 아울러 해양을 거침없이 누비고 경영했던 대제국의 여유와 넓은 포용력 그리고 조상의 뛰어난 아리랑성공DNA에서 비롯된 자신감이 맥박 치고 있기 때문입니다. 그래서 큰 스케일에서 우리의 바둑이 세계를 제패하고 있는 것이지요.

그러하기에 위대한 한강의 기적을 이룬 것처럼, 지금의 한국의 성공과 한류(K-Pop) 또한 그 중심에 우수한 문화유전자의 한국인이 있고 그 동안 눌려있던 한국인의 문화에너지가 폭발·분출되어 겨레의 과거의 문화경험이 현재에 총체적으로 꽃피운 것이라 할 수 있습니다. 따라서 세계적으로 성공했거나 지금의 한류로 성공한 한국인들은 자신의 성공에 도취할 것이 아니라, 자신의 몸에 그 어느 민족도 갖지 못한 오랫동안 수많은 조상의 우수한 문화유전자와 성공유전자와 열정유전자 덕분이었음을 잊지 말아야 합니다.

우선, 한국인으로 태어난 것에 감사해야 하며 이 땅에, 이 아름다운 나라에 태어난 것을 축복으로 생각해야 합니다. 우리의 문화에 이야기(story)를 만들어 생명을 불어 넣어 봅시다! 아무 민족이나 마음먹는다고 믿는다고 해내는 것이 결코 아니거든요! 그리고 조상을 생각하고 시작하세요. 한국인은 누구나 마음먹고 시작만 한다면 크게 성공할 수 있다는 것입니다.

자, 한번 시작해 보세요!

우리 조상이 물을 마시거나 막걸리를 붓거나 차를 마시거나 음식을 담거나 서민들이 편하게 막 썼다 해서 붙여진 막사발이 왜에 건너가 귀한 대접을 받고 지금 일본의 국보26호의 '이도다완'(井戸茶碗)이라는 찻잔이 되었던 사실이 바로 우리 겨레와 주변나라와의 문화적 수준의 차이를 보여주는 단적인 예라 할 수 있는 것이랍니다.

발에 밟히는 흙으로 그릇이 될 수 있다는 것과 흙을 불에 구워 타지 않는 물건이 된다는 사실과 그래서 물건을 담을 그릇을 만든다는 생각 하나하나가 다 신기로운 일이었으니까요! 다른 민족들은 감히 우리와 같은 생각조차를 하지 못해 왔습니다.

일본을 가면 우리 조상의 신들로 가득합니다. 부여신, 고구려신, 가야신, 백제신, 신라신, 발해신, 고려신, 조선신 등등. 이 만큼이 우리와 저들과의 차이이며 우리에 대한 은혜의 표현이지요!

일본의 국보26호 이도다완(16C조선시대)
교토 다이도쿠지(大德寺) 소장

　아리랑 민족은 한 곳에 안주하지 않고 **평범한 것이 아닌 큰 생각, 최고의 가치**를 그리워하고 끝없이 찾아 헤매었습니다. 그래서 **아리랑겨레**는 어느 겨레보다 '**아리**', **최고의 가치**들을 세상에 많이 내놓습니다.

　하지만 최고의 가치는 쉽게 얻어질 수 있는 것이 아니지요. 그것이 장벽에 부딪쳤을 때, 아리를 찾지 못할 것 같을 때, 극심한 아픔(한)을 느끼고 입에서는 자연 **아리랑**이 흘러나왔습니다. 그래서 지구의 **동북쪽(艮)에 사는 사람**이 벽에 부딪쳤을 때의 마음(↑, 心)을 한(恨)이라고 해 옵니다. 그들은 인류의 문명을 탄생시키고 **나침반과 활자와 화약, 종이** 등 최고의 문화를 창조해 내었지만, **최고의 가치에 만족하지 않고 끝없이 그 너머의 가치를 또다시 찾아 나섰습니다.**

　어쩌면 우리 겨레가 찾는 가치, '**아리**'는 유치환의 시 〈깃발〉에 나오는 '영원한 노스탤쟈의 손수건'처럼 **영원히 잡을 수 없는 이상**일지도 모릅니다. 인간의 근원적인 슬픔이라고나 할까요? 그래서 쓰리랑입니다. 잡을 수 없는 이상에 대한 두려움이자 쓰린 아픔입니다. 우리의 '아리랑'에는 깊은 그리움 속에 슬픔과 서러움이 배어 있습니다. 쓰리랑이 있는 아리랑이지요! 그래서 아리랑 노래를 듣고 있으면, 누구나 가슴이 메어지고 아리나 봅니다. 소설 「25시」의 저자이며 노벨

문학상 수상자인 게오로규가 "**한국의 노래는** 노래가 아닌 통곡(痛哭: 죽을 만큼 아프게 울다.)**이다.**"라고 말한 이유입니다.

그래서 한민족의 고향이었던 천산산맥을 떠나 부르기 시작했을 우리의 '**아리랑**'은 여자나 남자의 단순한 사랑이나, 민중의 애환 등을 넘어, 그리고 이들의 단순한 이별의 슬픔을 넘어선, 우리 **천손민족으로서의 높은 가치와 이상**에 대한 차원 높은 갈망을 꿈꾸었던 노래가 아니었을까 합니다.

◑ 기타 여러 견해

아리

곱다. 아리고 아프다. 사내의 씨인 알(卵), 하느님의 알

아리랑

아리랑은 '고운+님' 지명 알타이산맥 부근의 지명설

'참나'를 깨닫는 즐거움 아(我: 나) 리(理: 이치) 랑(朗: 즐거울)

신라 시조 박혁거세의 부인인 '알영 황녀'를 추모한데서 비롯됐다는 설

밀양 사또의 딸 '아랑'에서 유래되었다는 설

아리랑(我離郎) 즉 "내(我) 사랑하는 낭군(郎)과 헤어진다.(離)"

중국어(中國語)에서 온 암호로 아가씨의 뜻

내용 풀이

남존여비사상에 힘들어하던 女人네들에 심경

한 맺힌 女人의 슬픔과 한

民衆생활의 순간순간의 비애와 애환을 반영

앞으로 '아리랑, 쓰러랑'에 대한 연구가 더 필요하겠지요. 반가웠습니다. 안녕히 가십시오. 다시 만날 날을 기약하겠습니다!

"문화열차승객 여러분, 다 탑승하셨죠? 이제 여러분은 당신의 배꼽이 얼마나 아름답고 자랑스러운 것인지를 그리고 여러분의 조상이 얼마나 대단하신 분들이셨던가를 아셨을 것입니다.

다음 역 또한 처음으로 개통되는 자랑스러운 대표아리랑문화역입니다. 역을 통과하며 할자아리랑→의(衣)아리랑→식(食)아리랑→죽(住)아리랑 그리고 문자아리랑 순으로 여행하시면 됩니다. 그러면 맨 마지막 여행을 앞두고 여러분은 틀림없이 여러분의 목적인 정체성이 가득한 배꼽을 찾으실 것입니다.

끝까지 '힐링 코리아 첫 번째 배꼽이야기'라는 티켓을 보여주시면 됩니다. 그러나 여러분은 이번에 큰 지뢰 하나를 꼭 제거하셔야만 합니다. 그래야 세상을 제대로 볼 수 있고 우리의 문화들이 제 모습을 갖고 여러분 앞에 나타날 것입니다. 그것은 '오리엔탈리즘'이라는 지뢰이지요. 여러분의 건투를 빕니다. 그럼 하차하십시오."

'자랑스러운 대표아리랑문화'

자랑스러운 우리 아리랑겨레는 인류 최고의 아름다운 문명과 문화를 개척할 뿐만 아니라 길(ROAD)도 개척하여 인류의 개화를 이룹니다. 우리 겨레가 가는 곳이 길이 되어 인류의 문명개화를 이루게 되는 것이지요. 또 아니라구요?

💡 여기서 우리가 꼭 알아두어야 할 것이 있지요. 바로 서양이 심어놓은 '오리엔탈리즘(Orientalism, 동양적인 것)의 덫'입니다.

산업혁명을 이룬 서양은, 먼 옛날부터 동양의 젖을 먹고 자랐던 올쟁이 적 생각을 까맣게 잊고 세상의 중심에 서양을 놓고 **서양**은 아주 고귀하고 품위 있는 인종으로 묘사하면서 서양과 멀어질수록 **열등하고 비이성적이고 폭력적**이라는 잘못된 고정관념을 심어놓습니다. 즉 서양 > 근동(近東) > 중동(中東) > 극동(極東)아시아 라는 잘못된 문명의 공식을 지어냅니다.

이렇게 '극동아시아'(한국)는 서양에서 가장 멀리 떨어진 세계로서, 중국의 왜곡된 사서(史書)와 일본제국주의의 왜곡된 정치선전에 가려져, 전 세계에서 가장 열등한 단어가 되어 **미개하고 무식하여 정복되어야 하고 지워버려도 된다**는 정당성을 얻게 되어 선진문명국이며 지구에서 최고의 지능을 갖고 있는 **한국은 스스로 멸시를 당연시하며 자신의 본 모습**(identity, 정체성)을 모르고 살아가게 된 것입니다. 이렇게 되어 **역사의 주인과 객이 뒤바뀌게** 되었던 것이었지요!

따라서 오리엔탈리즘을 극복하지 않고서는, **역사를 보는 프레임**(틀)을 바꾸지 않고서는 도저히 인류사를 바로 볼 수 없다는 말입니다. 우리가 별 생각 없이 쓰고 있었던 오리엔탈리즘(동양적인 것: 역사가 짧고 문화가 없어 미개하고 무식하고 더러운)이라는 말 속에 이러한 저주의 덫이 숨겨져 있었습니다.

사실은 먼 옛날 상고시대의 문명은 **동양에서 서양으로 거의 일방적으로 흘러갔다**고 해도 지나친 말이 아니라고 합니다. 동양의 높은 문화가 입수되기 전까지 서양의 문화란 보잘 것 없는 수준이었지요.

동양의 뛰어난 문명이며 인류의 4대 발명품으로 알려진 **나침반, 활자, 화약, 종이, 활자술** 등은 고구려의 후예인 **고선지**(高仙芝)가 개척한 실크로드를 통하여 서양으로 흘러들어가 서양은 문명의 대중화를 맞게 됩니다. 그리하여 **종교개혁, 르네상스, 산업혁명**의 원동력이 되었으며 나침반에 의해 해로(sea road)가 개척됨으로 서양의 근대문명을 발전시킬 수 있었던 것이지요.

그러하기에 실크로드를 개척한 고구려 후예 고선지 장군은 서양의 **알렉산더 대왕**보다 더 높이 평가되고 있고 심지어 '유럽문명의 아버지'로까지 추앙받고 있을 정도이지요. 영국의 고고학자 오렐 스타인(Aurel Stein)은 "고선지의 업적은 한니발과 나폴레옹을 뛰어 넘는 것이다."라고까지 그의 문명사적 업적을 높이 평가했습니다. 연대 사학과 지배선 교수 또한 적어도 나침반과 종이가 고선지에 의해 전파되었음을 주장합니다.

고선지의 실크로드
〈출처: 인벤〉

✓ 어느 분은 이렇게 말합니다.

"고선지는 **당나라의 개**(dog)가 되어 **당**(唐)을 위한 일을 했을 뿐이라고!" 그래요! 그렇지만 살아남은 **고구려유민의 생명을 지켜야만** 했던 지도자로서의 눈물과 그의 몸속에 우리와 같은 **대고구리**(려)**의 피가 흐르고 있었다**는 사실을 인정할 수는 없을까요? 그렇게 고구려유민들은 아리랑겨레의 맥박이 뛰고 있었기에 '**돌아올 수 없다**.'(Never return!)는 뜻의 사막인 **타클라마칸 사막**(Takla Makan Desert 37만 km²)을 뚫고 세상 사람들이 불가능하다고 여겼던 **해발 5000M 이상**

의 세계의 지붕 파미르 고원을 넘어 동양과 서양의 세상을 이어 놓습니다. 이것이 바로 우리의 조상이 피로 이루어 놓은 실크로드(SILK ROAD)입니다. 우리가 작은 생각으로 아니라고 버리면 남이 되는 것이고 같은 피로 껴안으면, 우리의 조상이 되고 우리의 문화가 되고 우리의 영광이 되는 것 아닙니까? 이러한 고선지의 아리랑정신이 이어져 오늘날 세계가 불가능하다고 생각하는 많은 것들을 한국이 이루어 내고 있는 것은 아닐런지요!

세계의 지붕 파미르 고원(흰 머리산) 〈출처: 포토로그ubo〉

그럼, 지금부터 우리 조상이 인류에 무슨 문화를 남겼는지, 그리고 한국의 성공을 있게 한 조상의 아리랑문화의 저력은 어떤 것이었는지 하나하나 알아보겠습니다.

☯ 활자(活字) 아리랑, 찬란한 기록정신

⇨ 서기 1999년 12월 어느 날. TV 9시 뉴스 아나운서의 멘트가 나의 관심을 끌었습니다.

"2000년이 가기 전, 세계의 과학자들이 모여 '과거 2000년 동안 인류가 발명한 물건 중 가장 위대한 발명품이 무엇이겠는가?'를 선정하였는데 시청자 여러분은 과연 무엇이라고 생각하십니까?"라는 다소

흥분 섞인 물음이었습니다. 아마 손석희 아나운서였을 것입니다.

나는 반사적으로 '컴퓨터'라고 생각했었죠. 나름의 100% 확신을 갖고 말입니다.

그러나 아나운서는 잠시 머뭇거리며 마치 우리의 의식을 비웃는 듯 '그것은 금속활자(metal printing type)입니다.'라는 것이 아니겠습니까? 나는 놀라움과 동시에 순간 쾌재를 부르고 주먹을 높이 쳐들었던 것으로 기억납니다. 그 전 1997년에도 미국의 「라이프」지 또한 지난 1000년간 인류의 최대 발명품으로 '금속활자'를 선정한 바도 있습니다.

그렇습니다! 금속활자의 발명은 인류 역사에 가장 큰 영향을 준 100대 사건 중 '1위'로 꼽힌 것입니다. 세계의 과학자들도 현대 문명 발달에 끼친 최고의 공으로 망설임 없이 '활자와 인쇄술'을 선정한 것입니다. 인류의 지식정보의 새 패러다임의 구축을 바로 우리 조상님들이 하셨던 것이지요. 지금의 IT기술의 원천기술이었습니다.

인쇄술과 활자 더구나 금속활자(金屬活字)는 우리 겨레(결+에: 물결처럼 기쁨과 슬픔의 결을 이루며 같이 살아온 사람)의 발명품이 아니겠습니까?

문화의 혁명, 팔만대장경 목판본
〈출처: 한국민족역사연구회〉

그러면, 세계에서 가장 오래된 인쇄물은 어느 나라의 무엇일까요?
그것은 바로 「무구정광다라니경」(751)입니다. 우리나라는 인쇄의 종주국이지요. 최고의 문화종주국임을 입증하는 것입니다. 설령 세계4대 발명품에서 나침반이나 화약, 종이문화를 중국이 우겨 빼앗긴다 해도 이 셋보다 더 가치 있는 것이 '활자인쇄술'입니다. 그렇다면 이 최고의 문명을 만든 나라가 종이와 화약, 나침반도 자연스럽게 만들었다는 것을 여러분은 이상하다고 생각합니까?

무구정광다라니경 〈출처: 두산백과〉

경주 불국사 3층 석탑(다보탑)에 매장되어 있었던 것으로, 국보 126호로 지정·복원되어 현재 국립중앙박물관에 소장되어 있는, 서기 706년~751년 사이로 추정되는 인쇄물(목판)입니다. 흔히 「다라니경」으로 불리고 있죠. 얼마 전까진 세계 최초의 활자 인쇄물은 영국의 고고학자 스타인이 중국의 돈황에서 발견한 「금강반야바라밀경」이었습니다. 서기868년에 발행된 것으로 우리의 「다라니경」 인쇄물은 그보다 120년 이상이나 앞선 것입니다.

또한 세계에서 가장 오래된 금속활자인쇄물은 무엇일까요?
구텐베르크의 「바이블」(1455)이라고요? 아닙니다!
기록상 세계 최고(最古)의 금속활자 인쇄물은 「상정고금예문」(1234)이며, 현존하는 세계 최고본은 「직지심체요절」(1377)입니다. 고려시대 고승인 백운경한화상이 펴낸 「직지심경」은 유네스코 세계기록유산에 등재되어 있는 자랑스러운 우리의 유물이지요. 그러나 「직지」보

다 138년 이상 앞선다는 「증도가」가 새롭게 밝혀지면서 우리의 금속
활자 인쇄역사를 끌어올리며 새롭게 유네스코 등재를 추진하고 있다
고 합니다. 또한 구텐베르크가 발명했다는 금속활자도 단지 고려기
술을 전승한 것으로서 진정한 고유의 발명품이 아니었음이 인쇄문화
의 세계적 권위자 토마스 카터를 비롯한 많은 전문가들에 의해 밝혀
집니다.

직지심체요절   남명천화상송증도가
〈출처: 종이향기헌책방〉   (보물 제758호) 〈출처: 문화재청〉

    그러나, 세계가 감탄하는 기록물과 기록문화체계를 가지고 있음에
도 독일이 우리보다 기록문화의 이름을 날리는 이유는 무엇일까요?
    그것은 독일이 현재 세계 최다(13가지) 기록문화유산 보유국이기 때
문일 것입니다. 그러나 많은 전문가들은 그들의 유산이라는 것이 구
텐베르크의 바이블, 벤츠 설계도, 베토벤의 악보, 베를린 장벽 붕괴
에 관한 기록, 실린더 레코딩 음악(1893~1952) 등 단순히 문화사적 의
미를 인정받은 것들로 고유한 창조성이나 기록 자체의 우수성은 결
코 아닌 것들이라고 합니다.
    이에 비해 조선왕조는 임금님의 비서실인 〈승정원〉에서 임금님에
게 올릴 각종 보고서, 임금이 내린 하명서나 온갖 정무 자료 등을

1910년까지 500년을 기록합니다. 임진왜란 때 불타 반 정도의 자료가 소실되었지만, 288년 분량 2억4천250만 자, 세계 최대의 연대 기록물로서의 가치를 인정받아 2001년 9월 '유네스코세계기록유산'으로 등재됩니다.

💡 그렇다면 우리의 기록문화의 성격은 어떠하였을까요?
「조선왕조실록」「승정원일기」「일성록」에는 우리 겨레의 기록문화의 성격이 너무도 잘 드러나 있는데, 이를 허형도 서울대 중문과 교수는 「강연 녹취록」에서 이렇게 밝히고 있습니다.

'임금께서 출근하시면 젊은 사관(정8~9품)이 달라붙어 임금의 공식적·비공식적 업무에서의 대화와 행동 하나하나 일거수일투족 전부 기록으로 남깁니다. 그것이 조선의 법입니다. 그날 저녁 사관은 집에 가져가 정서를 하는데 이를 사초(史抄)라고 하지요. 조선의 임금은 이것을 볼 수도, 고칠 수도 없습니다. 젊은 사관이 객관성과 공정성을 갖고 역사를 기술하게 하기 위함이지요. 임금이 승하하시면 '왕조실록편찬위원회'를 구성하여 내용 하나하나를 점검·확인하고 아무도 수정하지 못하도록 활자본으로 4부를 작성합니다. 이렇게 기록한 것이 500년 동안 6400만 자입니다. 많은 임금들이 보고자 했으나 이를 지켜 주었습니다. 그만큼 역사와 백성에 대한 신뢰를 지켜 준 것이지요. 다만 중종이 이를 어겼음을 사관은 어김없이 실록에 남겼습니다. "상(중종)이 실록을 보았다."라고! 이렇게 후손이 모든 사실을 알도록 했습니다. 백성을 나라의 주인으로 생각했기에 이러한 철두철미

한 기록이 나올 수 있었던 것이지요.'

⇨ 이것이 조선왕조실록(朝鮮王朝實錄)입니다.

조선왕조실록
〈출처: 함께 공부하는 국사능력검정시험〉

➡ 또 「승정원일기」의 이런 기록을 소개합니다.

조선시대 왕명(王命)의 출납을 관장하던 승정원에서 날마다 다룬 문서와 사건을 기록한 일기라고 합니다.

어떤 사관이 임금과 신하의 오랜 토론을 지켜보고 '상(임금)께서 자세가 불안하시다.'라고 썼습니다. 그때 이를 보신 임금이 "그런 것은 적지 마시오." 하시자 사관은 "예"라 답한 후 곧바로 '상께서 적지 말라고 하신다.'라고 덧붙인 기록입니다. 후손에게 바른 역사(歷史)를 남겨야 한다는 투철하고 엄격했던 정신을 알 수 있을 것 같지 않습니까?

그러나 중국과 일본은 역사를 왜곡투성이로 기록하여 무엇이 진실인지 모르게 합니다. 그것도 모자라 남의 역사마저 왜곡을 합니다. 언제나 우리가 기록하면 그들은 찢고 불태워 없애고 왜곡해 놓습니다. 역사의 기록이 무슨 의미인지 모릅니다. 하늘이 두렵지 않은 까닭이지요. 역사(歷史)의 중심민족이 아니라 근본도 알 수 없는 변두리민족이었기 때문입니다. 자신들의 역사가 내세울 것이 없고 부끄럽기 때문입니다. 군자의 밝은 마음이 아니고 이익을 생각하는 **치졸한 장사 아치의 마음**입니다. 천손의 당당함이 아니었기에 한족에게 치졸하기 그지없는 역사기술법인 휘치필법(P127)이 있는 것이지요. **종들의 천박함**입니다.

　반면 우리는 천손민족이기에 조상(하늘)이 내려다보고 있음을, 언젠가 하늘로 되돌아갈 것을 알기에, 태양처럼 환하게 객관적인 기록으로 남겨 조상에게 역사를 보고하고 후손에게 밝은 교훈이 되도록 기록하면서 잘 한 일은 후손으로 하여금 귀감(龜鑑)이 되게 하고 잘못한 일은 전철을 밟지 않도록 했던 것이지요. 역사의 주인으로서 후손을 향하는 진정한 사랑의 표현이었습니다.

⇨ 이러한 한국인의 정신이 나타난 것이 바로 **「승정원일기」**(承政院日記)입니다.

서울대 규장각의 승정원일기 서가 〈출처: 경주박물관대학제25기 공기회〉

➡ 더욱 점입가경인 것은 하루를 반성하면서 쓴 임금의 일기가 우리에게 있다는 것입니다. 제왕의 일기이지요. 정조 때부터 150년 동안 임금의 걱정거리와 생각, 후회, 계획 등을 국방, 경제, 교육 등으로 체계를 갖추어 조목조목 기록했습니다. 세상 어느 나라에 국가를 걱정하고 백성을 근심하며 쓴 제왕의 일기(THE KING'S DIARY)가 어디 있습

니까! 이것은 아리랑의 나라이기에 가능할 수 있었던 문화였습니다.

⇨ 이것이 우리의 「일성록」(日省錄)입니다.

규장각의 일성록
〈출처: 올바른 역사를 사랑하는 모임〉

역사 앞에서 소름끼치도록 당당했고 아리랑겨레였습니다.

명(明)이나 청(淸), 베트남, 일본과 같은 나라에도 기록문화나 실록이 있다고 하는데, 우리의 「실록」에 비하면 유치원 수준에 불과하답니다. 이러한 차이가 조선의 역사이며 정신이었습니다. 이 조선의 역사와 정신을 후손에 남기기 위해서 우리의 선조는 기록을 했던 것이지요. 그것도 하늘을 우러러 한 점 부끄러움이 없이 사실대로, 그리하여 세계는 우리의 이러한 기록문화에 경탄을 하면서 인류의 보물로 인정하고 유네스코 세계문화유산에 등재하게 된 것입니다.

✔ 예전에 학교에서 저는 이렇게 배웠습니다.
"우리 선조는 우월한 것을 남에게 가르쳐 주길 꺼리는, 속 좁은 생각으로 기록을 남기지 않았기에 우리에게 남겨진 문화가 없다."라고.

그러나 이러한 말은 일제에 의해 세뇌되고 왜곡된 잘못임을 곧 알게 되었습니다. 그렇게 불태워지고도 그렇게 도난당한 것을 **빼고도 세계에서 가장 많은 기록유산을 남긴 민족**이기 때문입니다.

⇨ 그런데 2011년 4, 5월에 이어 2013년 우리나라 기록문화에 겹경사가 찾아 들었네요. 1866년 병인양요 때 저 프랑스에게 약탈됐던 외규장각도서인 **『조선왕조의궤』 297권**'이 '대여'니 '임대'니 하는 꼬리표를 달았지만 후손의 무능함을 질타하고 144년 만에 우리에게 돌아온 것과 더불어 2013년 6월, 국보76호인 「난중일기」와 「새마을운동기록물」이 유네스코 세계문화유산에 새롭게 등재됨으로써 작은 우리나라가 세계기록문화유산 아시아 최다보유국이 된 사실입니다.

「훈민정음」과 「조선왕조실록」(1997), 「직지심체요절」과 「승정원일기」(2001), 「고려대장경판」과 「제경판」, 「조선왕조의궤」(2007), 「동의보감」(2009), 「일성록」과 「5.18기록물」(2012)에 이은 11번째 선정입니다.

이렇듯 우리나라는 가히 기록의 나라입니다.

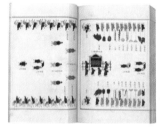

조선왕조의궤 〈출처: 국립중앙박물관〉

그러나 역사는 조상이 만들어 놓은 것이지만, 그것을 어떻게 보존하고 지켜내느냐 하는 것은 현재를 이어받은 우리 후손의 몫이 아닐까요?

세계에서 가장 오래된 금속활자 인쇄본인 「직지」를 찾아내어 그 가치를 증명하고, 「조선왕조의궤」의 발견 및 국내반환에도 결정적인 기여를 했던 **재불사학자** 고 **박병선**(1923~2011) 박사를 그리워합니다. 우리 문화유산을 찾아지키려는 그녀의 조국애와 열정이 없었더라면 이는 불가능했을 것입니다. **사랑합니다! 사랑합니다!**

아리랑 겨레답게 인류의 4대 발명품 중 으뜸인 활자와 인쇄술도 최초로 발명하여 인류의 문화혁명을 일으켰던 한민족!

바보의 나라가 이렇게 기록으로 남겨 후세의 평가를 받으려 하겠습니까? 어떻습니까! 이래도 우리 조상의 나라를, 우리 조상님을 무시하시겠습니까? 무섭도록 아름다운 문화민족이었습니다. 이러한 정신문화로 다스렸기에 세우는 나라(환국, 배달국, 고조선, 고구려, 백제, 신라, 고려, 조선)마다 다 500년 이상을 이어올 수 있었던 것이지요.

☯ 의(衣, clothes) 아리랑, 문화의 품위

어서 오십시오! 여러분의 화려하고 멋들어진 옷차림을 보니 조상의 유전자는 어쩔 수 없음을 느낍니다!"

인류에 있어 의식주(衣食住)는 문화의 시작이라고 해도 과언이 아니지요. 우리의 옷문화는 인류에게 인간다운 또다른 많은 문화를 파생시킵니다. 그만큼 중요한 문화이지요.

▷ 고려의 학자 이암(李嵒)(1297~1364)은「단군세기」에 귀한 기록을 남겨 후손에게 전합니다. "고조선 1대 왕검 재위 시 비서갑의 **하백녀**를 거두어 아내로 삼고, 누에치기를 다스리게 했다."

이러한 기록으로 보아 이미 **고조선 이전**부터 비단과 직조기술에 의한 의류가 있었음을 알 수 있습니다. 풀이나 나무껍질로 만든 엉성한 옷이나 동물의 가죽으로 만든 기초적인 의류와 비교한다면, **비단의 생산은 당시 첨단에 속하는 획기적인 직조기술**이었습니다.

⇨ 지나인(중국)의 「구당서」(舊唐書)에 이런 기록도 보입니다.

백제국은 마한의 옛 땅이다. 그 백성들은 서쪽에서 뿌리를 내리고 살았으며, 곡식도 심었고 **양잠도 했으며** 목화도 심고 무명옷도 만들었다.

또한 「후한서」,「삼국지」에는 목화를 처음 재배한 국가는 백제라는 기록도 있습니다. 아마 어떤 이들은 목화는 **고려 충렬왕 때 문익점……?** 이렇게 의아해 하시겠지만,

여기서 말하는 백제는 **서백제**, 그러니까 지금의 중국 **하남성과 산동성**을 거점으로 한 중원에 있었던 백제를 말합니다.

⇨ 한글학자이며 노사학자이신 강상원 박사님은 문익점이 목화씨를 품에 숨겨(훔쳐) 가져왔다는 일은 일제와 매국노 이병도에 의해 조작된 것으로서 우리 **한국의 역사를 축소·왜곡**하여 **한국인으로 하여금 문화적 열등감에 젖게 하는,** 씻을 수 없는 수치감을 안겨준 사건이었다며 울분을 토하십니다.

우리 선조에게 가장 아름다운 꽃 목화(木花)

그리고 우리가 흔히 옷감을 짤 때의 재료를 말하는 실(sil)이라는 단어 자체가 **원래 동이족의 언어였던 산스크리트언어**(Sanskrit language: 세련된, 순화된, **정제된 단어**라는 뜻으로 실담어, 범어라고도 함)**인 실(sil)에서 나온 것**으로서, 먼 옛날 지금의 한국으로 오기 전, 우리의

처음 조상이 히말라야에서 산스크리트언어를 썼던 단어였으며 실크 또한 '실을 켜다, 실을 끈다.'에서 나온 산스크리트어였으며 지금의 경상도, 전라도, 북한지방에서 토속사투리로 이어져 오고 있음을 「한자는 동이족의 문자 주석」을 비롯한 그의 저서에서 발표합니다.

이렇게 우리 겨레는 옷감의 재료인 실을 만들어 내었던 민족입니다.

선조의 인고의 정성
실 켜기 〈출처: 문화재청〉

➡ 지금부터는 비단에 대한 지나의 기록을 더 들어보기로 하겠습니다.

"(동이는) 삼 재배법을 알았고 누에를 키우고 면포를 지었다."(知種麻 養蠶 作縑布)「후한서 권 85 동이열전」 —예(濊)조

"(부여는) 나라에서는 흰옷을 숭상했으며, 면포로 된 소매, 저고리, 바지, 그리고 가죽신을 신고 나라밖으로 나갈 때에는 금실과 비단으로 수놓은 융단으로 치장했다."(在國衣尚白 白布大袂 袍 褲履革鞜 出國則尚繒繡錦罽계)「삼국지 위서 동이전」 —부여(夫餘)조

"(마한은) 구슬 목걸이를 보배로 삼는데, 혹은 구슬을 옷에 꿰메어 장식하고, 혹은 목에 걸기도 하고, 귀에 매달기도 한다. 금은 비단은 보배로 여기지 않는다."(以瓔珠為財寶 或以 綴衣為飾 或以縣頸垂耳 不以金銀錦繡為珍)「삼국지 위서 동이전」 —마한조

"(고구려는) 시월이 되면 하늘에 제를 올리는 큰모임이 있는데 이름

하여 동맹이라 한다. 이 모임에서 **참가자 모두는 비단옷을 입고 금은으로 몸치장을 한다.**"(以十月祭天 國中大會 名曰東盟 其公會衣服皆**錦繡金銀以自飾**)「삼국지 위서 동이전」 -고구려조

우리옷의 꽃다운 옷맵시 〈출처: 진주 비단〉

또한 신라가 최초로 누에를 짜서 비단을 생산한 나라라는 기록이 중국의 고서인「유양잡조전집」에 이렇게 나옵니다.

"**신라국의 제일 귀족은 김 씨인데, 먼 조상은 김방이이다.** -중략- 사방 1백 리 내에 온통 누에가 날아들어 모였다. 그래서 '비집기가 국'이라 하였다. 그리하여 사람들은 엄청난 누에로 그를 **누에의 왕**이라 하였다."(**新羅國**有第一貴族金哥其遠祖名旁源 -중략- 四方百里內**蠶飛集其家國**人謂之巨**蠶**意其**蠶之王也**)

이렇듯 많은 지나(옛 중국)의 사서들은 고조선의 후예국인 부여국은 물론 고구리(려) 등이 한결같이 비단으로 복식하는 높은 문화수준을 영위했음을 기록하고 있습니다.

또한 누에를 키울 수 있는 지역이 바로 동이인이 점거하고 있었던 대륙 동부해안의 고조선 지역이라고 생각하면 비단을 생산했던 나라가 적어도 중국(의 왕서방)이 아닌 우리였음을 쉽게 이해하실 것입니다.

사돈댁에서 보내온 비단실 청실홍실

💡 그리고 우리가 많이 듣던 방이설화에서 잃어버린 우리의 문화를 상고사학회 고 이중재 회장님은 찾아냅니다.

신라(新羅)는 처음 비집기가국 즉 '누에나방이 날아와 집이 모인 나라'라는 뜻으로 태어난 국가입니다.

옛날 김방이의 손자 김추(金錐)는 양잠업으로 성공하고 비단까지 생산하여 큰 부자가 됩니다. 김추는 한민족의 상징인 알(卵)로 태어나 하늘에서 내려오는 천손하강형 화소(話素: 이야기를 구성하는 최소 단위)를 띄며 신화로 재구성되어 왕(干간)이 되지요.

단군의 자손이라는 뜻을 이어 **밝은 땅, 붉달, 동방민족, 배달민족**의 상징인 **붉**(밝다, 朴)을 **성씨**로 하여 **신라의 시조**가 된다고 합니다. 그리고 **신라**(新羅), **새로운 실**(비단)을 **짜는 나라**라는 명칭으로 나라를 세웁니다. 그리고 닭이 매일 알을 낳는 것을 매일 **태양을 낳는다** 하여 '**닭**'(鷄, 계)을 **나라의 상징**으로 합니다. 그래서 나라이름을 '계림'(鷄林)이라고도 했습니다. 옛날 까마귀나 까치 같은 **검**(굼=神)은 새나 닭 같이 매일 알(해)을 낳는 새는 천손을 상징하였다고 합니다.

그리고 **태양 같은 왕**(干, 한, 칸, 우두머리)으로 **밝게 세상을 빛낸다**(赫)! 하여 '**거서간 박혁거세**'(朴赫居世)라 했음을 말씀하십니다.

KBS-TV 역사스페셜 〈황남대총의 비밀〉에서도 방영되었듯 옛날 초기 신라는 지금의 경상도가 아닌 중국의 서(西)북쪽인 섬서성, 예전의 실크로드(silk road)라는 곳에서 처음 생성된 나라로서 비단을 생산해 살았던 데서 유래된 명칭이었음을 밝힙니다.

비단(silk)하면 **중국 왕서방**이라고 생각할 터이지만, 우리는 이미 그들보다 **훨씬 오래 전 비단을 생산한 원조국**이었답니다. 우리가 역사를 잊었기에 그 속의 의류문화의 뿌리를 잃고 만 것입니다.

이렇듯 **방이설화**에는 구석구석 우리 한민족의 특징이 엿보이고 있습니다. 그리고 김방이 설화는 훗날 우리의 흥부전**의 근원설화**로 다시 모습을 보이고 있습니다.

◆ **어릴 적 어머니에게 들은 이야기 한 편을 소개해 드립니다.**

"[1]**옥황상제**(玉皇上帝)가 다스리는 하늘나라 궁전의 은하수 건너에 부지런한 [2]**목동**(牧童)인 견우(牽牛)가 살고 있었대. 옥황상제는 견우가 너무도 부지런하고 착하여 손녀인 직녀(織女)와 결혼시켰단다. 그런데 결혼한 견우와 직녀는 너무 사이가 좋아 견우는 농사일을 게을리 하고 직녀는 베 짜는 일을 게을리 했지. 그것을 본 옥황상제가 크게 노하여 두 사람을 은하수의 양쪽에 각각 떨어져 살게 하였단다. 견우와 직녀는 은하수를 사이에 두고 서로 애만 태울 수밖에 없었지요. 그런데 이 부부의 안타까운 사연을 알게 된 [3]**까마귀**와 **까치**들은 해마다 [4]**칠석날**에 이들이 만나도록 하기 위해서 **하늘로 올라가 다리를 놓아주니** 이 다리가 바로 **오작교**란다. 그리고 그날 견우와 직녀의 발에 밟혀 까마귀 머리의 털이 뽑히게 되고 그래서 지금 흉하게 되었단다."

견우와 직녀

옛날, 엄마나 할머니께서 들려주시는 '견우와 직녀'의 이야기를 애틋하고 안타까운 마음으로 눈물을 글썽이며 들은 적이 있을 것입니다. 지금 중국은 많은 곳에 '견우와 직녀상'을 세우고 견우와 직녀의 이야기를 중국의 중국문화재로 등재하면서 자기의 문화임을 당연시 하고 있습니다. 아리랑이 이미 중국의 민요가 되었듯 말입니다. 우리는 역사를 잊었기에 지금 많은 문화를 빼앗기고 있습니다.

◐ 그렇지만 이 설화 곳곳에는 우리 민족의 특성을 알 수 있는 근거가 드러나고 있지요.

우선 ¹옥황상제

'상제'(上帝)란 우리 동방의 신교문화에서 하늘님, 하느님, 하나님으로 불려진 호칭으로서, 훗날 도교와 유교에 영향을 주는 말이지요. 「시경」(詩經), 「서경」(書經), 「역경」(易經, 「주역」)에도 나오는 것으로 특히 「역경」(주역)에는 제출호진(帝出乎震) 성언호간(成言乎艮) 즉 "상제(帝)는 진방(震方) 즉 동쪽에서 나오고 모든 진리의 말씀은 간방(艮方)인 동북쪽에서 이루어진다."라고 하여 상제가 저 한족이 아닌 동쪽의 우리를 뜻하는 말이지요.

훗날 가장 높은 하늘이라는 '옥황'이 덧붙여진 말로 큰 임금님, 대우주의 통치자 등으로도 불리는 우리 민족에게 최상의 신의 호칭입니다. 가야의 「가락국기」(駕洛國記)에서는 '황천'(皇天)이라 말하기도 했던 개념입니다.

우리는 천손민족으로서 처음 제단을 쌓고 하늘에 천제(天祭)를 최초로 올렸던 천제국(天帝國)입니다.

이미 고조선(서기전 2333)과 부여 및 삼한 당대까지 옥황상제가 모셔졌는데 그것이 '참성단'입니다. 고구려는 '동맹'(東盟) 의례를 치렀고, 백제 또한 천지에 제사지냈음이 「삼국사기」에 기록되어 전합니다. 여기에 '영성제(靈星祭), 일월제, 오성제'(五星祭)까지 고려한다면, 우리의 하늘신앙은 매우 다양하였음을 알 수가 있을 것입니다.

그러나 중국은 겨우 진(秦, 서기전 259~서기전 210)과 한(漢, 서기전 202~서기전 220) 등에 와서야 지내게 되며 그것도 '동북(東北)쪽, 즉 간방(艮方)을 향하여 제(望祭망제)를 올림'은 무슨 까닭이었을까요? 바로 그들의 동북쪽에 그들이 섬기는 천제의 나라가 있었기 때문입니다.

사실 중국인이 '천하제일경', '천하제일문', '천하……' 하면서 천하라는 말을 즐겨 쓰고 으스대지만, 그들의 '천하'(天下)란 글자 그대로 하늘 아래를 말하는 것으로서 하늘(천제의 나라, 한국) 아래에서 최고라는 뜻이지요. 이렇듯 그들은 언제나 하늘(한민족) 아래 민족으로서 우리(하늘 한국)의 가르침을 받고 지낸 민족이었음을 은연 중 드러내는 표현을 하고 있음을 알 수 있습니다.

다음, ²목동(牧童)과 견우는

아시다시피 유목민의 특징이 남아있는 단어 아닙니까? 우리의 몸속에는 먼 옛날 중앙아시아에서 양과 사슴과 소와 말을 목축하면서 때로는 순록을 이끌고 동쪽으로 이동하여 만주와 백두산에 정착합니다.

그래서 **부여나 고구려**의 부족연맹체 이름도 '**마가**(말, 馬加), **우가**(소, 牛加), **저가**(돼지, 猪加), **구가**(개, 狗加) **양가**(양, 羊加)'의 **가축이름**으로 지었던 것이며, 윷놀이에서도 '**도**(돼지), **개**(개), **걸**(양), **윷**(소), **모**(말)'라 하여 변화를 부렸던 것입니다. 돼지를 제일 즐겨 했었는지 부여고분의 근 50%에서 고분뚜껑 위에 **돼지머리**를 올렸다고 합니다. 지금의 돼지머리고사의 기원입니다.

목동이란 수시로 변하는 믿을 수 없는 땅보다 **항상 변함이 없는** 하늘의 별을 믿고 따라야 하는 법이지요. 그래서 하늘을 보며 헤아리며 무리를 이끌었고 언제나 **변함이 없는** 북극성과 북두칠성을 겨레의 별로 정하고 별들을 관찰하고 연구하게 된 것입니다. 세계 최초의 별자리지도인 〈천상열차분야지도〉가 나오게 된 것도 결국은 우리의 유목민의 속성에서 비롯된 것이지요. 이렇게 유목에 뿌리를 두었던 우리는 하늘의 변화에 우리의 생명줄이 달렸음을 알기에 '**천제문화**'(天祭文化)**를 탄생**하게 되었던 것입니다.

그러나 옛날의 중국은 금성(샛별)을 그들의 별로 정하고 살던 농경민족으로서 이러한 유목민의 특징과는 맞지 않고 있지요.

³까마귀와 까치는

하늘을 나는 새입니다. 예부터 새는 **천손민족**을 상징하는 것으로서 우리는 '**봉황**'(鳳凰), 또는 '**대붕**'(大鵬)을 민족의 새로 정하고 모자에 새의 깃털을 꽂아 천손임을 자랑스럽게 드러내었습니다.

또한 **까마귀와 까치는 검**습니다. 검은 **굼**으로서 **신**(神)이기에 검은 새는 신조(神鳥)라 하는 것이죠. 이렇게 옛 중국이 죽음의 색으로 여겼던 **검은 색을 우리 겨레는 신성시하고 좋은** 의미로 써 왔습니다. 임금님 용상 앞에 까는 돌을 '**전돌**'이라 하여 검은 색 돌을 깔아 신의 영역임을 상징하였고, 그래서 **고구려는 태양신을 검은 색** 삼족오로 상징화합니다.

그리고 **까마귀와 까치는 새로서 '알**'을 낳습니다.

알은 곧 해인 것이죠. 그래서 **신라 또한 닭을 신성화**합니다. 닭은 매일 **해**(알)를 낳습니다. **영원을 상징하는 새**라는 것이죠. 그래서 **신라는 수도를 닭 계(鷄)자를 써서 계림(鷄林)**이라 하였던 것입니다. 이처럼 **까마귀와 까치는 천손민족을 상징하는 새**인 것입니다.

까마귀를 흉조(凶鳥)라 하는 것은 한국의 장대한 역사를 지우려는 일본의 농간이었지요. 반면 **일본은 까마귀를 신조**라 하여 오히려 영물로 취급하고 있으며 그들 일본의 **축구협회의 앰블런으로 1920년대에 정하여 지금까지 내려오고 있습니다.**

참 여러분, 새 중에서 **IQ가 제일 높은 새가 까마귀**인 것을 아십니까? 까마귀는 도구를 만들 수 있는 유일한 새라고 조류학자들은 말합니다. 지구상에서 **머리가 가장 좋았던 한국인**과 함께 역사를 해서인지 새마저 머리가 좋았으니, 그래서 이 땅을 최고의 것들이 나오는 신성한 곳이라고들 했던 것이지요! 까마귀를 잊는 것은 고조선 이전의 역사를 지우는 것입니다.

　칠석날은

음력 7월 7일로 우리의 세시 명절의 하나입니다.

저녁 무렵에 해와 달이 동시에 떠 있어 음과 양의 기운이 똑같으니 길일(吉日)로 여겨져 생산을 위한 날, 즉 남녀의 **교접을 위한 날**로 인식되어 내려오는 날이지요.

⇨ 여기서 한국일보 편집위원을 역임했던 김대성 씨는 「태백일사」 삼신오제본기의 기록을 가지고 원래는 우리의 최초의 아버지 '**나반이 하늘의 강을 건너는**(여인 아만을 만나는) 날'인데 후에 **견우와 직녀가** 만나는 날로 변한 것이며 그래서 직녀성은 북두칠성보다 먼저 우리 민족의 첫 별이었다고 말합니다.

　이 날 여자들은 직녀성(織女星)에 바느질 솜씨가 늘기를 빌었고, 아이들은 견우와 직녀를 소재로 시를 지었으며, 선비들은 옷과 책을 볕에 말리기도 했고, 일반인들은 북두칠성에 장수와 복을 빌었다고 합니다.

　무엇보다 우리는 **홀수**(양수1, 3, 5, 7, 9)를 선호하는 겨레이지요. 땅(음)의 수인 짝수(음수)에 무한한 **창조적 에너지**를 준다는 (태)양의 수, 하늘의 수(天數)를 좋아했습니다.

　7은 음양(2) 오행(5)이 합쳐진 신성한 수입니다.

대만의 역사학자 서량지(徐亮之) 교수는 "동방인의 **오행관념**은 원래 **동북아에서 창시되어 계승**한 것이다."(東方人種之五行觀念. 原係創始于東北亞洲)라고 그의 「중국사전사화」(中國史前史話)에서 발표함으로써 '7'이

누가 뭐래도 생명의 탄생과 죽음을 뜻하는 우리 한민족의 수였음을
알게 합니다.

그래서 일곱 개의 북두칠성이 우리별이 되고 임금님 가시는 곳 어
디에나 용상 뒤에 일월오악도(日月五嶽圖)를 놓는 것과 칠성님, 칠성
산, 칠성바위, 칠성각, 칠성판, 칠성신화, 칠성벽화, 칠성굿거리라는
문화가 있는 것이 그 이유이며 우리의 조상이 7가지 무지개색의 '색
동옷'을 입은 것도 그런 이유입니다.

우리의 임금님 폐하
뒤에는 언제나 일월오악도
〈출차: 궁중유물전시관〉

몽골은 고구려를 솔롱고스(Solongos, Солонгос) 즉 무지개의 나라
라고 불러왔습니다. 우리의 역사서 「단기고사」는 고조선 3세 임금이
신 오사구단군의 동생인 오사달을 몽골의 왕으로 처음 책봉했던 사
실을 기록하고 있으며, 오래된 몽골의 역사서인 「몽골비사」에는 몽
골의 시조로 추앙받는 성녀 알랑 고아의 아버지가 고구려 건국 시조
인 고주몽이라 밝히고 있습니다. 그래서인지 몽골의 황후가 된 고려
여인 기황후의 훗날 몽골이름을 솔롱고 올제이 후투그 라고 한 것이
고, 징기스칸의 어머니 또한 솔롱고스인이었으니 그래서 몽골인들은
역사와 문화의 핏줄인 우리나라를 성인의 나라, 조상의 나라, 어머니
의 나라라고 불러온 것입니다. 이들이 한국을 한국이나 코리아로 부
르지 않고 유독 솔롱고스라고 부르는 것이 다 옛날 우리 겨레의 고유

한 '칠성사상'에서 비롯된 문화이지요.

또한 지금 중앙아시아나 저 남미의 칠레 등 여러 나라에서 우리의 7가지 무지개 색을 이용한 '색동옷'을 많이 볼 수 있는 것은 **우리 겨레의 고유한** 칠성사상문화의 **전파, 옛 한류였음을 알게 합니다.**

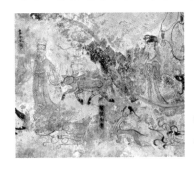

덕흥리 고분에 벽화 견우와 직녀
〈출처: The Acropolis Times〉

참고로 일본의 칠석날은 양력 7월 7일이라는데, 동양이 옛날 양력을 썼던가요? 칠석날이 일본의 역사가 아니라는 말입니다. 또한 한(漢)족에 뿌리를 둔 중국도 일본처럼 짝수를 숭상하는데 특히 '8'을 좋아 하지요. 8이 재물(돈)을 뜻한다네요! 한족은 도(道)보다도 온통 재물에 신경을 써온 민족이지요. 칠석의 7은 중국족의 숫자가 아닙니다. 그들의 별은 금성(샛별)이었습니다. 그래서 **북두칠성을 새긴 고인돌도 옛 중국의 영역에선 나타나지를 않는 것이지요.**

이렇듯 우리 천손민족의 특징을 잘 반영하고 있는 '견우와 직녀 전설'은 동북아 전역에 퍼져 있는 전설입니다. 북방의 천손국인 고조선의 영향을 크게 받은 중국은 견우와 직녀 전설을 하(夏)나라 우왕(BC 2311) 때 자기의 신화로 바꾸어 버립니다.

참고로 우(禹)는 홍수가 많았던 시절 고조선 왕검단군의 아드님이

신 부루태자로부터 '치수비법'(治水秘法)을 비롯하여 우리의 문화를 전수받아 그 공으로 저 지나의 왕(순왕 뒤의 하나라)이 된 자이지요. 「태백일사」삼한관경본기에 나옵니다. 정치의 기본덕(德)이라는 치산치수(治山治水)를 하지 못해 상국인 고조선에 한 수 배우러 온 자이지요.

특히 고구려 고분벽화 중 규모가 가장 크고 수많은 사람들이 등장하는 황해도 안악3호분의 무덤 벽화의 인물들은 화려함과 격조를 갖추고 있습니다. 여인의 머리와 옷차림에는 온갖 멋과 호사가 드러나 있습니다. 옆의 시녀들 또한 마찬가지고요. 견우와 직녀는 북한 덕흥리 고분에 벽화로 나타나 우리 민족의 정체성(identity)을 조용히 일깨우고 있습니다. 우리의 배꼽이며 신화와 정신의 원천인 만주지역을 잃고 방황하고 있는 천손민족에게 비단과 목화를 통해 당시 최고의 의류를 생산한 아리랑 민족이었음을 알게 합니다.

태국화가 Saknarith Boonlone의
히잡을 쓴 여인의 슬픈 눈
〈출처: MM. ART GALLERY〉

이러한 복식문화를 통하여, 우리는 머리에서 발끝까지 가리는 이집트의 부르카(burqah)나 이슬람 여성들의 히잡(hijab)에서의 삶을 구속하고 양성불평등의 모습이 아닌, 살아 생동하는 화려한 삶의 모습과 당당하게 삶을 즐기는 조상의 격조마저 가늠해 볼 수 있습니다.

뿐만 아니라 제사문화, 예의문화 등 많은 의식에 따라 격식을 갖춤에 따라 그에 맞는 의상이 필요했었으니, 아름다운 칼라와 디자인으로 우수한 의(衣)아리랑를 창조합니다. 겨레의 오방색(청靑, 홍紅, 흑黑, 백白, 황黃)으로 젊음과 희망(靑), 강한 생명(紅), 최상의 권위(黑), **광명과 순결** 그리고 **지조**를 표방하며 세상의 **중심**(黃)에서 자연과 우주와 하나가 되길 꿈꾸었던 선조들이었습니다. 그래서 한겨레의 **임금은 세상의 중심색인 노랑색 용포**를 입으셨던 것이지요.

또한 2011년 12월 우리의 한산모시짜기가 **인류무형유산으로** 등재됩니다.

모시는 저포 또는 저치라고도 했습니다. 모시풀 줄기를 꺾어 그 껍질을 벗기고 불순물을 제거하여서 재료로 쓰는데, 순백의 깔끔함과 세련된 질감, **매미의 날개와도 같은 투명함**은 고결한 선비나 신선의 정신적 풍모마저 느끼게 하지요. 이렇듯 **한산모시는 한민족 고유의 정체성**을 오롯이 담고 있는 옷입니다.

또한 1500년 이상을 살아 있는 전통유산으로 많은 과정을 통하여 이웃들과의 공동체 유대와 결속을 강화하는 사회·문화적 기능을 수행하고 있는 점 등을 세계인들은 높이 평가했기 때문입니다.

모시의 강도는 무명보다 8배, 아마(린넨)보다 4배로서 **단아한 형태**를 유지하기에 **땀 흡수 및 발산**이 잘되고 오히려 **물에 강해 빨아 입을수록 윤기**를 더하며 더구나 **색은 바라지 않는** 특징이 있지요. 재배에서부터 마지막 단계인 표백까지 9단계의 작업에서 4000번의 손길을 거치며 모시 1필을 완성하는 데 보통 3~4개월이 걸리는 **정성과 인고 속에서 탄생되는 의류문화**로서 특히 한산모시는 한 폭에 보통 680올이거나 700올을 넘는 섬세한 **최고의** 명품(名品)예술이지요.

명품 한산세모시 〈출처: 한산모시관〉

최고급 수제품으로 전통적인 멋과 기술을 인정받아 모시는 이미 신라 경문왕(861~875)때 당과의 교역품으로도 이용되었는데, 이제는 미국을 비롯해 일본, 호주, 유럽, 중국, 쿠웨이트, 두바이 등 해외에도 수출하고 있어 우리의 문화에 대한 자긍심을 더 높이고 있습니다.

이렇게 뛰어난 감각과 창조성을 이어받은 우리는 현재 의류부문의 수출이 큰 몫을 담당하고 있으니, 단기 4344년(서기 2011) 상반기 **국내 총수출 중 섬유부문이 2위**를 하고 있는 것과 찬란한 의상으로 K-pop을 화려하게 연출하고 있는 것은 결코 우연이 아닌 것이지요.

그러나 지금은, 찬란한 천손문화의 정체성을 까맣게 잊고 가난에 찌들린 조상이 누더기옷에 염색문화도 없어 흰 무명옷과 짚신만으로 허접하고 구차하게 살았다고 생각하는 후손들**입니다.**

🌀 음식(飮食, food) 아리랑, 자연웰빙의 정성

"어서 오십시오! 우선 차 한 잔으로 목을 축이시지요. 저기 할아버지에서 손녀까지 온 가족이 오신 분께는 귀한 홍삼도 드리십시오!"

인류의 음식문화에 가장 큰 영향을 끼친 곡물은 **벼와 콩과 밀**이라고 합니다. 이 중 **우리나라가** 벼와 콩의 종주국이라는 사실을 여러분은 아시는지요? 벼와 콩으로서 우리 겨레는 '**먹거리문화**'에서도 인류 **최고의 아리랑문화를 창조**해 냅니다. 뛰어난 음식은 물론 음식을 담고 보관하는 그릇과 음식을 다루는 도구인 수저까지 말입니다.

⇨ 1998년, 전 세계의 고고학계를 뒤흔드는 **혁명과도 같은 발견**이 있었습니다.

충청북도 청원군의 소로리에서의 59톨의 **볍씨**의 **출토**였습니다. 충북대 이융조교수 연구팀의 개가였습니다.

미국 방사선 탄소연대측정기관 지오크론(Geo chron)과 서울대학교 AMS연구팀의 **방사성 탄소연대 측정** 결과 1만 5천년 전후의 것임을 공식발표합니다. 이렇게 세계적으로도 공식 인정을 받은 볍씨 출토는 이제까지 국제적으로 가장 오래된 것으로 인정받아 왔던 황하의 하류 장시(江西)성에서 발견된 선인동 볍씨(1만500년)보다 4천 5백년, 중국 후난(湖南)성 출토 볍씨(1만 2천년)보다 약 3천년이나 앞선 세계 최고(最古)의 볍씨였습니다.

특히 이들 볍씨 중에는 동북아의 둥글고 찰진 자포니카종(japonica)과 동남아의 길고 메진 인디카종(indica)이 모두 있어 한국에서 생산한 '재배 볍씨'들이 세계로 퍼져나갔을 개연성을 보여주었습니다.

이러한 사실은 영국의 BBC 인터넷 등 세계적 언론매체들의 관심을 얻어 2001년 마닐라에서 전 세계 28개국 500여명의 학자가 참가한 제4회 국제벼유전학술회의와 이어 2003년 워싱턴에서 열린 **제5회 세계고고학대회**에서 '한국에서 가장 먼저 개발한 재배벼가 전 세계로 전파되어 쌀문화가 이루어졌음'이 발표됩니다.

이것이 조상께서 늘 "한국사람은 밥을 먹어야 하는 거여!"라고 하신 이유이고 우리가 농촌을 살려야 하는 이유이며 우리가 농업을 잘 가꾸어 지켜야 하는 이유입니다.

또한 우리나라가 벼와 더불어 콩의 종주국이라 합니다.

콩 또한 한국에서 세계로 퍼지지요! 북한의 회령지방에서 출토된 **청동기시대**(BC 1300년)의 콩 관련 유물의 출토로 보아, 우리나라에서의 **콩의 역사를 대략 3000년쯤으로 보고 있습니다.**

한(漢)의 역사가 사마천의 「사기」는 '제(劑)는 북으로 산융(山戎, 만주 남부지방)을 정벌하고 **고죽국**(孤竹國, 고조선의 제후국) 지역까지 갔다가 융숙(戎菽: 콩, 대두)을 얻어 돌아왔다.'라고 기록하고 있으며 또 춘추시대 제(劑)나라 관중(菅仲)이 쓴 「관자」에는 '겨울 파와 융숙을 가져와 온 세상에 퍼뜨렸다.'라고 씌어 있어 우리가 BC 9세기 이전에 이미 **남만주 지방과 한반도 일대에서 콩 농사를 처음 지음으로서 세계 어느 민족보다도 먼저 콩 농사를 시작하였음을** 알 수 있습니다.

이렇게 장구한 콩 재배 역사를 가졌기에 콩을 **두**(묘, 일본중국)가 아닌 **태**(太: 서리태, 청태)라 불렀고 **콩 발효와 가공에 관한 기술이 발달**

할 수 있었기에 '된장, 청국장, 간장, 고추장, 두부, 순두부, 콩나물' 등의 식품을 개발할 수 있었고, 콩 가공 기술이 발달했던 것입니다. 더구나 곰팡이마저 이용했던 대단한 민족 아닙니까! 된장, 간장 등 콩에 곰팡이를 뜨게 해서 최상의 식품을 탄생하게 했던 오묘한 민족이지요. 세계의 어느 나라도 우리만큼의 콩음식문화가 없습니다.

우리 토종콩 대두

콩이 양질의 **단백질과 지방질** 외에 무기질과 비타민이 풍부한 **영양의 보고**(寶庫)임은 FDA나 각종 연구기관에 의해서 잘 알려져 있는 사실입니다. 더구나 우리의 **토종콩인 대두의 단백질 함유량은 무려 41.3%에 이르는 세계 최고의 품질**로서 우리 겨레의 중요한 단백질원으로서의 역할을 해 왔습니다. 이제야 한국인의 두뇌(IQ)가 우수하게 이어져 내려온 이유도 풀리는군요!

그래서인가요? 영화 「7번방의 선물」에서 이용구가 사형 받기 전, 그의 사랑하는 딸에게 하는 말 "예승아, 콩 꼭 먹어야 한다!"라는 대사마저 평범하게 들리질 않습니다.

특히 사포닌과 이소플라본, 레시틴 등을 함유하고 있어 **노화방지**는 물론 각종 **암 예방과 당뇨와 고혈압, 동맥경화, 골다공증** 등 성인병예방에 우수하며 **뇌를 건강히** 하므로 **치매 예방**에도 탁월하기에 콩은 지구상에서 가장 우수한 식량이라고 합니다.

그러나 이러한 콩의 중요성을 일찍이 파악한 미국은 한국의 토종콩 5496종을 입수해 개발하여 세계 1위의 콩 수출국을 이룹니다. 원산지가 우리였던 콩을 이젠 90%를 수입에 의존하고 있습니다. 이 역시 우리가 지키지 못한 문화입니다.

이러한 콩을 원료로 하는 청국장(淸麴醬)은 우리의 전통적 발효장(醬)문화를 계승한 세계적인 건강식품의 예입니다.

청국장이 건강에 좋은 것은 발효과정에서 생기는 유익한 균인 고초균, 바실루스균(枯草菌, Bacillus subtilis) 때문인데, 볏짚을 깔아 띄울 때 거기에 부착된 고초균으로 인해 생산되는 것이지요. 우리의 오랜 벼농사와의 절묘한 인연에서 탄생된 발명품이지요.

1g의 청국장에 10억 마리의 유익한 바실루스세균이 있다 하니 1g당 1백만 마리의 균수인 유산균에 비하면 100배의 효과이지요. 게다가 장내 생존률이 30%인 유산균에 비해 바실루스균은 70%로 우수하지요. 여기에 콩 속의 사포닌과 식이섬유 등으로 항암과 혈전용해 효과, 당뇨병예방, 뇌졸증예방, 골다공증예방, 빈혈예방, 변비예방, 소화촉진, 노화방지 여기에 다이어트, 미용 등에도 많은 효능이 있어 완전식품을 넘어 가히 인류의 건강을 책임질 혁명적 식품으로 꼽히고 있습니다. 우리 조상들이 인류에 어떠한 일들을 해왔는지 이제 좀 아시겠죠?

완전식품 청국장

이러한 '청국장은 2000여 년 전 만주를 배경으로 했던 고구려에서 탄생'합니다.

주로 말을 타고 장기간 전쟁을 해야 했던 우리의 선조는 삶은 콩을 말안장에 깔아 자연발효를 시켜 고단백질의 영양을 섭취하였습니다. 청국장의 원조격으로서 이동 중 단백질을 섭취할 수 있게 개발된 한국 최초의 전투 식량인 셈이지요. 「위지동이전」에 '고구려가 장양(醬養: 콩발효)을 잘한다.'는 기록으로 보아 우리에게는 적어도 1400년 이상의 역사를 지닌 식품입니다.

이렇게 청국장은 ¹벼농사와 ²기마인 그리고 ³콩과 ⁴발효문화라는 조건과 ⁵아리랑 정신이 결합하여 탄생시킨 걸작입니다.

그러나 지금 병자호란 때 고구려의 가지민족인 청나라도 청국장을 군량으로 쓰면서 '청(淸)나라의 장'이란 뜻의 청국장(淸國醬)으로 잘못 알게 됩니다.

⇨ 〈한국벤처농업대학〉의 유미경 씨를 비롯한 많은 분들은 청국장이 청(淸)에서 유입된 문화가 아니라 우리 민족의 음식문화를 계승한 우리의 고유음식임을 밝혀냅니다.

서기 671년 신라 30대 문무왕이 당나라에 보낸 항의문에 '웅진 길이 막혀 염시(鹽豉)가 바닥났다.'는 내용과 서기 683년 신라 31대 신문왕 때 왕비의 폐백품목으로 시(豉)가 「삼국유사」에 나오는 것 등과 병자호란보다 100여 년 전 발간된 「훈몽자회」(訓蒙字會)에 이미 시(豉)를 '천국'으로 표현하고 있었던 점, 또한 1715년 홍만선의 「산림경제」에 '전국장'(戰局醬) 즉 전투 시에 먹는 장이란 표현 등을 근거로 하는 주장이지요.

여기서 시(豉)란 콩(豆)에 가지(支)가 퍼져 있는, 즉 끈적끈적거리는 진액이 가지처럼 퍼져있는 콩으로 바로 청국장(淸麴醬)의 모습을 말함이지요.

이 끈적거리는 콩은 전쟁식품 **전국장(戰局醬)**으로 그리고 **천국장**으로 음이 비슷하게 불리다가, 근세조선 당시 청국장이 **전쟁에서만 필요한 식품**으로, 늘 먹는 된장에 비해 낮게 평가되고 있던 차에 야만인이라 여겼던 **청나라 사람도 먹는 것을 보고** 청국장(淸麴醬)을 얕잡아 보면서 청국장(淸國醬)이라 변한 것으로 추측해 볼 수 있습니다. 그러나 청국장이 정작 중국 북부지방에서는 찾아 볼 수 **없다**고 합니다.

우리의 장양과 시는 실크로드를 따라 중원 땅을 거쳐 러시아, 서역으로 네팔(키네마)로, 또한 쌀농사와 함께 물가를 따라 인도네시아(템페), 베트남 등지에까지 가 **청국장과 유사한 식품을 먹는 민족들이** 많아졌다고 하네요. 그리고 **청국장은 일본에 건너가 낫도**(natto: 생청국장)가 되어 지금 일본을 알리는 세계적인 건강식품이 되었습니다.

어떤 일본인은 이 **낫도**마저 **청국장의 원조**라 주장한 적이 있으나, 청이나 일본은 [1]벼농사와 [2]기마인 그리고 [3]콩과 [4]발효문화라는 조건과 [5]아리랑 정신과는 한참 거리가 먼 것임을 쉽게 알 수 있을 것입니다.

◑ 다음은 음식의 발달단계로써 우리의 음식문화의 깊이를 한번 생각해 보겠습니다.

첫째, 가장 단순한 단계는 수렵 채취라고 볼 수 있습니다.

둘째, 단계도 단순히 섞고 뒤쳐 먹는 단계이며

셋째는 양념으로 맛과 영양을 높이는 단계이었고

넷째, 마지막 단계는 발효식품의 단계라 할 수 있는데

우리는 아리랑민족답게 셋째, 넷째 단계까지 왔으니 **우수한 양념문화, 나아가 발효**(fermantation)**의** 단계로 영양을 배가시키는 지혜 또한 갖추었던 것입니다.

우리에게는 양념문화가 특히 발달되어 있습니다.

음식 자체의 맛과 향은 그대로 살리되 맛과 효능을 더 좋게 하는 슬기로운 문화로서 양념이 들어가지 않는 음식이 거의 없을 정도이지요. **양념이란 약념**(藥念)**이라 하여 모든 재료가 약의 효능을 지녔다** 하여 붙여진 이름인데 뚜렷한 네 계절의 변화 속에서 우리의 선조들은 화려한 양념문화를 꽃피웠습니다.

우리의 발달된 양념에는 **항산화, 항노화, 항고지혈 그리고 암 예방** 등 생리 활성에 효능이 뛰어난 '**파이토케미컬**'이라는 성분이 있음이 입증되었습니다.

이러한 양념을 곁들인, 한국의 대표음식 김치는 지난 2001년 국제식품규격위원회(CODEX)가 김치에 대한 국제규격을 채택하면서 이제 **세계에서 가장 이상적인 식품**으로, 세계인의 식품으로 꼽히고 있습니다. **지방과 콜레스테롤이 전혀 없어 다이어트에 좋고, 비타민**(B1, B2, C 등)**과 칼슘, 칼륨** 등의 미네랄이 풍부하고, **모든 영양소가 고루 갖추어져** 있으며 소화를 돕고 식욕을 북돋아주기 때문이죠.

잘 익은 김치는 **요구르트보다 유산균이 최고 4배인 1cc 당 무려 3

억 마리를 생산하는 우수한 발효건강식품입니다. 또한 배추와 곁들인 각종 채소에 들어 있는 '아이소사이오사이아네이트'는 식도암과 폐암, 유방암, 간암, 췌장암, 방광암을 억제하고, 양념으로 들어가는 마늘은 위암, 결장암, 전립선암을 억제하고, 풍부한 식이섬유로는 대장암을 낮추는 등의 효과가 인정되어 이제 많은 세계의 식품학자나 의학자들마저 대단한 항암식품이라고 극찬을 아끼지 않고 있습니다. 그래서 미국의 건강전문잡지인 〈헬스〉는 세계 5대 건강식품으로 선정합니다.

세계 5대 건강식품 김치

'김치'는 채소를 소금이나 식초에 절이는 침채류의 식품이죠. 이미 중국 서안에서 발굴된 피라미드에서 우리 겨레는 5천 년 전에도 이미 백김치를 담가왔음을 알게 됩니다.

딤채 > 짐채 > 김채 > 김치로 세월에 따라 명칭이 변하면서 우리의 김치는 독특하게 진화를 합니다. 16세기에 고추가 포르투칼로부터 한반도로 들어오면서 사실 지금과 같은 통김치를 담아 먹기 시작한 것은 100년이 조금 넘을 뿐이죠.

그러나 그 짧은 동안에 우리 아리랑 민족의 지혜(아리랑 정신)가 어김없이 작용하여 기어이 인류 최고의 웰빙식품을 탄생시키고 맙니다. 거기에 숨을 쉬는 '도기나 옹기' 등은 우리의 음식문화의 깊이를 보여주는 겨레의 슬기라 여겨집니다. 아직도 김치의 진면목은 밝혀지지 않고 있는 진행형(~ing)인 신비이지요.

360년 종가집 장독들
〈출처: 기순도명인의 장독〉

　예전 6.25전쟁 당시 김치를 미개인의 식품이라 하면서, 심지어 **된장**을 암유발 물질이라고 코를 틀어막고 비웃던 기억을 되살려 본다면 격세지감을 느낍니다. 이제 미국은 김치를 먹기 위하여 줄을 서고 있으며, 미국의 MIT공대에서는 썩혀 먹는 우리의 홍어찜에 대한 연구를 이미 마쳤다고 합니다. 우리가 집집마다 장맛과 김치맛이 다른 것은 한국음식의 깊이가 그만큼 깊고 오묘하다는 것이지요! **얇고 짧은 역사의 미국이 보이는 것 너머의 것을 보는 우리의 아리랑정신문화를 어찌 이해할 수 있었겠습니까?** 헛헛헛…….

　지금 미국의 **영부인 미셸 오바마**는 백악관에서 직접 김치를 담궈 **통마다 담아놓고** 가족을 먹이고 있으며 방송을 통하여 건강식인 김치를 먹을 것을 권장하고 있고 여기에 세계적 권위를 갖고 있는 식문화행사인 '마드리드 퓨전'(스페인 2013.1)에서조차 **한국의 고추장과 된장, 간장 등의 '장(醬)문화'가** 화제가 되면서 유럽에서도 장한류가 일어나고 있습니다. 김치에 이어 장이 한국문화의 깊이와 우수성을 알리면서 세계인의 건강을 책임질 날을 기대합니다.

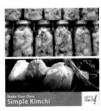

영부인 미셸 오바마가 담근 김치
〈출처: 미셸 오바마 트위터〉

약식동원(藥食同源)

약과 음식은 그 근원이 같다고 하여 기본적으로 음식은 몸에 약이어야 한다는 생각이 있었지요. 우리말에 '하루 세끼가 바로 보약'이라는 말도 그래서 나온 말입니다. 심지어 음식에서조차 음과 양의 궁합까지 따졌던 오묘한 민족이었습니다.

그리하여 저 고조선시대보다 훨씬 전 환웅시대에 신농씨(BC 3071)께서 산과 들의 풀과 나뭇잎을 먹어보시고 식물의 특성을 살피시어 의학식품도 개발하였으니, 바로 〈동양의학의 시조〉로서 강(姜)씨 성의 시조인 배달족의 신농씨이십니다. 한의원에 가면 '풀을 물고 있는 옛 노인'의 초상화가 있는데 이 분이 바로 '신농씨'이십니다.

역사와 문화를 모르는 분들은 동양의학도 우리가 아닌 지금의 중국으로 알고 있습니다. 중국은요! 지금도 무엇이든 불에 익혀서 먹어야지 채소나 고기 등 날 것으로 먹으면 큰 일 나는 줄 아는 나라이지요. 이것은 모두 실험정신(experimental spirit)과는 거리가 먼 모습으로서 이런 정신에서 무슨 아리랑문화가 나올 수 있었겠습니까! 의학이란 소우주(인체)를 다루는 학문으로서 큰우주와 우주의 조화를 생각했던 천손겨레만이 가능했던 학문(영역)이지요! 아시다시피 '날것도 가리어 쉽게 먹는 전통'은 우리 한민족밖에 없지 않습니까!

동양의학의 시조
우리의 조상 신농씨 〈출처: 바이두〉

인삼(人蔘)과 홍삼(紅蔘)

또한 우리의 아리랑문화가 이룬 걸작이지요.

삼(蔘)이란 천지의 영험한 조화를 받아 그 뿌리가 사람의 형상을 하고 있다고 해서 '**인삼**'(人蔘)이라 부르지요. 우주의 조화가 소우주에 나타난 형상입니다. **생명을 기르고 보존하는 약초**라 하여 예로부터 불로장생의 영약으로 알려져 있고 「신농본초경」에서는 인삼을 신비의 **영약**이라 하여 **상약 중에 상약**(上藥)으로 **분류**하고 있습니다.

우리의 고려인삼은 일찍이 "**고조선 4세 오사구**(烏斯丘)**단군 재위 38년**(갑신 원년 BC 2137) 10월. 제께서 북쪽을 순시하시다 **태백산**(백두산)**에 이르러 삼신님께 제를 올리고 신비한 약초를 얻으니 인삼**(人蔘)**이라고도 하고 선약**(仙藥)**이라고도 한다.**"라고 「단군세기」, 「한단고기」에 기록되어 있어 이미 인삼은 적어도 **4천~5천 년 전부터 동양에서 신약으로 쓰여 왔음을** 알 수 있습니다.

신약 고려인삼 〈출처: 천안동의보감한의원〉

고려인삼이 다른 나라의 인삼과 과(科)와 속(屬)에서 같다고는 하나 품질과 효능 면에서 큰 차이를 보이고 있다고 합니다. 예를 들어 진정작용(디올계 사포닌 22종)과 흥분작용(트리올계 사포닌 10종)을 하는 각 성분이 고르게 함유되어 있고 사포닌 또한 다양한 화학구조로 되어 있어 **다른 나라 인삼과는 비교가 안 된다는** 것이지요. 사포닌 수에 있어서도 한국삼(고려백삼 23종)이 중국삼(삼칠삼 15종)이나 미국삼(화기삼 14종) 일본삼(죽절삼 8종)에 비해 월등히 많습니다.

그래서 '한국인삼'(KoreanGinseng 고려인삼, 조선인삼)에는 특별히 Panax Ginseng C.A. Meyer라는 고유학명이 붙는다고 합니다. 그리스어인 Panax는 Pan(모든 것)과 Axos(의학)의 복합어로 만병통치약이라는 뜻이라고 합니다.

이러한 고려인삼은 육체적, 정신적 활력과 능력을 증대시킴은 물론, 생리적 균형을 유지시키고 지구력과 신체의 활력을 증진시키어 신체기능의 조화는 물론 질병과 노쇠현상을 예방하고, 수명을 연장한다고 보고되어 있습니다.

최고의 신약 홍삼 〈출처: Wellbing Life〉

이렇게 우수한 고려인삼임에도 우리는 만족을 하지를 않고 기어이 민족 특유의 아리랑 정신을 발휘하고 맙니다.

6년근 인삼을 72시간이상 섭씨85~90도로 숙열하는 화학작용을 통해 항산화물질 등의 특수물질이 생성된 담황갈색의 홍삼(紅蔘)으로 재탄생시킵니다. 송나라의 서긍이 저술한 「고려도경」(高麗圖經 1123, 고려 인종)에 '산삼을 증숙(蒸熟)한 것과 날 것(백삼)이 있다.'라는 기록으로 보아 우리나라의 홍삼의 제조역사는 적어도 1000년이 넘는 것으로 유추하고 있습니다.

이러한 과정을 통하여 고려백삼(23종)의 사포닌 수가 약 34종으로 증가하는 놀라운 변화를 거치며 항암성분, 항당뇨성분, 간기능 해독성분, 중금속 해독성분, 노화억제성분 등 **10여종 이상의 새로운 성분이 생성되고**, 이에 항당뇨, 항염증, 면역증진, 신경세포보호, 뇌기능개선, 간기능개선, 고콜레스테롤개선, 노인성치매 예방, 마약해독, 성기능개선, 약제내성억제 등의 **효능이 놀라울 만큼 향상됩니다.**

최강에 만족하지 않고 최강의 정신을 더해 명약을 재탄생시킨 것이지요.

'BEST OF THE BEST!'

이러한 조상의 아리랑정신에 높은 가치를 부여하는 후손의 노력도 뒤따르지요.

⇨ **세계최초로 '인삼다당체'**(Ginseng+an 진산)**를 발견한** 한국원자력의학원 윤연숙 박사는 최근 진산의 글루코오스, 갈라토오스, 아라비노스 성분이 **사포닌성분**(Rb1)**보다 15배 이상의 높은** 임파구 증식능력이 있음을 새롭게 확인하고 '진산은 체내에서 림프구를 증식시키고 **대식세포**(침입한 병원균이나 손상된 세포를 잡아먹음)**와** NK세포(자연살해세포: 바이러스 감염세포나 종양세포를 공격)**를 활성화하여 암세포를 없애는 작용을 한다.**'는 사실을 발표함으로 항암효과는 물론 항암면역치료, 바이러스와 박테리아감염 억제, 돌연변이 억제, 난치·불치성 병치료 등에 있어 인류에게 새로운 희망을 제시하면서 **우리 조상의 뛰어난 식문화를** 세계에 드러내기도 합니다.

조상이 발견하신 **고려인삼의 신비 또한 진행형**이라고 합니다.

이렇게 우리 배달민족은 '쌀과 콩의 종주국으로서 최고의 건강식품

청국장, 우리 고유의 약념문화, 세계인의 건강식품 김치, 놀라운 장문화……, 인류 최고의 신약이자 만병통치약 홍삼'에 이르기까지, 여기에 식사문화까지 곁들여진 지구상에서 최고의 밥상을 마련합니다.

⇨ 문화학자인 이규태(李圭泰)씨의 글에는 인류의 식사 도구에 대한 역사적인 발달의 단계가 나와 있습니다.

제일 먼저 손가락으로, 다음에 칼(나이프)로 음식을 잘라먹었고, 다음 동양에서의 **젓가락**이, 서양에서는 **포크**가 만들어져 음식을 선택하게 되었고 가장 **성숙된 단계**, 즉 **최종적인 단계**로는 **많은 영양을 우려낸 음식을 떠먹는 숟가락**이었다는 것입니다.

유럽 사람들이 포크와 나이프, 스푼 등을 다함께 사용하기 시작한 것은 겨우 1800년대부터라고 합니다. 어린 나이로 왕위에 오른 프랑스의 루이 14세(17C) 역시 아직 포크와 숟가락이 익숙하지 않아서 손가락과 나이프만으로 음식을 먹었으며 14C, 르네상스가 시작되기 전까지만 해도 서양인들은 손가락으로 음식을 먹었다고 하는 이야기입니다.

아무리 문화적 습관이라고는 하나 아직도 **맨손으로 밥을 먹는 나라가 세계의 40%에 이른다**고 합니다. 그나마 **긁어 먹는 용도의 젓가락**을 사용하는 나라는 중국, 일본 등 동아시아 국가들로 세계인구의 약 30% 정도를 차지한다고 합니다. 그래서 **중국, 일본 등이 뭉툭한 나무젓가락**을 쓰는 반면, 우리는 쇠를 처음 발명한 겨레답게 **끝이 뾰족하고 짧은 쇠젓가락**으로 정확하게 물건을 집는 식으로 써 왔습니다. 식탁 위에는 기본적으로 숟가락과 젓가락으로 한 벌을 이루어

숟가락은 밥과 국을 떠먹기 위한 도구로 사용하고, 젓가락은 반찬을 집어먹기 위한 도구로 사용했습니다. 상차림에서 숟가락과 **젓가락**을 같이 써왔던 세계 유일의 겨레입니다.

우리의 **젓가락**은 천제(天祭)문화에서 나오게 되지요.
제사 지낼 신성한 제물이 인간의 속된 손에 더럽혀지는 것을 막기 위해 만든 것으로서 훗날 일반에게 대중화가 된 것으로 압니다.

▷ 그럼 저(箸: 젓가락)에 대한 옛 기록을 「예기」(禮記) '곡례상'(曲禮上)에서 찾아볼까요?
'국에 나물이 있는 경우는 젓가락을 사용하되 나물이 없을 때는 사용하지 않는다.'(羹之有菜者用梜, 其無菜者不用梜)

어? 중국은 국도 없고 나물도 먹지 않는 문화인데? 그래요! 한국의 문화라는 것을 단박에 알겠지요? **천제문화는 우리 한민족으로부터 시작된 것으로서 우리 선조의 젓가락문화의 기록**이지요! 그래서 고 이중재 회장님과 많은 학자들은 「예기」 또한 한국의 문화를 기록한 책이었을 뿐이라 말하는 것입니다.

대접받는 주인의 천손문화가
담긴 한국인의 생명의 상차림

숟가락은 옛날의 찰기가 적은 쌀밥을 담아먹기 위한 쌀문화에서 유래된 것이고 찰기가 적은 밥에 국을 만들어 떠먹기 위한 겨레의 슬기에서 나온 문화라고 생각합니다.

우리나라에서 **가장 오래 된 숟가락**은 함경북도 **나진**(羅津) 초도패총에서 출토된 **청동기시대 유물**과 옛 조선의 제후국이었던 중국 **산동지역**에서 출토된 은나라의 숟가락입니다. 우리나라 충북 소로리(1만5천년)에서 시작된 볍씨가 지금의 중국 쪽으로 전파되면서 훗날 우리와 **혈통이 같은 은나라도 우리와 같이 숟가락**을 썼던 것 같습니다.

더구나 우리의 조상은 그릇(음식)을 입에 대고 먹는 것은 동물이나 하는 짓이고 음식을 긁어 입에 넣는 것은 상스럽다 하여 **군자**(君子)의 **나라답게 허리를 세우고 얼굴을 고정한 채** 젓가락으로 꼭 집고 숟가락으로 떠서 음식을 입으로 가져가 먹는 품위를 지켜온 음식문화였습니다. 그리고 서양의 포크나 칼에서 볼 수 있는 독점과 배타의 공격적인 음식문화가 아닌 **배려와 나눔과 포용과 평화의 문화**였습니다.

여기에 우리에게는 세계 유일의 살균그릇이 있습니다.

그 유명한 방짜유기그릇이지요. 아리랑겨레는 기어이 구리와 주석(78:22)의 절묘한 배합을 찾아내어 쇳독은 없고 몸에 해로운 유독가스나 화공약품의 **해독성을 먼저 색을 변하게 함으로** 알게 하는, 여기에 **살균기능**(대장균 O-157균)은 물론 **보온·보냉기능**으로 싱싱함을 그대로 유지함은 물론 **영양분 배양기능**까지 갖추어 고유의 음식맛을 지켜주는 **최고의 과학**을 찾아내십니다. 바로 **살아 숨 쉬는 생명의 그릇**의 탄생입니다.

수 천 번을 두들기어 얇지만, 잘 깨어지거나 휘지 않고 질기며 비교적 변색도 되지 않는 명품을 탄생시킵니다. 그래서 많은 이들이 이러한 **"수많은 고난 속에서도 더욱 강하고 멋진 명품생명을 이어가라."**고 자손이 결혼할 때 폐물로 전하는 것이지요.

또한 1만수천년 전 인류 최초의 토기(신석기)와 8천 년 전 세계 최초의 빗살무늬토기를 만든 선조답게 **과학의 마음으로** 독을 빚어 음식을 보관했으며 하늘을 **꿈꾸는 고려인의 혼과 마음은** 천하제일의 **명품, 비취색**(翡翠色)의 청자로 나타내었고, 티 한 점 없는 **광명한 하늘을 꿈꾸었던 조선인의 염원은 명품** 백자로 나타났습니다. 우리의 청자와 백자는 당시 최고의 과학이었다고 말합니다. 국제도자기경매시장에서 우리의 도자기가 최고가에 종종 거래되는 것이 이러한 이유랍니다. 이렇게 우리의 식탁에는 꿈과 낭만과 과학이 있었습니다.

고려청자 〈출처: 한산이씨 목은 이색 후손들〉

'음식맛은 손맛에 달렸다.'는 말이 있습니다.

그리하여 집집마다 장맛이 다르고 김치맛이 다릅니다. 집집마다 아리랑정신이 배어 있는 것입니다. 이렇게 선조들은 **음식문화에서도 놀라운 지혜를** 드러내어 인류사에 뛰어난 업적을 남겨 놓으십니다. 그래서 **한국인의 밥상에는 사랑과 정성이** 배어있고 **첨단의 과학이** 살아있고 강한 생명력이 숨 쉬며 **꿈과 이상과 낭만**이 서려있습니다. 우리에게 밥을 먹는 것은 생명(生命)을 먹는 것이었습니다. 그래서 밥 먹을 때는 개도 건들이지 않았습니다.

정말 오묘-한 아리랑민족이었습니다.

🌀 **주(住, a house)아리랑, 자연과 과학의 예술적 승화**

"잘들 오셨습니다! 황토방에 갔다 오시니 피로가 확 풀리고 몸이 개운하시죠? 우리 한국인만의 과학이지요!"

⇨ 세계적으로 명성 높은 미국의 고고 미술 사학자인 존·코벨 은 중국과 일본과 한국을 연구한 뒤 이렇게 말합니다.

"한국의 건축물에서 동양 건축의 뿌리를 찾을 수 있다."

중국과 일본의 건축물에서는 지나친 과장과 축소의 인위적인 구성이나 크기로서 주변을 압도함을 흔히 느낄 수 있습니다. 자연미나 주위와의 조화를 느낄 수 없다는 것이지요. 예를 들어 일본 최대의 규모를 자랑하는 웅장한 **구마모토성(城)**이라든가 세계 최대라고 하는 **중국의 자금성**은 보는 이의 기를 지질리게 하기에 충분합니다.

중국 봉건왕조의 마지막 왕궁으로 **하늘의 중심**이라는 뜻의 '자금성'(紫禁城), 왕궁 주위에는 3m의 높은 장벽으로 둘러싸여 있으며, 장벽 밖에는 **암살자의 월담을 걱정하는 폭 52m의 하천**(호성하)을 만들어 싸고 있는 **완벽한 요새**, 천안문(天安門: 하늘의 편안함?)을 들어서자마자 고기를 몰아 포위하는 형상의 태화문(太和門: 크게 어울리자?),

그리고 그 안에 황제의 방이 9999개라고 자랑하는 곳.

　그러나 하늘의 중심이라는 그곳 자금성은 **천의무봉**(天衣無縫) 같은 하늘나라의 자연스러움이나 오묘한 아름다움은커녕 온통 돌뿐으로 정원 한 군데 없어 쉴 곳 하나 없는 삭막함 속에 감옥 같은 두려움과 공포만이 감도는 그곳은 천하를 크게 아우르자는 청의 연호 '**태화**'(太和)의 덕과 천안은 도저히 찾아볼 수 없는, 오직 **강압적인 복종만**을 생각하게 하는 곳일 뿐 결코 큰 문화가 아니었습니다.

　이렇듯 뽐내며 사람을 위압하고 강박감을 주지만, 스스로는 자객이 두려워 나무 한 그루 심지 못하는 그곳 자금성은 한국의 건축에서 느낄 수 있는 **예술적인 아름다움**이나 자연과 하나 되는 조화감이나 자연스러움과 편안함을 넘어선 포근함은 도저히 찾을 수 있는 곳이 아니었습니다. 사람을 위한 사람이 사는 곳이 아니었습니다. 그들이 염원했던 하늘나라 **천제국의 흉내**는 어떻게 내기는 내었지만, 정작 천제국의 정신은 없는 곳임을 쉽게 느끼게 합니다. 또한 황제의 방이 9999개라고 자랑하지만, 만 개의 방을 취한다는 천제(天帝)가 **도저히 될 수 없음**을 알았을까? 어쩌면 천부(天符: 군주에서 내려진 천명)를 도용한 죄로 주살을 당할지 겁을 내서일까? 아니면 **진정한 천제국인 한국**을 염두에 두고 방 하나를 **뺀** 것은 아닐까!

황량한 자금성 〈출처: 한국청소년캠프협회〉

반면, 우리에겐 자금성보다 14년 전에 지어진 경복궁(景福宮)이 있습니다.

하늘나라인 조선나라에 빛과 같은 크나큰 복이 있으라는 뜻으로 조선의 5대궁궐(경복궁, 창덕궁, 창경궁, 덕수궁, 경희궁) 중 제일 먼저 완공(1395년, 태조4년)된 궁입니다. 우리의 궁은 **자연과의 조화로움이나 예술적인 아름다움에 있어 비할 수 없는 깊이를** 갖고 있지요. 그래서 "문화적 뿌리의 신비감을 느낀다."라고 외국인들이 종종 말하는 것입니다. 우리가 알고 지켜야 할 세계문화유산입니다.

자연과의 조화 경복궁 향원정
〈출처: 솔개의 둥지〉

경복궁에는 48개의 돌기둥으로 우리나라 최대의 목조누각을 떠받치고 있는 국보 제224호 경회루(慶會樓: 경사스러움이 모이는 곳)가 있습니다. 칸 수나 기둥의 수, 창의 수 등이 역(易)의 이론을 적용해 신선의 이상세계를 재현하려고 했다 합니다. 연못과 어울려 조화를 이룬 **누각 건축의 백미로** 꼽히고 있습니다. 일제(1918~1920)에 의해 많이 해체되고 사라져 옛 아름다움을 느낄 수 없습니다.

경회루
〈출처: 925의 혼자보기 아까운 하루〉

⇨ 류시화 씨가 옮긴 책 「용서」에는 달라이라마의 일화가 나옵니다. 2001년 12월 노르웨이정부는 노벨평화상 100주년을 맞아 역대 평화상 수상자를 한자리에 초대하는 행사를 엽니다. 이 자리에서 티베트의 달라이라마와 대주교 투투의 첫 만남을 마치 사랑에 빠진 10대의 소년으로 표현하고 있습니다. '성인(聖人)이란 주위의 세속적인 것들에서 더없이 자연스럽기에 행동에 있어 조금의 거리낌이 없었음'을 표현한 것이지요.

이렇게 생각하니 천자와 성인을 남발하는 중국과 일본의 건축물이나 심지어 지도자의 얼굴에서는 언제나 어둡고 경직된 모습만을 느낄 뿐이었습니다. 수천 년을 천제국의 역사와 문화를 왜곡하다보니 허구와 위선의 무게에 힘겨워하는 모습입니다. 반면 밝고 솔직하여 마치 천진난만한 어린애와 같은 자연스러운 아름다움이 한국의 건축물에 배어있고 한국인의 얼굴에 나타나는 것은 우리가 진정한 천제국이며 수많은 성인을 배출한 군자국이기 때문입니다.

이 순간, "자금성의 스케일이 너무나 장대하고 완벽하다."며 "우리의 경복궁은 자금성의 화장실보다 작다."고 호들갑을 떨었던 어느 교감선생님을 기억합니다.(자금성: 72만㎢, 경복궁: 43.27만㎢)

학창시절, 한때 철이 없어 왜곡된 서양사와 외래사상에 젖어 자금성이나 만리장성이나 프랑스의 베르사이유궁전(6.7만㎢)이나 죽은 자를 위한 무덤인 피라미트, 파르테논신전 같은 것을 동경하며 "우리에겐 아무 문화도 없다."고 자괴감에 빠진 적이 있었습니다.

그러나 의식이 들어오면서, 이러한 것보다 우리의 것이 얼마나 아름답고 가치가 있는 것인지를 알게 되었습니다. 자연의 흐름을 끊으

며 수십만 명의 피로 얼룩진 **만리장성**이나 헐벗는 백성을 외면하고
호화의 극치를 보인 **베르사이유궁전**이나, 사람들의 감옥인 **자금성**을
보면서 문화를 보는 안목과 철학의 부재와 의식 없이 세상을 대하는
것이 얼마나 위험한가! 하는 것을 깊이 깨닫게 되었습니다. **역사는
나로 하여금 중심(中心)을 세워 스스로의 정체성을 찾게 하며 문화는
나의 격(格)을 높여 세상을 여유롭게 만들어 줌을 알았습니다.**

　우리에게는 **예술의 극치를 보이는** 불국사와 석굴사가 있습니다.
제망매가(祭亡妹歌), 도솔가(兜率歌) 등의 〈향가〉가 지어졌던 신라 35
대 경덕왕 때 있었던 일입니다. 그때 재상이었던 김대성(700~774)
이 부모님의 전세의 업을 씻기 위해 석굴사를, 현세의 부모님의 극락
을 기원하기 위해서 불국사를 지었다고 일연은 「삼국유사」에서 말합
니다. 신라 경덕왕 10년(751) 김대성이 51살 때 창건하고 혜공왕 10년
(774)에 완공한 한 개인의 예술혼과 집념이 이루어낸 인류의 건축·조
형예술의 극치입니다.

　불국사(佛國寺), 임진왜란의 병화로 중건한 목조건물은 창건 당시
아름다움을 느낄 수 없어 안타까움이 있지만, 석조 구조의 **정교함,
장엄함과 부드러움**은 보는 이의 감탄을 자아내게 합니다. 그러나 안
타까운 것은 건물 앞의 연못을 없애고 나무를 심어 놓아 장엄하고 환
상적인 광경을 볼 수 없다는 것입니다. 그래서 물이 흐르는 다리 위
를 다리에서 떨어지는 물줄기에서 부서지는 물보라 무지개를 밟고 구
름 위로 오르는 청운교(靑雲橋)와 백운교(白雲橋)의 환상적인 아름다움
을 이젠 볼 수가 없습니다. 아래로는 청운교의 17계단이 있고 위로는

16계단의 백운교가 있어 청운교·백운교의 **33계단은 33천**(天)을 뜻한다고 합니다. 지상세계의 욕심을 버리고 깨달음에 이르러 **이상세계**(부처, 깨달은 자의 세계)**로 연결하는 다리**입니다. 청운교와 백운교 옆 서쪽에는 연화교와 칠보교가 있어 극락전을 밀고 극락으로 들어갑니다.

⇨ 〈문화재청〉에 의하면, 불국사에는 원래 이 넷 말고 **아홉 개의 다리가 더 있어** 이렇게 물 위에 떠 있는 아름다운 다리가 열셋이었다고 합니다. 1972년에, 마지막 복구로 지금은 24개의 건물밖에 볼 수 없지만 최전성기 때의 불국사는 80개의 건물이었다고 하니 그 규모의 웅장함과 또 화려함이 어떠했겠습니까! 물 위에 떠 있는 건물, 구름 위에 떠 있는 불국사!

불국사
〈출처: 카페우리누리세계유산〉

　이제 불국사 건물 안으로 들어갑니다.

백운교 위의 **자줏빛 물보라안개 속을 지나 자하문**(紫霞門)을 지나면 왼쪽에 8.2m의 삼층 석탑인 석가탑(국보 제21호)이 다소곳이 우리를 반깁니다. **간결하고 장중한 균형미**를 이루고 있는 석탑으로 **인간의 정신세계**를 나타낸 것이라 합니다. 그래서인지 1966년 석탑 보수공사 도중 세계 최고의 목판 인쇄물, 〈**무구정광대다라니경**〉(국보 제126호)이 발견되어 세상을 놀라게 합니다.

석가탑을 무영탑 그림자가 없는 탑이라고도 합니다. **백제의 석공 아사달의 아내 아사녀**가 청운교·백운교 앞의 못에 석가탑의 그림자가 드리워지지 않는다하여 기다림에 지쳐 못에 몸을 던졌다는 슬픈 사랑의 전설이 우리의 옷깃을 잡아끕니다.

그 옆에는 마치 목재처럼 정교하게 다듬고 짜 맞춘 높이 10.4m의 **석재탑 다보탑**(국보 제20호)이 우리를 유혹합니다. 인간이 누리고 싶은 **물질세계의 화려함을 상징하듯** 독특하고 복잡한 구조 속에 뛰어난 예술성을 드러내고 있습니다.

1925년경에 왜인들이 탑을 완전히 해체·보수하였다고 하는데 이 과정에서 얼마나 많은 국보급 유물들이 사라져버렸는지 후손은 알지도 못합니다. 그리고 다보탑기단의 돌계단 위에 놓여있던 네 마리의 돌사자 중 3마리도 일제에 의해 약탈되어 그 행방을 알 수가 없습니다.

불국사 석가탑, 다보탑
〈출처: 역사문화교육연구소 바름돌〉

⇨ 이화여대 국제대학원 한국학과 최준식 교수는 "**석가탑과 다보탑**은 '**단순**(simplicity)**과 복잡**(complexity)', '**절제와 화려**', '**고전과 낭만**' 등과 같이 배치되는 두 개념을 한 공간에 만든 뛰어난 디자인 감각의 **조형물이다.**"라고 말합니다.

그리고 이 모든 건축물의 기초는 우리나라 건축물에서만 보이는

한국적인 공법인 그렝이 공법이 쓰입니다. 자연석에 인공석을 깎아 맞추어 맞물려 놓아 웬만한 지진도 견뎌냅니다.

이렇게 불국사는 천 년의 세월을 뛰어넘어 정신적 세계와 물질적 세계의 조화와 균형을 꿈꾸었던 천재예술가들의 혼이 빚어낸 **기념비적인 창의성과 아름다움이** 인정되어 1995년 세계문화유산으로 지정됩니다.

인류의 경이로운 건축물 석굴사의 석굴이 있습니다.
경주 토함산의 석굴사의 석굴(국보 24호)은 흔히 중국이나 중동, 인도나 파키스탄 등지에서 볼 수 있는 **부드러운 석회암이나 사암을 뚫거나 긁어서 쉽게 조각한 천연석굴이** 아니라, 강도 7.0인 단단한 자연석 화강암을 디자인하고 절개하고 다듬어 축조하여 그 위에 흙으로 덮어 완성한 **세계 유일의 인공 석굴사찰입니다.**

더욱 놀라운 것은 이 석굴이 지금의 **최첨단과학으로도 감당할 수 없는 과학을 총동원하여 인간이 느낄 수 있는 최고의 미감**(美感)**을 총체적으로 구현시킨 인류 최고의 건축조각 예술품이라는 것입니다.** 이 석굴사 하나만으로도 세계는 우리를 최고 중의 최고의 문화국이었음을 인정하고 있습니다.

특히 세계에서 전무후무하게 독창적인 기술로 **반구형**(dom) **천정을 만든 공법입니다.** 남천우교수가 이름 붙였던, 주먹을 쥔 팔뚝 모양의 팔뚝돌을 중간중간에 배치하여 천정돌이 안으로 쏟아지지 않게 균형을 잡은 뒤 맨 위에는 20여 톤 무게의 **천개석을** 덮어 화룡점정의 완성을 이룬 고도의 과학적인 축조 기술입니다.

이러한 선조의 뛰어난 석굴사(石窟寺)를 지금도 우리는 일제가 가르쳐 준대로 석굴암(石窟庵)이라 부르며 조상의 뜻을 스스로 낮추고 있습니다. 암(庵)이란 큰 절에 딸린 작은 절, 또는 수행자가 수행만을 하기 위해 임시로 거처하는 전각을 말함입니다. 가장 큰 차이점은 사(寺)에는 탑(塔)과 참배공간이 있어야 한다는 것이지요. 그런데 완공 당시 석굴사의 석굴에는 본존불 앞과 뒤의 신묘한 솜씨의 5층 석탑이 둘이 있었습니다. 그래서 건립 당시 석불사(石佛寺)라고 불렸지요. 지금부터는 석굴사라 말하겠습니다.

석굴은 전실, 비도(扉道: 주실로 이어주는 통로), 주실 이렇게 3부분으로 구성되어 있습니다. 마치 아기의 궁인 자궁(子宮)의 모습으로 편안함을 느끼게 합니다. 그래서 석굴의 설계도 1:1.414(√2)로 구성되어 있지요. 바로 황금비율입니다. 인간이 최적의 아름다움을 느낄 수 있는 조화율을 선조는 이미 간파하고 계셨다고 합니다. 돌아가신 부모님을 위해 건립했던 김대성의 원초적인 그리움을 느낄 수 있습니다.

전실은 네모지게 하여 땅(ㅁ)을 나타내고, 주실은 둥근 원으로서 하늘(ㅇ)를 나타내는 천원지방(天圓地方)의 우리 고유의 사상을 나타냈다고 합니다. 그러니까 땅(ㅁ, 사바세계)의 세계와 하늘(ㅇ 우주, 부처님의 세계)을 비도가 연결하고 있는 형상입니다. 돌아가신 부모님을 하늘의 세계로 인도하는 자식의 간절한 마음이라고 합니다.

전실의 금강역사는 역동미로써, 석굴 안의 조각상 24구는 저마다의 개성으로 후손에게 말을 걸어옵니다. 39구의 조상에 둘러싸인

3.5m의 본전불(석가모니)이 우리의 심장을 멎게 합니다. 본전불은 얼굴과 가슴, 어깨, 무릎이 1:2:3:4의 비율로 최고의 아름다움과 안정감을 주는 완벽한 비율이라고 합니다. 가늘게 뜬 눈으로는 동해를 바라보며 신비로운 미소를 짓고 있습니다. 해가 커지는 동짓날 해가 뜨는 동쪽을 마주하고 희망의 메시지를 전하는 한국인 특유의 편안한 미소입니다. 동해에서 떠오르는 첫 햇빛이 석굴 안을 은은히 비추니

경주 석굴사의 석굴 〈출처: 문화재청〉

어깨를 흘러내린 옷의 주름에는 생명감이 넘치고 꾸밈이나 부자연스러움을 느낄 수 없는 표정에선 **천의무봉**(天衣無縫)의 아름다움이 느껴집니다. 정성스러운 **과학과 원숙한 예술성**으로 생명력을 얻은 돌덩이는 인간의 작은 정성(孝)을 승화합니다. 숨이 막힙니다. 지금 석가모니께선 열반의 세계에 들어계시고 그(김대성)의 부모님은 극락으로 향하고 계십니다. 이것이 **한국인의 효**(孝)의 마음이었습니다.

⇨ 1920년 4월 12일 동아일보에 연재된 일본인 야나기 무네요시(柳宗悅)의 글입니다.

'경주 석불사 석굴 안의 불상을 본 것은, 지금도 잊을 수 없는 행복한 순간의 추억이다. 오직 그 아침 햇살로 비치는 석가모니의 옆모습은 지금도 나의 호흡을 **빼앗는다.**'

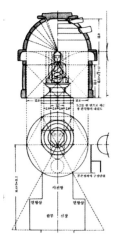

1932년 최초로 석굴사를 정밀측량했던 조선총독부 측량기사 요네다 미요지는 놀라운 사실을 밝힙니다.

"석굴 구성의 기본은 반지름을 12자(지름 24자는 1일 24시간)**로 원**(360도는 1년)**이다. 석굴 출구의 12자는 1일**(12刻)**에 해당하고 궁륭천장**(천체우주)**은 같은 원둘레에 구축하여 유구한 세계를 표현하고 그 중심**(천장덮개돌)**에는 원형**(태양)**으로 연화덮개돌을 만들고 구면 각 판석 사이에 팔뚝돌로 삐이져나와 별 자리를 만든 것으로 보인다."**

이렇게 석굴의 조형이 12(12달)**자를 기본으로 하면서, 정사각형**(땅)**과 그 대각선 길이와 정삼각형**(사람)**높이를 응용하고 원**(하늘)**에 내접하는 육각형과 팔각형**(세상)**등의 비례구성과 수학적 기법으로 이루어져 있어 당시 신라인들이 원주율**(π, 파이)**의 값을 3.141592…… 보다 훨씬 더 정확하게 알고 있었음을 증명하면서 석굴사가 철학과 사상 그리고 정교한 예술과 수학의 극치였음을 밝혀냅니다.**

⇨ 이에 허형도 서울대 중문과 교수 또한 그의 「강연 녹취록」에서 '우리 조상 신라인들이 지금의 원주율(π, 파이)을 밀률(密率: 영원히 비밀스러운 비율―소수점 1조 자리 아래도 무한 소수임이 밝혀짐)이라 표현하면서 3.14159…… 보다 훨씬 더 정확히 값을 알고 활용해 오고 있었음'을 「삼국사기」의 기록을 들어 증명합니다.

그리고 신라 때의 산관들의 수학책인 「구장산술」에서 우리가 중·고등학교 때 배웠던 방정식의 방정(方程, equation)이란 표현이 이미 삼국 시대에 있었음도 찾아내지요.

또한 훗날 조선의 실학자 홍대용(서기 1731~1783)이 그의 저서 「담헌서」(湛軒書) 중 수학과 천문학을 다루는 「주해수용」에 지금 우리가 쓰는 '삼각함수표'를 덧붙이고 있음과 「담헌서」 제5권에서는 "정현 25도 42분 51초(sin25.4251)의 값은 0.4338883739118 이다."라고 하여 소수점 13자리까지 정밀하게 다루고 있었던 당시의 수학문화를 일깨웁니다.

홍대용은 당시의 「수학계몽」, 「수학통종」, 「수법전서」, 「구장산술」 등과 우리와 중국과 서양의 수학의 성과를 정리·연구하여 당시 수학의 거의 모든 부분을 망라 집대성했을 뿐만 아니라, 심지어 그것들의 결점까지 발견하고 분석했을 정도였으며 용어에 있어서도 비율법, 약분법, 면적, 체적(부피) 등 근대적인 표현을 했음도 밝혀냅니다.

홍대용의 18C 혼천의 〈출처: 숭실대〉

여기서 허형도 교수는 「주해수용」에 있는 조선시대의 수학 문제 하나를 소개합니다.

"갑(甲)지와 을(乙)지는 동일한 자오선상에 있다. 갑지는 위도 37도에 있고 을지는 위도 36도 30분에 있다. 갑지에서 을지로 직선으로 가는데 고뢰(鼓)가 12번 울리고 종료가 125번 울렸다. 이때 지구 1도의 리(里)수와 지구의 지름, 지구의 둘레를 구하라."

"갑자기 어려가 묵-지 바짜오효? 그흐!
이것이 옛날 선조의 수학문화였지요. 우리는 우리를 너무도 몰랐습니다. 모르기 때문에 조상을 무시했던 것입니다. 이러한 과학 위에서 우리의 석굴사가 지어졌음을 말하고 싶었습니다."

신라역사과학관 학예연구사 권지협 씨 또한 이를 확인하면서 더불어 "석굴암이 1000년 이상 스스로 숨을 쉴 수 있는 자연과학원리의 구조로 만들어졌다는 것을 더 눈여겨보아야 한다."고 역설합니다.

석굴 출입구의 **아치형 천장** 위에 창을 냄으로써 **햇빛**을 잘 받게 하고 원활한 **통풍**을 이루게 했으며, 벽과 천장의 돌도 얇게 해서 끼워 맞춤으로써 돌 사이에 작은 틈을 만들어 공기를 순환시켰습니다. 또한 석굴 바닥 밑에 서늘한 지하수를 흐르게 하여 바닥의 온도를 벽면의 온도보다 낮게 유지하게 함으로써 바닥에만 이슬이 맺히게 하여 석굴 내부의 **결로현상과 풍화·백화 현상**을 예방했습니다.

동해의 바닷물을 들이마셔 구름과 안개로 토해낸다는 **토함산**(吐含山)은 이름대로 습기가 많은 지역이지만, 그럼에도 천 년 세월 너머 원형을 보존할 수 있었던 것은 자연과학을 꿰뚫어 볼 수 있었던 **한겨**

레의 뛰어난 지혜가 있었기 때문입니다.

⇨ 그리고 1980년, 영남대 김익수 교수 또한 논문에서 선조의 아리
랑과학을 드러냅니다.
'석가모니불의 후광을 나타내는 둥근 테인 공배를 정확한 원이 아닌
좌우 224.3cm 상하 228.2cm의 **타원으로 함으로써, 참배자가 공배
를 올려다보았을 때 원으로 보이도록 설계한 것**' 이라는 사실이었습
니다.

이처럼 경주의 석굴은 **건축, 수리, 기하학**은 물론이고 **조명, 디자인
감각** 등 게다가 참배 위치까지 고려한 인간의 온갖 찬사도 모자랄 인
류 최고의 건축조각 걸작품이었습니다. 우리 문화의 높은 품격과 자
부심을 느끼게 합니다.

인류 최고의 걸작품 석굴사(천정의 팔뚝
돌) 〈출처: 경주시청〉

이렇게 우리의 선조는 **자연과 인공의 절묘한 조화** 속에 **부모님을
향한 지극한 효**(孝), 순수한 **종교정신의 구현, 예술과 수학, 과학**을
아우르는 인간으로서 생각할 수 있는 오묘함의 극치를 구현해 내었
습니다. 경이로움 속에 세포 하나하나에서 **감동의 전율이 일어나** 그
야말로 불립문자(不立文字: 어떠한 문자로도 마음을 나타낼 수 없음)**의 탄**

성 속에 외국인들은 입을 다물 줄 모르는데, 정작 우리는 아무것도 모릅니다. 석굴사를 줄지어 가며 단 5분 만에 감상을 마칩니다. 그리고 그런 자들이 "우리에게는 문화가 없다."고 말합니다. 우리의 석굴사는 1995년 세계문화유산으로 지정됩니다.

✔ 1907년 일본인 우체부에 의해 발견된 석굴은 일본으로의 반출이 실패하자, 일제에 의해 세 차례의 해체·복원 과정에서 축소·변형되고 원형이 훼손되면서 많은 문제가 발생합니다. 해체한 돌을 콘크리트로 마구 붙여 자연스러운 공기의 흐름을 막아 이산화탄소 등의 해독으로 부식을 일으켰으며 석굴 바닥 밑의 지하수를 없애버림으로써 곰팡이를 피게 합니다. 선조의 오묘한 과학과 겨레의 혼(魂)을 마구 파괴해 버렸습니다.

그래서 지금 우리는 에어컨을 가동시키면서도 진행되는 부식을 유리창 너머로 안타깝게 바라볼 뿐입니다. 지구상 최고의 문화유산을! 아직도 완전복원이 요원한 불국사와 석굴사를 보면서 예술과 과학을 총동원하며 후손에게 보여주고 싶었던 '선조의 아리랑'을 그리워합니다. 불국사의 본디 웅장하고 신비한 모습과 석굴사 주실의 불상 2체가 사라진 빈 공간도, 본존불 앞과 뒤의 신묘한 솜씨의 '5층 석탑' 둘도, 그리고 무엇이 더 사라졌는지도 모르는 그 무엇을 말입니다.

그래서 UN의 유네스코는 '현대 인류가 범한 가장 큰 잘못 중 하나'로 일제의 석굴사 석굴의 복원사업을 들고 있습니다.

그리고 세계의 문화유산 수원의 화성(華城)이 있습니다.

세계문화재인 수원의 화성(華城)은 중국, 일본 등지에서 찾아볼 수 없는 평산성으로 성벽의 외측만 쌓아올리고 안쪽은 자연지세를 이용해 흙을 돋워 자연과의 조화를 이루고 있는 5744m로 둘러진 성곽입니다.

거중기(정약용)의 발명과 녹로 등의 과학 장비, 목재와 벽돌의 조화를 이룬 축성방법 등 과학적인 방법을 총동원한 동양성곽 축성술의 결정체이고 전 세계 성(城)문화를 집대성한 걸작품으로서 또한 세계 건축 기법을 총망라한 근대 건축물의 모범으로서 더불어 각 건축물에 나타난 뛰어난 예술성을 평가 받아 세계문화유산으로 등재됩니다.

수원화성의 팔달문　　　　　　야경 수원화성의 공심돈

아버지인 사도세자를 기리는 효심(孝心)으로 축성된 화성은 군사적 방어기능과 상업적 기능을 두루 겸비한 실용적이고 합리적인 성이지요.

'굳이 아름다울 필요가 있느냐?'는 신하의 물음에 "이 몽매한 신하들아, 아름다움이 곧 적을 이길 수 있게 하느니라." 답하셨다는 정조대왕은 '문화란 무엇인가?'를 후손에게 일깨우는 아름다운 교훈입니다. 그러하기에 많은 전란 속에서도 수원의 화성은 스스로를 지킬 수 있었던 것이지요.

프랑스와 영국은 우리와 일본처럼 앙숙관계이지요. 그런데 프랑스인들은 영국인을 대할 때 '너희가 아무리 대영제국이라고 우쭐대도 우리에게서 문화를 배워간 놈들일 뿐' 이라는 문화적 우월감을 갖는다고 합니다. 이처럼 아름다움으로 적을 물리치려 했던 선조의 문화적 자신감을 후손들은 기억해야 합니다.

이렇게 아름답고 과학적인 화성이 나오기까지 우리에게는 과거 수많은 성들이 있었습니다. 「구당서」에 나타난 당의 기록과·「삼국사기」를 토대로 보면 고구려성은 176여개 성, 백제성은 200여 개 성, 신라성은 120여 개 성임을 알 수 있으나 그 외의 보조성까지 생각한다면, 그 수는 더 엄청날 것입니다. 이렇듯 우리는 가히 성(城)의 나라라 해도 지나친 말이 아니었습니다. 영역 또한 한반도를 넘어 광활한 만주와 중국대륙이었습니다.

당시 고구려의 평양성(평양은 황제가 계신 곳. 북한의 평양이 아님)은 성벽의 길이는 총 23Km(중국의 자금성은 16Km), 그 당시 세계에서 제일 길고 큰 성으로서, 3중 쌓기, 6합 쌓기, 들여쌓기 그리고 적이 침입했을 때 새끼를 품고 있는 꿩처럼 안으로 감싸 효과적으로 퇴치시키는 치(稚) 같은 최고의 건축 기법과 공법이 망라된 첨단의 건축이었습니다. 또한 우리의 성이 엄청난 대군조차 물리칠 수 있었던 것은 단지 군사 공간만이 아닌 생활과 경제, 문화와 정치의 복합적인 실제의 삶의 공간으로서의 기능을 갖추었기 때문이었습니다.

화성의 포루에는 앞과 좌우 8개를 대포를 설치하고 총구멍 15개를 만들어 적을 공격하였는데 성을 빙 둘러 만든 포루가 다섯이었지요.

안에서 적을 위와 아래로 동시에 공격하기에 적은 **화살이나 총탄이 어느 곳에서부터 날아오는지를 모릅니다.** 노대에는 무시무시한 **쇠뇌**(다연발 화살 발사 장치)를 설치하여 최대 380~390m의 사거리로 적을 격퇴할 수 있습니다. 철통의 요새인 셈이지요.

공심돈(적을 살피는 망루)

포루

통신수단의 봉돈

노대

수원의 화성문화열차를 타고! (오전 10시 ~ 오후 5시)

또한 봉돈을 설치하여 경계와 정찰 상황을 낮에는 **연기로** 밤에는 불을 밝혀 정보를 알려줍니다. 세계 제일의 IT국가가 된 이유입니다.

이러한 모든 장점을 나타낸 수원화성에 대해 〈국제기념물유적협의회〉는 '18C 군사건축물을 대표하여 유럽과 극동아시아의 성제의 특징을 통합한 건축물' 이라고 극찬을 했으며 〈세계유산위원회 집행이사회〉 또한 '동서양을 망라하여 고도로 발달된 과학적 특징을 고루

갖춘 근대초기군사 건축물' 이라고 의의를 두어 유네스코는 1997년
에 세계문화유산으로 선정합니다.

　수원 화성이 유네스코세계문화재에 등재될 수 있었던 것은 「화성성
역의궤」 덕분이었습니다. 화성 건축에 관한 완벽한 공사기록서인 이
책을 바탕으로 화성의 원형을 완벽하게 복원할 수 있었고 이를 의궤
를 꼼꼼하게 확인한 유네스코 관계자들이 허락했다는 이야기입니다.

　「화성성역의궤」에는 공사 일정과 공사비용 내역, 공문서, 관계자 명
단과 장인 명단, 자재 명칭과 수요, 지급 노임 규정, 공사비용 내역
등은 물론 특히 시설물들을 그림으로 설명한 도설(圖說)까지 기재되
어 있어 선조의 건축사와 아울러 우리 겨레의 뛰어난 기록정신을 다
시금 확인할 수 있었습니다.

⇨ 그리고 앞서 말씀드린 존·코벨은 일본의 문명을 소개하여 전 세
계에 알리게 되는데, 그것이 바로 일본이 자랑하는 아스카(飛鳥) 문명
입니다. 그래서 그는 일왕의 표창장까지 받게 됩니다. 그러나 그는 좀
더 연구한 후 자신의 잘못을 깨닫고 학자적 양심에 의해 이렇게 말합
니다.

'일본의 아스카(飛鳥)문명은 바로 한국의 문명이다. 한국의 것을 약탈
했거나, 한국의 것을 훔쳤거나, 한국에서 끌려간 이들에 의해서 만들
어진 것들이다. 난 지금부터 한국 사람에게 한국의 것이 한국 이외
에 다른 곳에 얼마나 있는지 알리는데 주력하겠다.' 그리고 그는 J 일
간신문에 연재를 시작합니다.

　이렇듯 일본이 자랑하는 뛰어난 성(城)들과 많은 유물이 정작 한국

의 선조들에 의해서 탄생된 것이었는데 일례로 중국 진시황의 묘보다 크다는 일본 오오사카의 세계 최대의 고분인 〈닌토쿠 왕릉〉도 사실은 왜의 것이 아닌 백제인의 건축문화였던 사실이 그 안에서 출토되는 많은 유물들로써 증명하고 있다고 합니다. 그러나 이처럼 한국이 뛰어나고 위대한 민족이었다는 사실을 우리는 다만 외국인의 연구를 통해서 알고 있을 뿐입니다.

💡 주택문화에서 불(火)을 효율적으로 이용한 민족은 우리나라밖에 없습니다. 인류의 3대 발명품이라는 불!

그래서 〈오회분 4호릉〉의 고구려 벽화에 불의 신이 그려져 있는 것이고 아궁이의 신인 조왕신도 있는 것이겠죠. 이렇듯 우리 겨레는 아궁이를 만들어 불을 지핌으로써 유일한 온돌문화를 만듭니다.

'고구려의 온돌문화유물'을 특히 중국의 북경이 있는 하북성, 그리고 하남성, 산서성, 강소성, 안휘성 일대(현 중국의 반, 중국의 동쪽)에서 찾아냄으로써 지금까지 우리가 알고 있었던 우리 민족의 영역이 한반도를 넘어 중국의 황해를 끼고 있는 대부분의 지역, 즉 '우리나라'였음을 밝혀낸 바 있습니다. 또한 고구려를 승계한 발해의 궁전에서도 고구려의 온돌 문화유물이 나타납니다. 고구려가 망하고 고구려 유민들이 세계 여러 곳으로 옮겨가면서 온돌의 자취를 남깁니다.

그리고 고구려 후기 만주 집안(集安)에 있는 동대자 유적에서는 폭이 2m의 구들골의 원형이 발견됨으로써 열과학을 집대성한 당시 고구려 사람들의 독특하고 창의적인 주거문화를 증명하고 있습니다.

한족의 「구당서」에도 '고구려인들은 추운 겨울을 나기 위해 골을 길게 파고 밑에다 불을 지펴 방을 덥혔다.'라고 기술하고 있어 구들문화가 한겨레의 고유하고 독특한 문화였음을 증명하고 있으며 「황세옥의 전통건축이야기」에는 BC 1000~BC 400의 시기, 함경북도 회령 5동 유적 8호 집터에서 추운 겨울에만 불을 지핀 **난방용의 것이라** 추측되는 온돌 구들장의 발견을 기록하고 있어 구들의 기원이 삼국시대를 훨씬 넘는 것임을 말해주고 있습니다.

아궁이의 신 조왕신을 구들장에 들이다.
구들장 불들이기

온돌문화는 세계적인 브리태니커사전에도 ondol: 한국의 전통난방법이라 수록될 만큼 **열과학을** 집대성한 독창적이고도 과학적인 주거문화입니다.

서구의 **전통적인 벽난로나** 발전된 지금의 **스팀이**라는 난방시스템은 열효율성도 떨어지고 연기에 시달렸던 반면, 우리의 전통적인 온돌은 안방에서 사랑방까지 고래를 만듦으로써 즉 **구들골을 놓음으**로써, 그리고 **턱을** 만들어 열을 보존함으로써, 또한 윗목과 아랫목까지 구분하여 **열을 효과적으로 배분하면서 대류와 전도, 복사를** 이용하고 최종적으로 외부의 굴뚝으로 내보내므로 건강은 물론 열효율성이 매우 높은 과학적 시스템이었습니다. 이렇게 우리의 온돌은 **인류 최초의 축열식(蓄熱式), 중앙난방식 시스템**이었으며 하강되는 찬 공기를 아래에서 덥히는 **최초의 바닥난방 시스템**이었고 **취사와 난방을**

겸하며 자연법칙에 충실한 가장 이상적인 최고의 난방법이었습니다.

여기에 우리에게는 KBS-TV에서도 방영한 바 있는 정자방(正字房)이란 온돌이 있습니다. 한번 불을 지펴 꺼진 후 20여일 이상 보온이 지속되는 신비한 기술이었지요.

여기에 신라 효공왕 때 '담공선사가 세워 한번 불 지펴 그 온기가 마흔 아홉 날을 갔다.'는 전설의 온돌방인 아자방(亞字房)도 있었으니 정말 조상님의 대단한 아리랑과학 아닙니까? 더구나 경상남도 하동군 화개면 범왕리의, 경상남도유형문화재로 지정되어 있는 칠불사(七佛寺) 아자방은 구들에 불을 지펴 3달 열흘을 온기가 이어져 내려왔다고 합니다. 그러나 지금의 과학 기술원 공학박사들조차 이를 재현하지 못하고 있다고 하니 옛 조상의 초과학적 지혜에 할 말을 잃습니다.

칠불사(七佛寺) 아자방
〈출처: Dosa777.CoM〉

이러한 우리의 온돌문화는 몸을 덥게 하여 만병을 물리치게 함으로써 가정의 재앙이나 불행을 막아주는 의학적인 기능까지도 있었습니다.

온돌에 의해 발과 배, 등을 따뜻이 함으로써 각종 장기에 기(氣)를 보완하고 중추기관의 신경계나 내분비호르몬계통을 원활히 해 주기 때문이죠. 그래서 '등 따시고 배부르면 그만이다.'라는 우리의 속담이 있는 것은 우리의 온돌문화가 우리의 건강에 많은 기여를 했음을 보이는 것이지요.

더불어 지금 한류(K-Wave)와 함께 세계로 퍼져나가고 있는 우리의 찜질방문화는 과학과 의학 그리고 한민족의 낭만이 어울어 만들어낸 소통의 문화라 할 것입니다.

세계의 그 많은 민족이나 국가 중 **이렇게 과학적인 보온을 하면서 살아온 나라가 거의 없습니다.** 아니 없습니다. 과학적인 보온은커녕 일본도 중국도 보온자체가 없었지요. 추우면 옷을 더 입고 그저 웅크리고 수천 년을 살아왔을 뿐입니다. 선진국이라는 서구사회도 없지 않습니까? 서구의 **벽난로**는 연기도 연기이지만 열효율이 떨어져 춥게 살았기 때문에 그네들 또한 끼워입는 문화이지요. 최근에 와서 스팀이라는 것도 이렇게 세계 난방 역사에서 획기적인 전통 보온시스템인 온돌은 영하 30도의 혹한 속에서도 우리 겨레를 수천 년 이상 따뜻하게 감싸주었던 아주 창의적이고 과학적인 난방 구조입니다.

그래서 구한말에 조선을 찾은 외국인들은 우리의 〈구들과 온돌의 **난방시스템**〉에 대해 극찬을 아끼지 않았다 합니다. 미국의 외교관이자 의사인 알렌은 「조선견문기」에서 당시의 영국인 여행가인 헨리 노먼이 중국이나 일본에 비해 조선의 겨울은 천국이라 극찬한 사실을 기록으로 남겼고 프랑스 여행가 듀크로끄는 **"이렇게 기막힌 난방법은 세계에 널리 알려야 한다."**라고 말합니다. 이렇듯 선진국이라 자처했던 서구는 세계에서 가장 뛰어난 난방법을 하는 조선인들의 지혜에 감탄했습니다. 지금부터 100년 전, 우리의 4000년 전의 기술을 보고 추위와 연기에 시달렸던 자신들의 조상을 어찌 생각했을지 궁금합니다. **지금도 겨울을 딴 계절처럼 쾌적하게 지내는 나라는 우리밖에 없다고 합니다.** 이래도 우리에게 문화가 없다고 말하시렵니까?

지금 우리의 **온돌문화**는 중국과 러시아를 넘어 카자흐스탄, 그리고 중동을 넘어 유럽까지 찬사와 사랑을 받으며 퍼져나가 세계의 주(住)문화, 아파트문화를 다시 쓰면서 **한겨레의 홍익정신을 실현하고** 있습니다.

▷ 다음은 원광대 건축학과 양극영교수와의 전통주택에 관한 인터뷰 내용을 발췌한 것입니다.

우리의 〈전통주택〉에는 출입문인 일주문과 본가의 지붕의 각도를 같게 일치시킴으로써 '사람이란 높고 낮음이 없는 것으로 누가 이 문으로 들어오더라도 다 내 형제요, 내 가족'이라 생각을 드러내고 있습니다. 울타리는 야트막하게 하여 자연과 사람을 끌어들이고 손님이 오면 쪽문을 열어 대담하게 환영하였습니다. 지금 아파트 대문에 아이뷰로 들여다보는 움츠러든 문화가 아니었지요.

특히 사랑방에서 극진히 대접하며 기울이는 술잔 너머에 **지붕의 처마선이 매우 아름답습니다.** 이를 **중력의 힘에 자연히 쳐지는 선**(線)이라고도 하고, 여인의 유방의 선이라고도 하는데, 이 처마선은 한복**의 팔 끝에 나타나는 배내선으로, 버선의 등에서 버선코로 이어지는 현수선의 아름다움으로** 다시 살아납니다.

그 속에 남녀의 공간과 주인과 객의 공간, 일과 휴식과 의식의 공간 등을 따로 마련하고 삶에서 터득한 **채광, 통풍, 방수, 이중창호의**

보온 등 여러 측면에서 온갖 지혜를 발휘하여 불편함이 없는 인간 중심의 주택을 만들어 왔습니다.

양극영교수와 거닐었던 양동민속마을

여기에 우리의 〈전통주택〉은 일반적으로 원목과 황토, 창호지로 바른 문, 그리고 구들 그리고 볏단으로 얹은 지붕 이렇게 친환경적으로 구성되어 있지요. 문의 문풍지로 공기를 순화시켜 감기를 예방했으며, 원목으로는 공기정화 및 피톤치드의 살균효과를 주고, 황토 또한 미네랄 성분이 풍부한 살아 있는 생명체로서 습도 및 통풍조절 효과는 물론 원적외선으로 몸의 면역력을 높여주고 세포의 생리작용을 활발하게 해주며, 볏집은 황곡균과 같은 우리 몸에 좋은 균은 키우고 탈취 기능과 뛰어난 단열성을 갖추고 있어 쾌적하고 건강하게 하고 거기에 울타리를 낮게 하여 집에 바람을 들여 자연의 숨을 쉬게 함으로써 우리의 주택 자체가 살아있는 하나의 생명체로서 인간을 보호해 주는 친환경과학, 진정한 과학의 삶 그 자체였던 것입니다.

또한 세계에서 유일하게 쇠못 하나 쓰지 않는 지혜로 오히려 각종 재해로부터 몇백 년을 더 끄떡없이 견뎌낼 수 있었던 조상의 뛰어난 전통건축법이며 서구의 주거문화가 신발을 신은 채, 주로 카펫 위에서 이루어지므로 비염과 천식, 아토피 등 환경적 질환에 시달려온 반면, 우리는 신발을 벗는 청결한 온돌주거문화로써 건강한 삶을 해올 수 있었습니다.

지금 우리는 조상의 문화를 무시하고 서양식 주택을 선호하면서 우리의 아름다운 정신은 메마르고 열효율은 떨어지고 집에서 나오는 각종 화학유기물질을 비롯한 독성물질로 인하여 학생 4명 중 1명이 아토피 피부염 및 호흡기 질환으로 시달리는 **환경재앙에 직면**하고 있습니다. 이제 인류는 깊은 과학의 마음으로 사람을 위한 집을 지어 왔던 한국인의 아리랑주거문화에서 현대인이 찾고 있는 웰빙주택의 원형을 찾아야 할 것입니다.

☯ 문자(文字, writing) 아리랑, 문화의 시작과 축적

"독자 여러분, 정말 잘 오셨습니다!!! 이제까지 많은 문화적 충격을 받으셨겠지만, 여러분은 또 다시 큰 충격을 받으실 것입니다. 솔직히 말한다면, 그 충격만큼 우리가 조상에 대해 소홀했고 무지했다는 것이지요. 제발 여태까지의 낡은 문화와 역사의 프레임을 버리시기를 바랍니다. 그저 있는 그대로만, 보이는 그대로만 보고 생각해 판단을 내려주셨으면 합니다."

지금, 우리의 지구에는 공인된 국가가 198개국이 있고 정부를 갖춘 국가는 268개국이며 여기에 6700여 종류의 언어가 약 3백여 개의 문자로 쓰이고 있다고 합니다. 그러나 이 중 온전한 체계를 갖춘, 제 문자가 있는 나라는 과연 몇이나 될까요?

우선 **한국**(한글), **인도**(브라미 문자), **그리스**(그리스 문자), **이탈리아**(로마자), **유럽권**(영국, 프랑스, 독일, 스페인 등 영어류), **슬라브어권**(러시아, 우크

라이나, 불가리아, 벨로루시 등 끼릴), **아랍권**(사우디, 이란, 이락 등 아랍문자),
에티오피아(암하라), 그리고 일본(가나), 중국(한자) 정도일 것입니다.

💡 그러나 유럽은 거의 다 그리스·로마자를 이리저리 변형시킨 알파벳
으로 거의 사투리 정도 차이의 문자를 쓰고 있을 뿐이며, **아랍권과
슬라브어권은 같은 글자를 쓰고 있을 뿐이고, 일본은 우리의 옛글자
인 가림토문자와 한자를 섞은 것이라 하며, 한자는 원래 한(漢)족이
발명한 글자가 아닌 우리 조상 동이(東夷)의 글자를 바탕으로 만들어
진 글자라고 한다면, 그나마 자기나라 고유의 문자를 갖고 있는 나라
는 불과 손가락으로 꼽을 정도임을 알 수 있습니다.

더구나 문자의 **창제자**(세종대왕)가 있고 **창제연도**(서기 1443)와 **창제
의도**(민본정신, 실용정신)가 분명히 존재하는 국가는 대한민국뿐입니다.

➡ 이것이 세계인의 한국인의 한글에 대한 생각(찬사)입니다.

"**한국인들은 세계에서 가장 좋은 알파벳을 발명했다. 한글은 간단
하면서도 논리적이며, 게다가 고도의 과학적인 방법으로 만들어졌
다.**" (네덜란드 언어학자 포스 교수)

"**한글은 모든 언어가 꿈꾸는 최고의 알파벳이다.**" (영국의 다큐멘터리
작가이며 역사가인 John Man)

"**한글은 전통 철학과 과학이론이 결합한 세계 최고의 문자이다.**"
(함부르크대 베르너 잣세 교수)

"**한글은 인간의 창조성과 천재성에 대한 위대한 기념비이다.**" (캘리
포니아 주립대 J. M. Diamond 교수)

"한글이 전 세계에서 가장 단순한 글자이며 가장 훌륭한 글자이다." (소설 「대지」의 작가 펄벅)

"한글이 표음문자이지만 새로운 차원의 세계 유일의 자질문자 (feature system: 하나의 소리를 다른 소리와 구별할 수 있도록 해주는 성질을 가진 문자. ㄱ :ㅋ :ㄲ)로서 가장 우수한 문자" (영국 리스대의 Geoffrey Sampson 교수)

그리하여 영국 옥스퍼드대에서는 한글을 전 세계의 문자서열 1위에 올려 존경하고 있으며 일본의 국제교양대 노마 히데키 교수는 「한글의 탄생」에서 한글은 문화의 혁명이라고까지 역설합니다. 심지어 라이샤워(E.O.Seischauer) 하버드대 교수는 '한글날은 세계인 모두가 축하해야 하는 날'이라 하여 세계인의 축제로까지 승화하자고 건의한 바도 있습니다.

서기 2000년을 며칠 앞둔 어느 날, 〈세계 과학자 모임〉에서 '유형·무형의 것 중에서 인류가 만들어 놓은 최고의 발명품'으로 우리의 한글이 뽑힌 적이 있었습니다.

그리고 「세계언어학회」에서도 지금의 한글을 '인류가 만들어 놓은 최고의 걸작품으로서 가장 과학적이고 합리적인 글자'로 인정한 바 있습니다.

그러하기에 우리는 지금까지 인류의 그 많은 언어와 문자 중에서 가장 세분화를 이루며 진화된 말과 세계의 문자 중 가장 많은 음을 표기할 수 있는 문자를 갖고 있습니다.

이를테면 언어분화가 제일 심하게 일어나는 품사는 형용사와 부사입니다. 그중 형용사 '노랗다'라는 표현이 영어에서는 yellow 단 하나의 표현뿐이지만, 우리말에서는 '노랗다, 누렇다, 샛노랗다, 뇌랗다, 누르끼리하다, 뇌리끼리하다, 노르틱틱하다, 누르무레하다……' 등 무려 25가지 이상이나 나타나고 있는 것을 알 수 있습니다. 그러하기에 세분화된 언어인 우리말은 서양의 알파벳이나 세상의 그 어떤 문자로는 도저히 기록될 수 없습니다. 반면 우리의 한글은 세상의 그 어떤 모든 음도 기록이 가능한 문자이지요. 「재미있는 한국의 통계」라는 책에 의하면 한글은 24개 문자로 11,000 가지의 소리의 표현이 가능하지만, 일본어는 300, 중국어는 400에 불과하다고 합니다.

한국 최고의 문화유산 한글

그리하여 우리의 한글은 2009년 10월에 열린 제1회 세계문자올림픽 1위에 이어 2012년 태국에서의 제2회 세계문자올림픽에서도 1위의 영예를 차지합니다.

이 대회에서 이양하 집행위원장은 3위를 차지한 영어와의 비교를 이렇게 하고 있습니다. "영어 알파벳 26자로 표현할 수 있는 소리는 300여 가지에 불과하지만 한글 24자로는 이론상 1만1000여, 실제로

8700여의 소리를 낼 수 있을뿐더러 **짧은 시간에 이뤄지는 정보전달 능력은 타의 추종을 불허한다.**"라고 말입니다.

한국어를 공부하는 뉴욕주립대학의 피터(Peter Romano)의 말입니다. **"한글은 세계에서 가장 합리적이고 과학적인 글자이다. 알파벳으로는 다른 나라 언어를 받아 적지 못해! 일본어도 그렇고 중국의 한자도 그렇다고 해. 근데 한국어는 모든 언어를 받아 적을 수 있다고 해.**"

그래서 하늘 안의 모든 것을 기록할 수 있기에, 또 그것을 가능하게 한 하늘나라 백성인 천손의 글자이기에 '한글'이라 했던 것이지요. 이렇게 뛰어난 언어와 문자이기에 세계에서는 **한국인의 말과 문자를** 우주인의 언어, 외계인의 문자라고 하는 것이지요.

이렇게 과학적이고 합리적인 언어 때문인지, 30대 이하에서 12개국어 이상을 구사하는 사람이 19명이나 되는 대단한 나라라고도 합니다. 미국이 3억 중 23명, 중국이 15억 중 46명, 대한민국은 0.5억 중 19명이라는 통계를 본 적이 있는데, 인구비례를 고려한다면, **중국이 46명일 때 우린 570명이나 되는 셈이죠. 엄청나게 뛰어난 민족 아닙니까?**

그래서 박대종님을 비롯한 많은 언어학자들은 **한국인의 토속사투리가 세계언어의 뿌리**라고 말하는 것이며 세계의 언어학자들이 **한국인을 언어의 천재**라 부르며 신기해하고 있는 것이지요. 생각해 보면, 뿌리민족이 뿌리언어를 갖는다는 것이 하나도 이상할 것 없지만 말입니다. 우리만 이상합니다. 그렇죠?

그리고 우린 문맹률이 1% 미만인 세계 유일의 나라랍니다.

지금 UN에서는 자기의 글자가 없는 민족과 국가에게 한글을 권장하고 있으며, 문맹 퇴치에 크게 이바지한 사람에게 세종대왕상을 수여하고 있습니다. 실제로 글자가 없는 5개국 부족에서 한글을 쓰고 있다고 합니다. 세상의 모든 언어를 문자화할 수 있는 글자는 한글이 유일한데 과학성이나 합리성이나 실용성에서 가장 우수하기 때문이지요. 오죽하면 일본과 중국도 미래의 발전을 위해 불완전한 자기의 글자(가나, 한자) 대신 한글을 쓰자는 주장을 했었겠습니까!

⇨ 단기4329년(1996) 한글날, KBS-TV 뉴스 내용입니다.
"몇 년 전 프랑스에서 세계의 언어학자들이 한 자리에 모이는 〈학술회의〉에서 한국어를 세계공통어로 쓰면 좋겠다는 제안이 나왔다고 합니다. 그러나 안타깝게도 한국의 학자들은 그 회의에 한 명도 참가하지 않았다고 합니다……!"
이것이 인류 최고의 한글과 문화에 대한 우리 한국인의 의식입니다.

◆ 한민족이 발명한 문자들
  하늘과 땅 사이에서 우리가 보는 것과 생각하는 것 느끼는 모든 것을 표현하고자 했던 참으로 궁금한 것도 많고 생각도 많은 겨레였습니다. 그래서 많은 글자를 만들며 실험해 왔습니다. 그렇게 우리의 말은 세분화되었고 이를 기록하기 위한 많은 문자의 실험이 이루어집니다.
  한평생 인류의 시원문화를 연구했던, 세계적인 석학 자코모 박사가 말했듯이, 인류 최초로 하늘 높이 단을 쌓아 올리고 제(祭)를 올렸던 시원민족답게 아리랑정신으로 많은 실험을 통해 세상의 그 어떤 것도 다 표현할 수 있는 사람들입니다. 이는 **높은 곳에 오른 자만이 볼 수 있는 더 멀고 더 너른 세상에 대한** 오감(五感)의 표현이었습니다. 그러하기에 **영어에서의 '노랗다'**(yellow) **단 하나의 표현을** 한국인들은 무려 25가지 이상이나 나타낼 수 있는 것은 오랜 역사와 시간 속에서의 당연한 사고의 차이일 것입니다. 이는 생명이 짧고 단순한 유아어에 대한 성인어, 고급어로 비교할 수 있습니다.

'모든 언어가 꿈꾸는 최고의 알파벳'이라는 인류 최고의 발명품인 한글은 개인이 하루아침에 창살을 보고 장난기로 만들어진 글자가 아니라, 먼 옛날 '녹도문'을 시작으로 금문, 한역·팔괘에서 가림토 문자, 산문, 훈민정음' 등으로 이어지는 1만 년 이상의 선조의 끝없는 탐구심과 실험정신, 그리고 좀 더 편하고 나은 최상의 문자를 만들고자 했던 특유의 아리랑정신에서 비롯된 것이었습니다. 이렇게 하여 세상의 그 어떤 모든 음도, 사물도, 생각도 기록이 가능한 꿈(dream)의 문자 한글이 탄생한 것이지요.

이러한 꿈의 글자를 만들어 낸 한국인은 예전부터 많은 글자의 실험을 해 옵니다. 우리 한민족이 만들어 놓은 문자들을 소개합니다.

◆ 녹도문(鹿圖文)이 있지요.
우리가 '**참글**' 또는 진서(眞書)라고 일컬었던 첫 어머니글자입니다. 인간의 삶을 드러내는 글자가 아니라 **천제를 지낼 때만 쓰는 신**(神)의 글자였다고 합니다.

⇨ 이상학(「한 한 한의 비밀과 사명」의 저자)씨는 「한글은 단군이 만들었다」(정연종 저)를 참고로 하여 다음과 같이 말합니다.

'배달국 1대 황제인 거발한 한웅(천황, BC 3898~) 때 글 다루는 관리(신지) 혁덕(赫德)이 사슴(鹿록)의 발자국을 유심히 관찰하고 '녹도문'(신지문자)이라는 글자를 창안했음이 「단군세기」 등에 전해지고 있다. 이 녹도문자는 참글 또는 진서(眞書)라 불려 단군조선 때까지 쓰였음이 「태백일사」에 나타나 있다. 우리의 녹도문자야말로 인류 최초의 문자이다.'

ㄥ ㄹ ㄷ ㄱ ㄼ ㅍ ㄨ ㄵ ㄭ ㄮ
ㄸ ㅍ ㄨ ㄺ ㄴ ㄵ ㄿ ㅐ ㄷ ㄷ
ㄨ ㅍ ㅐ ㅐ ㄨ ㄵ ㄹ ㄷ ㄽ ㄲ · 세계 최초의 녹도문자 지금까지
발견된 31자 〈출처: naver梨花雨〉

아! 인류의 문자에 관한 최초의 기록이라고 합니다.

지금까지 인류 최초의 문자는 BC 3500경 메소포타미아 지방에서의 수메르문자라고 합니다. 그러나 「단군세기」 등의 기록에 의하면 배달국 1대 황제인 거발한 천황(BC 3898~) 때의 '녹도문'이라는 글자를 창안했음이 전해지고 있고 또한 우리의 녹도문자에서 많은 문자가 변형되어 쓰였음을 중국 문자의 아버지인 낙빈기를 비롯한 국내외 많은 학자들의 연구로 드러내고 있습니다. 이집트의 상형문자(BC 3000년경)나 수메르의 설형문자(BC 3500년경)보다 수 세기나 앞서는 세계 최초의 문자라고 합니다.

그렇다면, 우리의 녹도문자야말로 인류 최초의 문자였던 것입니다. 이를 주장하는 분으로는 재야사학자 김종학님, 이원희교수, 목포대학교 기계공학과 윤복현교수 등등 많이 계십니다.

⇨ 특히 일본 와세다 대학의 요시무라 교수는 '(고조선 이전의) 배달국 (밝달국)의 신교문화에서 시작한 홍산문명(밝달문명)을 배달국의 사람들이 갖고 가 BC 3100년경 메소포타미아문명(수메르문명)을 탄생시켰음'을 발표하여 세상을 놀라게 하면서 한국의 고대문명과 언어가 세계의 문명에 영향을 끼쳤음을 알립니다.

⇨ 이에 대하여 예일대학에서 박사학위를 받으며 이 분야의 연구로 세계적인 권위를 얻고 있는 한국의 강신택교수 또한 수메르학자 사무엘 크레이머가 한국의 역사는 탐구하지 않고 수메르 역사만 탐구하여 "역사는 수메르에서 시작되었다."라고 발표하면서 세계 각국이 마치 인류의 역사가 수메르에서 시작된 것으로 (잘못)믿게 되었던 것이었음을 발표하여 인류문명의 기원이 한국의 문명에서 비롯된 것이었음을 세계에 알립니다. 이 말은 수메르문자의 근원 역시 사실은 바로 동방의 배달나라에 있었다는 놀라운 말입니다!

⇨ 칼럼니스트이며 한민족문화연구원 이사장인 강동민님은 "서기전 3500년경의 수메르민족은 아시아로부터 왔다. 수메르민족은 단군조선을 어머니의 나라라고 하였다."라고 말합니다. 그래서 그들 수메르인들은 자신들을 '검은 머리 사람들'(웅 상 기가)이라 불렀다고 합니다. 더 자세한 이야기는 〈3부, 우리 역사의 태동〉에서 밝히겠습니다.

◆ '64괘의 한역(韓易)을 가지고 만든 팔괘'가 있습니다.
고조선 이전의 신시 환웅시대 제 5대 한웅(천황)이신 태우의 환웅(BC 3512)의 12번째 아드님이신 태호 복희(伏姬)씨께서 옛 중국인들을 교화시키기 위한 사명을 띠고 파견되면서 전부터 내려오던 배달국의 한역 64괘를 가지고 '8괘'를 창안하시어 깨우치셨으니 그것이 글자로 변하여 지금의 한자(漢字)의 모태가 되었다고 합니다.

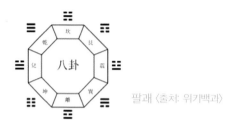

팔괘 〈출처: 위기백과〉

◆ 금문(金文)이 있습니다.

아주 먼 옛날 우리 조상은 일찍이 4500여 년 전 **바위**(石)나 **청동** (金)으로 제작된 각종 제기와 병장기, 농기구 등에 우리의 생각을 그림으로 상형해 놓았으니, 그것이 바로 원시상형문자인 그림글씨 '**금석문**(金石文), **금문**'이란 문자였습니다.

이것은 **참글**(眞書)인 녹도문자에서 **비롯된** 것이었기에 인간의 실용적인 글자가 아니라 천제를 지낼 때만 쓰는 신을 위한 글자로서 **권력**이나 권위의 상징물로 쓰였다고 합니다.

⇨ 중국 문자의 아버지로 일컬어지는 **낙빈기**는 그의 저서 「금문신고」에서 이 금문이 바로 한자(漢字)의 기원이 되었고 고대 중국의 지도자들이 한족이 아닌 **다 동이인**이었음을 솔직히 발표합니다. 그래서 이 「금문신고」는 중국정부로부터 압수당하고 말지요.

그럼 이 금문을 누가 만들었을까요? 한번 생각해 보십시오.

금석문(金石文)이라 하면 돌이나 그릇 그리고 쇠붙이에다 새긴 글자이고 이 글자는 제사문화와 관계가 될 터인데, 누가 그릇(토기)를 제일 먼저 만들었고(제주도 고산리토기 1만 수천년 이전) 어느 민족이 **고인돌과 관련된 거석문화와 관계가 깊고**(우리나라 전남 화순 BC 6천년 이전) 누구의 **청동기문화**(쇠붙이)가 앞서는지(우리나라) 그리고 **천제문화가 누구의 문화**(천손인 우리나라)인지를 생각한다면, 그리고 **금문의 글자들이 우리 한국인의 생각으로 풀어야 알 수 있다는 점**, 중국인들은 그 뜻을 이해하지 못한다는 점을 생각한다면 쉽게 답할 수 있을 것입니다.

극정금문 (출처: 무릉도원)

◆ 갑골문자(胛骨文字)를 지어냅니다.

단군조선의 제후국이었던 은나라(BC 1450~BC 1118) 지역에서 **거북의 등에 그려져 발견되었다는 '갑골문자'**(胛骨文字)입니다. 종교적인 색채가 강했던 은나라는 천신(天神)이나 자연신, 조상신에게 갑골을 이용해 점을 쳤다고 하는데 이는 그 이전부터 소의 **뼈**, 우골(牛骨)로 점을 쳐 왔던 동이족의 관습이 변한 것이라고 말합니다.

이렇게 갑골문은 예부터 내려왔던 한국의 녹도문과 초기의 그림글자

금문 등의 영향을 받아 실용화 하면서 지금의 한자로 발전한 문자이지요.

⇨ 구제강(1893~1981)과 중국사학자들이 공동 편찬한 「고사변」(古史辯)에는 "동이족은 은나라 사람들과 동족이며, 그 신화 역시 같은 뿌리이다."(東夷與殷人同族 其神話亦同源)라고 증언하고 있는 것으로 **갑골문이 우리 겨레의 문자라는 사실을 더 이상 부인할 수는 없게 되었습니다.**

갑골문자 〈출처: 중앙일보〉

더구나 한자의 시원이라고 주장하는 (산동지방의) 갑골문보다 **더 정확하고 더 오래된 글자를 포함한 갑골문이 우리나라 고려말 충신이자 육은**(六隱)**이란 호로 회자되었던 농은**(農隱) **민안부 선생의 유집에서 2002년 확인되었으니, 바로 갑골문으로 쓰여진 〈천부경문〉**(天符經文)**입니다.** 이로써 갑골문이 중국의 산동지역의 동이뿐만 아니라 한반도의 동이도 함께 쓰며 발전시켰던 우리의 글자임이 드러납니다.

◆ 가림토 문자, 가림다 문자의 발명입니다.
「단군세기」에 의하면 "**고조선 3대 임금님이신 가륵단군**(BC 2181)**때 을보륵이라는 뛰어난 재상이 38자의 정음인 '가림토'**(加臨土, 가림다:

세상의 것들을 가리어 구별하는 음 또는 토)를 만들어 바치고 한민족의 문자통일을 꾀한다.”라고 나오지요.

가림토는 처음 이 땅의 많은 문자(참글, 진서)를 통일하기 위해 녹도문을 조금 더 발전시킨 글자로 보이며 훈민정음과 지금의 한글의 기원되는 문자이지요. 그러하기에 세종대왕님도 ‘나라의 말과 글이 나라안(國中)에서 다르기에 다시 문자통일을 이루기 위해’ 가림토문자를 활용하여 훈민정음을 지으셨던 것이지요.

⇨ 신지신획이라는 참글(眞書)를 참고로 「환단고기」에 나오는 **가림토문자(加臨土文字-옛 한글)의 진실을 밝히기 위해서 송호상 교수는 만주의 길림시의 삼랑이라는 분의 증언을 토대로 「동이민족 논설 중 일부」** 중 ‘가림토문자를 찾아서’에서 밝힙니다.

“산동성 환대(桓臺)시에서 발굴된 가림토문자는 조선의 한글이 세종대왕의 최초의 발명이 아님을 증명하고 있으며 지하 6m 깊이에서 발굴된 녹각에 새겨진 ‘ㅅ ㅈ × ㅜ’ 등의 문자는 C14 측정결과 지금으로부터 3850년 전의 것으로 확인하였으니 「환단고기」의 가림토 문자는 4000년 전에 있었다.”

·가림토 문자 읽는 법

장봉선 가림토문자 학회장 제공.
가림토문 아래 첨가됨 게 현대의 한글
그림출전 :《계간 한배달》

가림토문자 장봉선 가림토문자학회장 자료

◆ 산(算)문자

　우리에게는 신시 한웅시대(BC 3898~)부터 숫자를 계산하여 기록하는 문자가 있었다고 전합니다. 또한 여기에 계산을 돕는 계산기도 있었다고 합니다.

　「태백일사」 소도경전본훈에는 이렇게 기록되어 있습니다.

"신시시대에는 산목이 있었고 치우 때는 투전목이 있었으며 부여 때에는 산목이 있었다. 그 산목이라는 것은 '一 二 三 三 ㅣ ㅜ ㅠ ㅠ ㅠ X'이다."

(神市有算木 蚩尤鬪佃目 夫餘有算木 曰算木 一 二 三 三 ㅣ ㅜ ㅠ ㅠ ㅠ X 也)

　⇨ 허대동 씨는 그의 저서 「고조선문자」에서 「한단고기」의 산목의 기록을 들어 그 글자의 실체를 주장하기도 하였으며 이에 대해 한국학중앙연구원(전 한국정신문화연구원) 명예교수이며 민족사연구원 원장이신 박성수님도 그의 저서 「단군문화기행」에서 **"단군 때에 전해오는 산목(算木)이라는 주판 또는 계산기가 있었다는** 설이다. 산목은 산대(산간山間)라고 부르는 것이 통례인데, 주판이 전래되기 전에 우리는 이 산대를 가지고 계산했던 것이다. 나도 이 산대를 하나 갖고 있는데 어떻게 계산하는가에 대한 간단한 해설서가 있다. 이 산대는 주판보다 빠르고 요즘의 전자계산기보다도 빠르다. 이것이 숙달되면 주판 따위는 따라올 수 없다고 한다."라고 말하면서 산대에서 사용되는 숫자(1~10)를 다음과 같이 제시하고 있습니다. 생각해보니 저도 어릴 때 이런 숫자를 쓰며 놀았던 기억이 나는군요.

一 二 三 三 ㅣ ㅜ ㅠ ㅠ ㅠ X

산문 〈출처: 단군문화기행(박성수)〉

◆ 세종 때 창제된 글자, 훈민정음입니다.

하늘의 뜻을 음·양(陰陽, 2)의 이치와 오행(五行, 5)의 원리에 따라 생긴 생명의 수(한민족의 수)인 7에, 하늘민족답게 하늘의 네(4) 방향으로 하여 온 세상의 것들을 기록하기 위해 탄생한 28(7×4)자 훈민정음은 최고의 합리성과 실용성, 과학성, 창의성을 모두 갖춘 인류 최고의 글자이고 인류 최고의 보물입니다. 백성의 불편함을 덜기 위한 세종대왕의 민본주의(백성을 근본으로 함=민주주의) 정신과 민족 특유의 아리랑정신에서 비롯된 인류의 자랑입니다. 이처럼 하늘의 이치를 담아 놓은 하늘의 글자라 해서 '한글'이라 하며 우리가 만든 음(陰, 땅)의 글자인 동방문자(한자)에 대하여 양(陽, 하늘)의 글자라고 합니다.

우리 조상님들 대단하시죠!

그러나 이러한 한글이 세종 때(訓民正音, 1443년 창제) 처음 창안된 글자가 아니라, 이보다 3600년 전, 그러니까 "고조선 3대 황제인 〈가륵 단군〉때(BC 2182~) 당시 재상이었던 을보륵이 창안하여 황제(단군)께 올린 38자의 정음인 '가림다 문자, 가림토 문자'(가리다, 구별짓다.)를 기초로 하였다."는 주장이 있습니다.

가림토가 처음 이 땅의 많은 문자(참글, 진서: 녹도문, 금문)를 통일하기 위해 글자의 바른 발음을 정(정음, 正音)하기 위해 나온 문자였듯이 훗날 세종대왕께서 여러 이민족에 의해 훼손된 정신과 동방문자(참글, 진서, 조선 때의 한자)의 바른 음을 되살리어 올바르게 잡기 위해 표음과 표의가 절묘히 조화된 문자로 탄생하였으니 이것이 지금의 한

글이 된 것이지요. 이렇게 처음은 문자의 음을 바르게 정한다고 하였기에 문자가 아닌 정음(正音)이라 했던 것이고 세종대왕 역시 훈민정음(訓民正音: 백성을 가르치는 바른 소리)이라 명명 반포하셨던 것이지요.

훈민정음 해례본 〈출처: 동아일보DB〉

　"훈민정음이 가림다 문자, 가림토 문자를 기초로 하였다."는 주장은 대진국(발해)의 시조 대조영의 동생 대야발이 쓴 「단기고사」 외에도 「단군세기」나 「세종실록」의 기록과 최만리의 〈한글 반대 상소문〉, 그리고 일본의 고서인 「훈석언문해」 등을 근거로 많은 학자들이 매스컴을 통하여 이미 발표된 바 있었습니다.

💡 그렇다면 한글의 역사는 세종 때를 넘어 적어도 3600년 전으로 그 뿌리가 훨씬 더 깊었던 것이지요.

　"언문(한글)은 모두 옛 글자를 본받아 되었고, 새 글자는 아니다."
（非新字也, 「세종실록」）

　"언문(한글)은 전 조선(고조선)시대에 있었던 것을 빌어 다 쓴 것이다." (세종실록 103권, 세종 23년 발표)

　"세종은 옛 전자(篆字, 녹도문에서 발전된 한자 이전의 문자)를 모방해서 28자를 창제하였다." (세종25년 계해년)

　"지금 만드시는 글자는 전 시대까지 쓰이던 글자인데……" (세종 때 집현전 부제학 최만리의 한글 반대 상소문에서)

"조선에는 2가지의 한글이 있다. 하나는 예부터 전해져 오던 것이고 다른 하나는 세종 때 창제된 것이다. 지금 쓰고 있는 한글은 후자이다." (일본의 고전 「훈석언문해」)

▷ 또한 한남대 강신철 교수는 "(청동화폐인)명도전에 새겨진 문자가 연(燕)나라 문자가 아니라 단군조선에서 쓰던 '가림토 문자'임을 증명함으로써 우리 한글의 뿌리가 우리 민족의 역사만큼이나 길게 뻗어 있음을 밝혀내었다."라고 발표합니다.

▷ 「고조선 문자」의 저자 허대동 씨 또한 '고조선의 38자 가림토 문자가 사물의 형상을 본 뜬 상형과 소리문자의 절묘한 조합으로 만든 문자'임을 밝히고 '세종과 집현전 학자는 백성들이 쉽게 이해하도록 고조선 문자에서 상형은 생략하고 소리문자를 체계화한 것'이라고 주장하였습니다.

(^ ^ 약간 지루하시죠!)

아니라면 감사할 따름이지만, 그러나 인류 최고의 걸작품이자, 인류의 문자혁명을 가져온 한글을 탄생시킨 우리 조상의 자취를 살피는 일인데, 이 정도의 수고는 마땅히 해야 하는 것 아닙니까?

　세계의 지성들은 '한국문화의 힘이 한글에서 나온다.'고 할 만큼 한글의 브랜드(brand)를 강조하고 있음을 간과해서는 안 될 것입니다. 그래서 왜! 우리가 최고일 수밖에 없었는지 세계인에게 알려 줘야 할 것 아닙니까! 조금만 더 분투해 봅시다. 조상님이 기뻐하실 것입니다.

이렇게 한글의 모체인 **가림토문자**는 우리 겨레의 기본사상인 **천**(ㅇ) **지**(ㅁ)**인**(ㅅ) 삼재(三才: 만물을 지배하는 세 가지)를 기본으로 자음을 만들었지요.

한글연구가 구길수님은 「한글은 뜻글이다」에서 '원시한글이 천지인을 상징하는 천부인의 **원**(ㅇ)**방**(ㅁ)**각**(ㅿ)으로 만든 것으로 모든 자음에 고유한 뜻이 내포되어 있는 한글이 단순한 소리만 내는 글자가 아닌 **뜻과 소리를 함께 나타낸 글자였음**'을 밝힙니다.

(판단은 독자에게 맡깁니다.)

ㅇ은 하늘을 뜻하고 **둥근 하늘과 해의 모양**을 본뜬 것으로
여기서 나온 글자로 '알, 얼, 위, 한, 하늘, 하나 등'을 들고,
ㅁ은 땅을 뜻하고 **물질을 포함한 땅의 모양**을 본뜬 것으로
여기서 나온 글자로 '뭍, 뫼, 마을, 물, 마님 등'을 들고,
ㅅ은 사람 ㅿ을 뜻하고 **서는 것, 솟는 것 등**을 본뜬 것으로
여기서 나온 글자로 '사람, 사내, 서다, 솟다, 솟대 등'을 듭니다.
구체적인 예로 얼이란 **해처럼 밝은 영혼**이라는 뜻의 말입니다.

그래서 몸에 혼(얼)이 든 사람을 어른이라 하는 것이고 얼이 몸에서 빠진 사람을 '얼빠진 놈' 또는 '얼간이'라 했던 것이며 심지어 얼이 썩은 것을 '어리석다'라고 말해 왔던 것이지요.

그리고 우리의 **가림토문자** 역시 많은 나라의 문자형성에도 영향을 주었던 것 같습니다.

(중국의) **갑골문자**와 일본의 초기 **신대문자**(위작이라고도 함), 몽고의 **파스파문자**, 인도 서쪽의 **구자라트문자** 등이 단군시대 **가림토문자**와

유사하다는 학설이 여러 민족사학자의 주장과 그리고 KBS-TV 역사스페셜, 1996년 한글날에 방영된 Q채널의 「한글, 그 비밀의 문」 등 많은 언론에서도 끊임없이 제기되고 있지요.

◆ '한자' 동방동이인(한국인)의 음(陰)의 글자

전 세계의 20억 정도의 인류가 쓰는 한자(漢字),

한국인에게 한자는 **남의 문자를 빌려 쓴다는 비굴한 마음을 갖게** 하면서 자연 우리로 하여금 **움츠러지게 만드는 거대한 블렉홀**(black hole)**과 같은 문화인 것입니다.** 동양의 사상과 문명이 이 한자에서 출발했다고 보았으며 우리의 모화사상(중국을 사모하는)과 사대주의(큰 것을 따르는)의 중심에는 한자가 있었습니다. 사실 한자에 대해 **상당한 자부심을 갖고 노골적으로 과시하는 중국인도 많습니다.**

그러나 한국인은 더 이상 중국인 앞에서 왜소해질 이유가 없습니다. 오히려 **당당해져야 합니다. 한자는 우리 조상이 만든 한민족의 글자였으니까요.** 사실은 우리 동이족의 사상과 철학을 바탕으로 만들어진, 우리의 글자를 남들이 빌려 쓰고 있는 것이니까요. 그래서 뜻있는 분들은 이미 한자라 말하지 않고 동방문자(동방의 동이가 만든)라 말해 오고 있습니다. 그리고 동방문자가 옛 중국의 글이 아니라 우리 **옛 한민족의 글자라는 주장은 국내외에서 이미 널리 알려진 이야기입니다.**

(-터무니없다고 책을 덮지 마시고 한번 따라와 보세요!-)

☿ 동방문자(한자)의 기원

한자의 기원을 두고 **한족**(漢族)**은 중국문자의 시조로 알려져 있는**

창힐에 의해서 만들었다고 하나 그는 배달국(환웅시대) 14세 치우천황 (BC 2707경)시절 **자부 선생으로부터 녹도문자**(鹿圖: 사슴발자국)**를 배워 간 산동지역의 동이인**이었으니 이 창힐문자가 훗날 은나라에 이르러 갑골문자로 발전한 것이고 이 갑골문자를 빌어가 진(秦)과 한(漢)시대 를 거치어 한자로 발전했던 것이니, 저들의 말대로 하더라도 **한자는 분명 우리 한국에서 기원된 문자이지요!** 산동의 동이족은 한민족을 선조로 하는 사람들이었으니까요!

어떤 이는 배달국(환웅시대) 5대 태우의 환웅(BC 3512)의 막내 아드 님이신 **복희**(伏姬)**씨께서 환국의 64괘 한역**(韓易)**으로 만든 '팔괘'가** 지 금의 한자로 변형되었다고 하고, 어떤 이는 우리 조상이 그림을 그려 **돌과 쇠에 표현했던 바로 '금문'**(金文)**이 한자가 되었다**고 합니다.

김대성님의 금문 풀이 인(사람)

중국 문자의 아버지로 일컬어지는 낙빈기는 금문의 1인자입니다. 그는 50년의 연구 끝에 「금문신고」라는 그의 저서에서 "**한자의 기원 이 금문**(金文: 쇠와 돌에 새겨진 알 수 없는 문자)**이며 금문은 동방의 동이** (옛 한국인)**의 글자이다.**"라고 하여 **한자의 근원이 동방**(한국)**에 있었음** 을 발표합니다.

반평생을 문자연구를 통하여 한족의 고대역사의 복원을 꿈꿔온 그 였지만, 정작 그가 찾아 낸 것은 결국 한국의 고대역사였다고 합니 다. 그래서 낙빈기 선생은 중국정부로부터 철저한 외면과 냉대를 받 게 됩니다. '**한자**(漢字)**가 한족**(漢族)**이 만든 글자가 아니라는 사실**'에 충격을 받은 것이죠.

■ 여기서 한자에 대한 중국인 자기들의 견해를 더 들어봅니다.

▷ 중국의 역사의 아버지로 꼽히는 서량지와 북경대 고고학 주임교수인 엄문명 역시 "중화족(지나족)보다 동이족은 최소한 3000년 이상 앞서 역사를 개척했다. 따라서 한자(漢字) 또한 동이족이 발명한 동이의 옛 글자였습니다."라고 말합니다.

▷ 대만의 문자학자 이경재(李敬齋)도 '중국의 문자는 모두 동이인(東夷人)이 창조하였음'을 발표하면서 한자가 동이족의 문화유산임을 분명히 합니다.

▷ 여기에 쑨펑(孫鵬) 창힐문화연구회장을 비롯하여 중국 사학자 쩌우쥔멍(鄒君孟), 왕위저(王玉哲), 장원(張文) 등의 학자들 또한 한자의 창시가 동이였음을 주장하지요.

▷ 중국학자 필장박(畢長樸)은 「중국인종북래설」(中國人種北來說)에서 "중국 문자(文字)가 만들어진 것은 분명 중국 중원에서 시작된 것이 아니다. 그 계통은 멀리 추운 북방에서 시작된 것을 계승한 것이다."(中國文字之制作 必非始于中國中原而継遠始于寒的北方)라고 분명히 밝히고 있습니다.

💡 그래서 지금도 지식인 사이에서 회자되는 유명한 일화가 있습니다. 대만의 역사가로서 훗날 불후의 대작 「중국사전사화」(中國史前史話: 중국역사 이전의 이야기)를 남기게 되는 젊은 학자 서량지와 한국의 젊은 국어학자 한갑수(韓甲洙: 한글재단 이사장) 선생의 만남입니다.

우연히 미국 공군지휘참모대학에 함께 입교했던 대만학자 서량지는 한갑수씨가 한국인임을 알고 찾아와 이렇게 말하는 것 아닙니까! "귀하의 한민족은 우리 중국보다 더 오래된 역사를 가진 위대한 민족으로서, 더구나 **문자를 창제한 민족**인데, 우리 중국인이 한민족의 역사가 기록된 포박자(抱朴子)를 감추고 **중국역사로 조작하는 큰 잘못**을 저질렀습니다. 따라서 **학자적 양심으로 본인이 중국인으로서 사죄의 절을 하렵니다.** 받아주십시오."

그런 다음 넙죽 한국식으로 큰 절을 올렸다는 것입니다. 깊이 공부하였기에 알 수 있었던 것이지요.

한자의 모태가 되는 옛 글자 금문은 분명 우리 겨레의 글자**였습니다.**

대륙백제와 한민족의 큰 역사를 인정한 대인(大人).
서량지 박사 〈출처: 위키백과〉

⇨ 〈한국문자학회〉 부회장 김대성님은 「금문에 숨어 있는 민족의 정체성」에서 이렇게 말합니다. 「한배달」 42호에 게재된 내용을 요약한 것입니다.

'희안하게도 소위 한자의 전단계인, 그러니까 예서(隷書)와 해서(楷書)로 되어 있는 한자 이전의 진(秦)나라 때 소전(小篆)이라는 문자(춘추금문)와 그 전단계의 금문(은주금문 < 오제금문)의 글자들을 풀이하는데 있어 지금 우리가 **이 땅에서 쓰는 우리말을 전제로 하지 않고는 그 뜻이 쉽사리 통하지 않음**을 직감적으로 알아차리게 된다. 우리말이

아니면 쉽게 그 글자의 본질적인 뜻을 풀지 못한다는 것은 무엇을 뜻할까? -중략- 중국인들이 도무지 이해하지 못하는 괴물의 글자, 금문을 우리는 아주 쉽게 풀어낼 수 있다는 데 일단은 놀랄 것이다. -중략- 그렇다면 (중국의) 역사를 연 주인공과 우두머리들이 바로 우리의 선조가 되고 또 그 글자를 쉽게 해독하며 써 왔던 부류가 바로 우리의 선조가 된다는 것으로 금문에 우리 한민족의 정체성이 오롯이 숨어 있음을 알 수 있다.'

반면 이러한 금문에 대한 중국정부와 학계는 '한자는 은(殷)의 갑골문자에서 변형된 것이고 갑골문자가 중국 문자의 시작이며 그 문자를 발명한 이는 창힐'이라고 억지주장을 하면서 이전의 글자나 금문은 인정하고 있지 않습니다. (창힐 또한 동이인-「신시본기」)

그렇다면 은의 갑골문자가 한족의 문화를 담은 한족(?)의 글자일 터인데, 참으로 이상한 것은 그들에게 한자의 기원(the origin)을 물으면 아무 대답도 못합니다. 중국인에게 한자의 유래를 물으면 시원한 설명을 못한다는 것이지요! 우리는 아는데……! 유래뿐 아니라 과정 그리고 '왜 글을 글이라 하는 지'까지도 말입니다. 왜 그럴까요?

⇨ 이에 대해 인제대 진태하 교수님은 이렇게 말하십니다.

"은(殷)나라 때 글의 뜻으로 처음 쓰인 문자는 ' '의 형태로 나무 조각에 刀(칼)로 새기는 것을 표현한 것이었는데, 契(글, 설)의 대(大)는 나중에 추가된 것이랍니다. 契은 지금은 '계' 또는 '설'이라고 발음하지만 옛 발음은 [글]이었다 합니다. 그래서 예로부터 문자를 글이라고 말해 왔는데 글이란 옛음을 지켜 써 온 민족은 아시아에서는 우

힐링 코리아 : 첫 번째 배꼽이야기

리 한민족뿐이랍니다. 글(契)이란 글자를 만든 은나라 사람들은 중국인이 아니라 우리의 옛 조상인 것입니다."

이제 아시겠죠! 그래서 한자의 유래를 모르는 것입니다. 훗날 은나라사람들의 음은 중국음으로 동화되었기에 이제는 글이라는 발음을 잊어버립니다. 이렇게 지금의 한자는 우리 동이겨레가 만든 글이었기에 '이전의 한글'(韓契)인 셈이지요. 그리고 중국은 은의 역사기록조차도 거의 없는 상태라고 합니다.

이러한 여러 가지 사실로 1998년 전국 한자교육추진 총연합회를 설립하고 이사장을 맡은 진태하 교수는 '한자는 우리 조상이 처음 만든 글자이며 우리 후손이 받들어 써야함'을 매년 몇 차례씩 광고를 통해서 알려 오고 있습니다.

▷ 「한·한·한의 비밀과 사명」의 저자 이상학씨는 이렇게 말합니다. "주(周) 무왕 3년에 당시 고조선에 망명해 있던 **기자**(箕子)가 **고조선의 홍범구주**(洪範九疇)의 한자(녹도문) 65자를 주(周)나라에 가져가 전한 사실은 중국의 정사인 사마천의 「사기」, 공자가 저술한 「서경」, 한나라의 「예문지」(藝文誌)에 수록되어 있다."라고 하여 은나라의 갑골문이 단군조선이 중원대륙을 통치하고 있을 때 이미 널리 사용되고 있었던 녹도문자임을 주장합니다.

홍범구주란 천손인 배달족이 하늘 아래 만민에게 큰(洪) 이익을 주기 위하여 군주가 세상을 다스리는 아홉(九)가지(疇) 마음가짐과 방법(範)을 요약·정리한 것이지요. 고조선이 추구하는 이념이 홍익인간(弘益人間)이라면, 이 이념의 실천방법을 구체화 한 것이 홍범구주입니다.

💡 (지금부터는) 한자 아니 동방문자를 원래 한족이 만든 글자가 아닌 이유와 근거를 말해 보겠습니다.

▶ 원래 '문자'(文字)라는 것이 제(祭, 제사)를 지내거나 조상의 역사(歷史)를 기록하기 위해서 나온 것이라 합니다. 그런데 천손으로서 하늘과 땅에 제를 지내는 천제(天祭)와 지제(地祭)는 우리 한국의 독특한 문화였지 않습니까! 이러한 제문화에서 처음 기록된 우리의 문자 금문(金文: 한자의 전신)이 자연 우리말 어순대로 기록되었고 이후에도 이어왔기에 우리와 중국의 옛 역사 기록들이 모두 우리말식으로 기록되어 있다고 합니다.

태백산 통일전제 〈출처 한겨레〉

⇨ 이를 〈상고사학회〉의 고 이중재회장님과 역사연구가 오재성님은 '한자를 포함해서 고대의 언어가 현재의 한글어법과 같이 〈주어+목적어+서술어〉 즉 행동하는 순서였음'을 들어 한자가 중국인이 아닌 우리 조상의 글이었음을 말한 바 있습니다.

옛 「사기」의 표현을 예로 듭니다.

'禮作曆離 離卽羅也' [예작력이 이즉라야 ⇒ '조선(예)이 만든(작) 역사(력)가 고구려(이)이고 고구려(이)는 즉(즉) 신라(라)이다.'(신라와 같은 종족이다. 야)]라고 우리는 쉽게 해석할 수 있는 내용입니다.

그러나 이러한 옛날의 한자의 기록을 지금의 중국사람들은 뜻을 제대로 알지 못합니다. 옛 한자가 우리 조상이 만든 우리말식 표현이었기에 현대의 중국인들은 옛 한문을 제대로 알 수 없다고 하는 것이지요.

지금 같으면 '離禮作曆~'[고구려(이)는 조선(예)이 만든(작) 역사(력)이다.] 이렇게 〈주어+서술어+목적어〉로 바꾸어 표현해야 비로소 그 뜻을 알 수 있다는 것이죠. 이는 **한국의 동방문자가 한(漢)족에게 전해지면서 변질되었기 때문입니다.** 요즈음의 사서번역에서 벌어지는 왜곡이 이렇게 한자가 원래 한국의 동방문자에서 비롯된 것을 모르고 한국어법을 무시한 채 중국식 어법으로 해석하는 데서 비롯되는 것이라며 너무나 안타깝다고 말합니다.

▶ 그리고 그들이 진정 천손으로서 하늘을 공경하는 제(祭)문화가 있었다면, 조상을 존중하는 예의문화(禮義文化)도 몹시 중시되어야 하는 법인데, 중국인에게는 존대라는 것이 별로 없습니다.

심지어 엄마한테도 너[니], 할아버지한테도 너[니]라고 하질 않습니까! 근본을 무시하는 문화, 그들의 근본이 원래 존중 받아야 할 귀족 문화, 천손의 문화가 아니라는 증거이죠. 이러한 것은 서양이 그들도 엄마, 아빠한테 '너'(YOU)라고 하는 것과 마찬가지이지요. 근본과 전통을 중시하는 가문에서는 존대와 예의에 있어 절대 소홀함이 없는 법이지요.

반면 우리 천손민족은 격식과 예의에 있어 **존대법이 매우 발달할 수밖에 없었던 것입니다.** 일반적인 **존대어**(어르신, 님, 씨, 형님) 말고도 시험에 나오는 것만 해도

- 주체존대법 (문장의 주어를 높임: 아버님께서 집에 오시다.)

- 객체존대법 (서술의 대상인 목적어나 부사어를 높임: 아버지를 모시고, 아버지께 드리다.)
- 상대존대법 (듣는 이를 높임: 그렇게 하십시오.)
- 겸양법 (겸손과 양보: 드리다, 모시다, 뵙다, 여쭙다, 아뢰다.)
- 압존법 (더 높은 이 앞에서 높은 이를 낮춤: 할아버지, 아버지가 저기 옵니다.) 등 참 많지 않습니까?

지금 중국을 비롯한 많은 나라에서 와 '다문화가정'을 이룬 이들이 제일 어렵게 여기는 것이 우리의 존대법이라 하는 것은 우리가 그만큼 그들보다 격식을 갖춘 고급문화를 영위했음을 드러내는 자랑스러운 흔적들입니다.

▶ 그리고 저들의 발음 또한 이치에 맞지 않습니다.

나(I)와 너(YOU)를 한족들은 [워], [니]라고 발음하지요.
우리의 [→나]는 소리가 안쪽으로 들어와 자신을 향하고 [←너]는 소리의 방향이 나에서 멀어지는 자연스러운 현상을 소리로 표현했지만, 한족의 나는 [←워]는 오히려 밖으로 내미는 소리로서 발음도 이치에 맞지 않고 있는 것을 알 수 있지요.

또 활을 쏜다는 글자인 射(쏠 사)를 우리는 자연스럽게 [사]라고 발음하지만 한족들은 [써]라고 발음을 하는 경우입니다. 화살이 밖으로 나아가듯이 자연스럽게 입 밖으로 나가는 발음인 [←사]로 발음한 것은 '활을 원래 동이(東夷)족이 만들어 썼기에 활과 화살의 성질을 잘 이해하여 글자에 소리를 잘 반영한 것'이지만, 한족의 [→써]는 오히려 안으로 들어오는 발음을 하고 있어 우리의 글자에 그들의 발음을 억지로 맞춘 듯한 느낌이 나지요. 자기들의 글자가 아니라는 증거이지요.

만주 통구의
고구려 무용총의 수렵도

▶ 그리고 중국인들은 김(金)씨나 진(陳)씨의 발음이 같아요. 다 [진]이라 발음합니다.

그리고 뜻을 무시하는 간자(簡字)를 만들어 쓰고 있지요. 자기 글자라면 이런 현상이 말이 됩니까? 그러나 우리 민족은 우리의 정신으로 우리가 만든 글자이기에 '원 뜻과 원래의 글자인 정자(正字)를 고수하며 원 발음과 한 글자에 한 음으로 발음하는 등의 원칙'을 처음 그대로 지켜왔던 것이죠.

▶ 또 저들은 초성, 중성, 종성 3성 체계도 지켜지지 않고 '입성'(入聲: 짧고 빨리 닫는 소리 [p],[t],[k]) 발음을 잘 못하지요. 북경을 [베이징]이라 하고 박(朴)을 [피아]라 하면서 'ㄱ'발음은 아예 못합니다. 종성글자는 있는데도 종성으로 발음하지 못한다?

학자들은 말합니다. 원래 한국의 조상들이 만든 한자에 그들의 발음을 적용하느라 성조를 만들어 낸 것이라고 그리고 음절도 마구 변하면서 2음절인 상해(上海)를 [상하이] 삼 음절로 발음하는 등 매우 혼란스러운 것이라고 말입니다.

▶ 게다가 우리처럼 [음]과 뜻을 분명히 구별하여 쓰지를 않고 뜻이 다른 데도 얼렁뚱땅 대신하여 씁니다.

지(枝가지)대신에 지(支지탱할)를, 려(麗곱다) 대신에 려(驪가라말)를, 구(九아홉) 대신에 구(句구절)를, 지(之가다) 대신으로 지(地땅)를 마구 써버리죠.

　말이란 다 뜻이 있어 사회적으로 약속되고 지켜져야 하는 법인데 특히 '한자는 뜻으로서 생긴 글자'라면서 뜻을 무시해 버리는 것을 무엇으로 설명해야 합니까? 자기의 문화에서 나온 소중한 말이 아니기 때문에 쉽게 무시해 버릴 수 있는 것이죠!

▶ 이러한 **많은 모순** 때문인지 중국은 끝내 말과 문자가 맞지를 않습니다. 즉 언문일치(言文一致)가 안 된다는 말이지요.

　한자가 자기들이 발명한 자기들의 자연스러운 문자라면, **왜 뜻과 소리와 어법이 맞지를 않는 걸까요?**

　한(漢)족의 말에는 문자로써 지식인들이 풀어쓰는 '**글말**'이 있다면, **무식한 대중이 쓰는 '입말'** 즉 백화(白話)가 있습니다. 즉 지식인이 쓰는 글말을 일반인들은 알 수가 없었던 것이지요. 할 수 없이 중국정부는 **일반대중이 널리 쓰는 입말로써 보통어**를 정하고 읽고 쓰게 합니다. 이것이 바로 1913년의 언문일치 운동인 백화운동이었습니다!

　따라서 **옛 문헌에는 전부 지식인의 '글말'**(한국식 어법)로 써져 있기에 일반대중들은 도저히 이해하기가 힘들었던 것이지요. 원래 우리 민족이 만든 문자에 그들의 말을 억지로 맞추었기 때문은 아닐까요?

〈상고사학회〉의 고 이중재회장님은 "지나(옛 중국)와 왜(옛 일본)는 우리 천손의 한자원음이 아닌 변질된 지방한자음 즉 한자음의 사투리를 써 왔던 나라였다."라고 늘 강조해 왔습니다. 그래서 그런지 이들은 원래의 뜻을 나타낸 정자체 글자를 소중히 받들어 쓰질 않고 약자인 간자체를 만들어 쓰고 있습니다.

.**. 동방문자(한자)의 왜곡
지나인(중국인)은 동방문자의 왜곡을 통하여 한국에 대한 상대적 열등감을 드러내 왔다고 합니다.

▶ 글자를 바꾸어 우리의 동방문화를 교묘히 왜곡합니다.
쇠를 뜻하는 철이라는 글자의 예를 들어봅니다.
최초의 옥편이라는 「설문해자」에 의하면 '銕(철)은 鐵(철)의 옛글자'라고 합니다. 처음에는 銕(쇠붙이 철), 이렇게 썼었는데, 이는 철을 우리 동이(夷)겨레가 처음 발명하였기에 '金'(쇠 금)에 '夷'(이)를 붙여 만든 우리의 자부심이 담긴 글자(銕)였던 것입니다.

⇨ 한족의 역사서 「25사」에도 '구이(九夷)는 고구리, 백제, 신라, 왜, 가라로 이어져 동쪽에서 쇠붙이를 사용하는 사람들'이라 하여 철의 원조가 동이였음을 밝히고 있습니다.
그러하였기에 철을 마음대로 다루며 직경 21cm 원 안에 1만3천 개의 선이 그려진 세계의 신비인 여러꼭지잔줄무늬거울을 고조선 때 만들 수 있었던 것이고, 백제의 황제 근초고왕이 속국 왜에게 하사했던 칠지도(七支刀)와 제철기술의 불가사의라고 하는 성덕대왕신종과 같은 유산이 있을 수 있는 것이지요.

✔ 그러나 한나라 때 자존심이 상해서인지 지금의 鐵(한나라 때 바꾼 글자 철)로 바꾸어 우리의 역사를 교묘히 감추어 버립니다. 지금 우리는 자랑스러운 역사가 담긴 글자 '銕'(철)을 잊고 '鐵'이라 쓰면서 조상의 영광을 중국인의 것으로 알고 있을 뿐입니다.

⇨ 이에 〈대종문화연구소〉 소장 박대종님은 夷(이)를 [철]로 읽었던 '銕古夷字也'(銕는 옛날의 夷자)라는 사기와 「한서」의 "夷通借作銕"(夷는 銕와 상통하며 銕자로 대신 쓰임)이라는 기록을 근거로 앞으로 東夷族을 동이족이라 부르지 말고 동철족이라 말해야 하며 이는 만주는 물론 **중원대륙을 호령했던 동방의 철갑 기마민족의 후예라는 기백**을 드러내는 전제가 되는 글자라고 강력히 주장을 합니다.

▶ 또한 글자는 그대로 놔두고 뜻을 바꾸는 경우도 있습니다.

'동이'(東夷)의 夷(이)의 원뜻을 「후한서」 동이열전은 이렇게 전합니다. "동방을 이(夷)라 일컫는다. 이는 **뿌리로서 어질고 생명을 사랑**하여 만물이 땅에 뿌리를 박고 태어남을 일컫는 것이다. 그래서 천성이 유순하고 도로써 다스리기 쉬워 '군자의 나라' 또는 '불사의 나라'라 일컫는다." 「東方曰夷. 夷者, **柢**也, 言仁而好生, 萬物**柢**(저: 뿌리)地而出. 故天性柔順, 易以道御, 至有**君子, 不死之國**焉」

⇨ 옛 옥편격인 「설문해자」 또한 "**동방의 사람**(東方人)은 **위대한**(大) **활**(弓)을 갖고 다니는 사람으로서 어질다, 태평하고, 떳떳하다, 장수하다,

군자의 나라, 무서운 사람, 사람도 크고 나라도 크고 뜻도 크다……."
라고 전하고 있습니다.

궁(弓)자에 위대할 대(大)자를 합친 '이'(夷)자는 인(仁, 어질다)이 나오기 전에 어질다(夷)라는 의미로 쓰이던 글자였으며 동이인(東夷人)은 인류의 뿌리로서 특별히 하늘의 상징인 활(弓, 궁)을 잘 다루었고 하늘을 공경하고 어질고 효심이 강해 '군자의 나라, 불사의 나라'라는 칭송을 받았음을 전합니다.

✔ 그러나 한족은 최고의 아름다운 한국인의 조상글자 夷(이)를 '상스럽고 더럽다' 라는 뜻으로 바꾸어 버립니다.

그래서 지금 우리는 이렇게 자랑스러운 뜻을 까맣게 잊고 스스로를 상스럽고 더러운 민족이라느니, 심지어 야만인, 오랑캐라 하며 살아가고 있습니다. 그리하여 무의식중에 '이이제이'(以夷制夷: 오랑캐로서 오랑캐를 물리침)니 '존왕양이'(尊王攘夷: 왕실을 높이고 오랑캐를 물리침)니 '존화양이'(尊華攘夷: 화하족인 중화를 높이고 오랑캐를 물리침)니…… 스스로를 무시하면서 아무 생각 없이 오랑캐의 저주에 걸려 살아왔습니다. 그래서 〈역사문화아카데미〉의 정윤훈 원장은 강의에서 "이(夷)를 오랑캐라 가르치는 나라는 우리나라 한국밖에 없다."며 통탄을 합니다.

옛 옥편이었던 「설문해자」 〈우리 역사문화아카데미〉
정윤훈 원장의 교육자료

이렇게 우리 겨레의 자랑스러운 글자, 이(夷)의 弓(활 궁)을 다 잊고 삽니다.

활(弓)에 살(l)을 꽂아 부모의 시체에서 짐승을 쫓았다는 효의 마음과 그에서 유래되어 상주를 조문(弔文)한다는 글자에 弓(활 궁)이 있었던 사실을, 그리고 활시위를 당기다 그 튕기는 소리를 느끼고 동이가 만든 현악기이기에 시위 현(弦)에도 弓(활 궁)이 있었고, 도를 깨달은 자가 불(佛)이기에 弓이 있었으며, 또한 나라가 넓고 뜻도 크기에 홍익(弘益)의 넓을 홍(弘)에도 弓이 있다는 사실을 다 잊습니다. 이것이 다 우리의 잃어버린 문화와 역사입니다.

'궁'(弓)이란 우리 천손의 별, 북두칠성을 상징하는 문자로서, 하늘과 조상 즉 근본을 잊지 말라는 다짐의 글자였음을 〈한국일보〉의 전 편집위원이었던 김대성님은 말합니다! 그래서 조상은 갓난아이 때부터 머리를 위 아래로 저으며 각궁(覺弓)이라 깨우쳐 왔던 것입니다. "활(弓)의 뜻을 잊지 말거라!!!"

▶ 글자와 뜻 모두를 바꾸어 동방의 영광을 추락시킵니다.

예맥(濊貊)은 예(穢)와 백(佰)의 왜곡입니다.

원래 고조선의 주된 민족을 예백(穢佰)족이라 했습니다. 그리고 예(穢)족은 '벼를 인류 최초로 재배한 민족이란 뜻으로 벼의 뜻인 화(禾)를 변으로 쓴 글자'였지요. 실제로 1998년 충청북도 청원군 소로리에서 세계 최고(最古)의 1만 5천년 이상의 볍씨(seed rice) 59톨이 출토되고 2001년 〈국제벼유전학술회의〉(필리핀)와 2003년 〈세계고고학대회〉(워싱턴)를 통해 우리나라에서 가장 먼저 '재배벼'를 개발하여 전 세계로 전파되었음이 발표됩니다. 이러한 벼는 한반도는 물론이고 심지어 바이칼호수 주변에서도 벼농사의 흔적을 찾을 수 있다고 합니다.

이렇듯 **예**는 우리 겨레의 자긍심의 글자였지만, 문화가 낮고 존중을 모르는 저들에게는 언제나 부러운 글자였지요. 맥도 원래는 사람(亻)과 밝다(붉다)의 뜻인 百이 붙은 글자인 **백**(佰) 즉 밝달나라 백성이라는 긍지 있는 말이었다고 합니다.

한국인의 발명품 볍씨

✓ 그래서 저들 한(漢)족은 너무나 부러운 나머지 벼 화(禾)변을 삼수변(氵)으로 고치어 '똥, 더럽다'는 뜻의 **예**(濊)로 바꾸고 자랑스러운 동이족의 가장 큰 구성원인 **예**(穢)족을 '더러운 민족'이라 했으며 **백**(佰) 또한 사람인(亻) 변 대신에 벌레를 뜻하는 豸를 붙여 벌레나 동물의 **맥**(貊)자로 만들어 씀으로써 지금의 더러운 글자, **예맥**(濊貊)이 되고 만 것입니다.

그리하여 훗날 「한서」를 비롯하여 많은 중국의 사서는 고구려를 '**예맥**'(濊貊)으로 기록하고 「삼국지」 '위지 동이전'에도 우리 부여왕의 도장을 똥나라왕의 도장, 즉 '**예왕지인**'(濊王之印)이라 기록합니다. 만약 예(濊)를 쓰지 않으면, 야만인과 오랑캐의 의미인 호(胡)를 써 깎아내립니다. 「한서」에서는 고조선을 **조선호**(朝鮮胡)로 고구려는 **구려호**(句

驪胡)라 기록하지요.

그러나 우리는 '벼를 인류 최초로 재배한 위대한 예(穢)의 백성, 밝달나라 백성(佰)'임을 모르고 똥과 야만인, 오랑캐로 세외당하며 살아왔기에 중국은 동북공정으로 우리의 역사를 다~ 가져갑니다! 중국은 2005년 「중국민족발전사」를 통해 고조선의 후예였던 만주지역의 숙신(만주족, 여진)과 동호(선비족, 거란)뿐 아니라 "예맥족도 중국의 역사였다."라고 발표합니다. 문화국이라 큰 소리 쳤던 중국이 어찌 야만족이라고 부르는 역사를 다 가져가고 있는 것일까요? 저들은 고조선, 고구려는 물론이고 똥(발해)의 나라의 수도였던 〈상경용천부〉마저 세계문화유산으로 신청하고 있습니다.

💡 왜곡시키지 못한 동철문자의 뜻을 중국인은 알지 못합니다.

日(일)은
O(해) 속에 ·(삼족오, 까마귀, 흑점)가 있는 모양(◎)입니다.

우리는 흔히 "해에는 까마귀가 있고 달에는 두꺼비가 있다."라고 말하는데, 이 설화는 한민족에게만 있는 천손민족의 설화입니다. 만약 한자가 중국인이 만든 글자였었다면, 해를 단지 O으로만 만들었어야 했을 것입니다.

해 속의 흑점인 ·의 변화가 인간의 삶에 지대한 영향을 준다는 것을 익히 알았던 천손민족이기에 만들 수 있던 글자이지요. 그래서 우리 고구려조상은 이 태양을 신으로 상징화한 세 발 달린 까마귀, 삼족오(三足烏)를 만들어 천손민족의 자긍심을 천하에 드러내게 됩니다. 인간에게 생명과도 같은 해는 이렇게 천손민족인 한국인에 의해서 만들어집니다.

고구려 고분벽화의 삼족오(태양신)　　　UN사무총장 반기문 직인
〈출처: 한국문화재보호재단〉　　　　　〈출처: 연합뉴스〉

사직(社稷)

사직이란 社+稷 즉 터(土, 땅)를 닦아 하늘에 제(示)를 올리고, 그곳에 벼(禾)를 심어 문화(文化)를 번성했다고 해서 생긴 말입니다. 한자를 쓰는 나라들은 이 글자가 엄청나게 중요한 글자임을 압니다. 왜냐하면 사직이란 국가와 정부를 상징하기 때문이지요.

우리가 수많은 터(土)를 닦아 고인돌을 세우고 **인류 최초로 벼(禾)를 재배하여 하늘에 제(示)를 올리며 문화(文)를 번성했던 천제문화의 흔적이 고스란히 담겨 있는 글자였습니다.** 그래서 지나족도 감히 이 근본이 담겨 있는 글자는 왜곡하지 못했던 것이지요.

아시다시피 옛 중국은 쌀농사가 아닌 **밀과 기장을 주식으로 했고 고인돌도 없던, 천제문화와는 관계가 없던 나라였습니다.**

家(집 가)는

가는 宀(집) 아래에 豕(돼지 시)가 있는 모양의 글자입니다.
산(山)을 기반으로 살았던 우리 동이족에게 산에 유난히도 많았던 **뱀**

을 막기 위해 집(宀) 아래에 뱀의 천적인 돼지(豕)를 키웠던 우리 고유의 문화에서 비롯된 글자이지요. 지금도 **강원도나 제주도에선 집 아래에 돼지를 키워 뱀을 막았던 똥돼지**(흑돼지)**문화**가 지켜져 있었는데, 옛날 강원도나 제주도는 워낙 오지였기 때문에 지금까지 이러한 문화가 전해질 수 있었던 것이지요.

그리고 고조선을 이어받은 '**부여에서는 돼지머리를 올려놓고 고사**'를 지내는 풍속이 있습니다. 돼지머리는 북쪽과 동쪽으로 향해 놓습니다. **북쪽과 동북쪽은 천제국 바로 우리가 있던 곳**입니다. 역사와 문화가 다른 중국인들로선 그 유래를 도저히 알 수 없었던 글자이지요. 인간에게 중요한 쉼터인 집 역시 한국의 문화에서 시작됩니다.

兎(토끼 토)는

두 귀가 '톡' 튀어 나오고 톡톡 튀는 토끼의 특징을 그린 '갑골문자 兎에 [토↑]라는 음'을 붙여 쓴 것은 귀가 쫑긋 위로 솟았기에 양성음인 토끼라 했던 것이지요. 중국은 이를 음성발음의 [투↓]라 발음합니다.

생각해 보세요. 토끼의 귀는 밑으로 축 처져있는 모양입니까? 그 당시 위로 쫑긋 솟아 통용되던 우리 양성음에 밑으로 처진 모습이 아닌 위로 쫑긋 솟은 상형글자를 붙이는 아주 단순한 방식으로 된 우리의 문자임을 말해주고 있습니다.

귀여운 '톡'끼

弔(조)

'효자(孝子)로부터 비롯된 글자 조(弔)에 대해 재야사학가인 농초 박문기님은 그의 저서 「한자는 우리글이다」에서 이렇게 말합니다. 요약합니다.

"상고시대엔 사람이 죽으면, 그 시신을 땅에 묻는 법이 없었고 띠풀로 시신을 싸서 묶어내어 들판에 버렸다고 합니다. 그런데 당시의 어떤 효자가 자신을 낳고 길러주신 부모님의 시신이 짐승의 밥이 되는 것을 차마 볼 수가 없어 나뭇가지를 활(弓)로 하고 싸릿대로 살(ㅣ)을 삼아 쏘아 부모의 시신을 지켰다 합니다. 이 분이 배달족의 옛 조상 '대정 씨'로 대략 6200여 년 전쯤 일로써 그의 후손이 바로 천하의 효자로 소문난 '소련과 대련' 형제로서 대진국(발해)를 건국한 대조영과 같은 대(大)씨 성의 선조입니다. 이때부터 상주(喪主)를 조문(弔問)한다는 글자를 쓸 때, 활에 살을 먹인 형상인 조(弔)자를 써 왔습니다.

그러므로 조(弔)는 훗날 중국인들이 제 멋대로 만들어 낸 조(吊: 수건으로 입을 막는다.)자와는 근본 뜻부터가 다른 것입니다. 옥편에서 조(吊)자를 찾으면 '조(弔)자의 속자'로 나오지만, 처음의 우리의 문화에서 나온 효(孝)의 뜻과는 전혀 관계없는 다른 글자인 것입니다."

상가의 조기, 상여를 이끄는 이(夷)의 왼손에도 조상의 뜻을 기리는 활(弓궁)이 있네!
〈출처: 대구경북 국학연구소〉

이렇게 활(弓, 궁)이 옛 효자로부터 비롯된 우리 겨레의 역사를 담은 글자였기에 지금도 우리 겨레는 조(弔)자를 대대로 이어 써 오면서 삼가 근조(謹弔)하여 조문(弔問)을 하면서 **조화(弔花)**를 보내고 **조의(弔意)**를 표하는 글을 조장(弔狀)이라 해 오고 있는 것이지요.

지금의 후손들은 병원 냉동고와 화장터에서 쓸쓸하고 외로운 죽음을 맞지만, 옛 우리의 선조들은 망자가 되면 빈부귀천을 막론하고 누구나 천손을 뜻하는 조(弔=弓, 궁)기를 앞세우고 **북소리 울리며 겨레의 오색깃발 휘날리며 봉황새(불사조)가 새겨진 '꽃상여' 타고**, 산자들의 못다한 정을 아쉬움의 곡(哭)으로 들으면서 **현세의 고통을 내려놓고 천손의 자손답게 주인처럼 화려하게**, 행복하게 하늘나라 조상 곁으로 떠났던 것입니다.

전통상여행렬 〈출처 대구경북 국학연구소〉

동서(東西)

몇 해 전 중국에 갔을 때 대화 중 물건(物件)이라는 말을 쓴 적이 있었습니다.

그런데 정작 중국인 교수는 이 단어에 어리둥절하고 있는 겁니다. 그래서 여러 사물을 두루 아우르는 총칭으로 쓰는 단어라 말하자 그제야 똥시라 하는 것이었습니다.

그들이 말하는 똥(똥)시란 바로 동서였습니다. '동서'(東西), 그러니까 모든 것(물건)이 동쪽에서 서쪽으로 왔기에 뚱시(東西)라 하는 것이었습니다. 이 말은 '중국인들의 문명은 동북쪽 즉 한국에서 온 것'이라는 그들만의 생각과 의식에서 만들어진 문자인 것이지요.

💡 먼 옛날 만주에서 마문명을 이은 현인류 최초의 문명이라는 '홍산문명'(배달문명, 요하문명)을 탄생시킨 배달겨레가 문명과 물건(物件)을 갖고 서쪽 황하 하류 쪽으로 가 또다시 '황하문명'을 만들어 내었기에 그들에게 '물건이란 온통 동쪽에서 서쪽으로 온 것'이라는 의식이 굳어져서 생긴 말이지요. 우리의 서쪽에 있었던 서화족(옛 중국족)을 개화시켰던 자랑스러운 글자랍니다. 로마 속담에도 이와 비슷한 말이 있습니다. "빛은 동방에서!" 이 말은 서양의 문명이 근본적으로 동양에서 왔음을 나타내는 말이지요. 다 만들어진 역사였습니다.

음!…… 로마문명 ⟵ 그리스문명 ⟵ 수메르문명(메소포타미아문명)
⟵배달문명!!!　　　　└ 이집트문명 ┘ └ 인더스문명
　　└ 황하문명

＊ 이처럼 조상의 영광스러운 흔적이 보이는 단어가 또 있습니다.
　'구다라 나이'(クダラナイ)란 말이 있지요.
이 말은 일본말에 '시시하다.'는 뜻으로 쓰는 말인데, 직역하면 구다라 즉 '백제가 없다.'란 뜻입니다. 즉 백제와 관계되지 않으면 신통치 못함을 나타내는 말로서 백제인이 만들면 신처럼 완벽했음을 에둘러 칭송했던 말이지요. 이렇게 백제인은 모든 면에서 월등한 능력으로 신격화 되었지요.

또 '시라 나이'(シラナイ)란 말입니다.

'모른다.'는 말이지만, 직역하면 '신라가 없다.'란 뜻이죠. 시라, 시라 기라 불렸던 즉 신라가 없었더라면 몰랐을 것이라는 말입니다.

이렇듯 우리는 주변 나라에게 온갖 것을 만들어 주고 가르쳐 주고 지도했던 증거들을 그들의 언어문화에서도 찾을 수 있습니다.

✓ 중국은 죽어도 '한자를 한족이 만든 글자'라고 말합니다.
그러나 그들은 ①글자가 나왔을 상고시대를 역사시대가 아닌 신화의 시대로 규정하여(상고시대는 한국의 역사이기에!) 모호하게 만들어 놓는가 하면, ②글자(한자의 모체)의 유래와 뜻을 설명하지 못하고(자기의 문화나 사상에서 나온 글자가 아니기에), ③정자체 글자를 소중히 받들어 쓰질 않고, 약자인 '간자체'를 만들어 쓰고(자신의 글자가 아니기에 애착과 사랑이 없어서), ④한자의 음이 이치에 맞지 않고(한자의 표준발음이 아니기에), ⑤한자의 원 뜻을 무시하고(자기 조상의 사상과 철학이 아니기에), ⑥한 글자에 한 음으로 발음하는 등의 원칙이 없고(천손민족의 아니기에 사투리발음으로 바꾸고), ⑦사성원칙이라 하면서 입성발음 특히 ㄱ발음은 아예 내지도 못하고(하늘 아래 모든 음을 표현할 수 있는 천손민족이 아니기에), ⑧뜻이 다름에도 얼렁뚱땅 대신 뜻이 다른 글자를 쓰고(자기의 글이 아니기에 음과 뜻을 분명히 구별하지 못하고), ⑨한자의 글자와 뜻을 겁도 없이 왜곡하고(이러한 많은 모순으로 글에 대한 애착이 없기에), ⑩결국 말과 문자가 맞지 않아 가장 큰 모순인 언문일치가 안 되는 결과를 초래하게 된 것이었지요.

그래요! 그래서 많은 학자들은 한자가 정작 그들의 언어와도 맞지 않는 문자인 것을 두고 중국인의 문화에서 나온 문자가 아니었기 때문이라고 말합니다. 한자는 원래 한민족의 글로서 한족이 수입해서 쓰다가 한때 명칭을 바꾼 문자였을 뿐이라고 말하는 것이지요. 결국 우리의 녹도문자에서 시작된 금문을 중국인의 언어에 빌어쓰게 된 것이 지금 한자의 시초가 된 것이었죠. 그래서 동방문자(동철문자)라 해야 한다는 것입니다.

그들이 글(문자)도 역사도 함부로 왜곡할 수 있었던 것은 문자도 역사도 처음 시작한 민족이 아니었고 그래서 처음부터 자기들의 뜻과 소리에 맞지 않았기 때문이랍니다.

💡 지금도 회자되고 있는 한자(동방문자)에 관한 유명한 일화 하나를 소개합니다.

➡ 초대 문교부장관이었던 안호상(安浩相, 1902~1999) 박사께서 장관 시절, 중국의 세계적 문호 임어당(林語堂, 린유탕, 1895~1976)을 만났을 때 여담처럼 가볍게 말했다 합니다.

"중국이 한자를 만들어 놓아서 우리 한국까지 문제가 많다."라고 말입니다. 그러자 대뜸 임어당(林語堂)씨는 "그게 무슨 말이오? 한자는 당신네 동이(東夷)족이 만든 문자인데 그것도 아직 모른단 말입니까?"하며 핀잔을 들었던 일이지요. 역시 중국이 자랑하는 세계적인 석학이었습니다.

그 후 안박사는 너무나 부끄러워 노년이지만, 한국의 역사를 새롭게 공부하여 참다운 역사에 눈을 뜨게 되었다고 합니다. 그리고 우리의 국사교과서가 너무나 잘못 기술되었음을 깨닫고 국사교과서 배포금지 가처분신청을 내기 시작하기에 이릅니다. 멋진 분이십니다.

세계적인 석학 린유탕(林語堂, 임어당)
〈출처: Wikipedia〉

⇨ 이번에는 인제대 **진태하 교수와 관계된** 일화입니다.

2010년 4월18일, 중국 섬서성 부평현 성타이호텔에서는 중국과 대만을 비롯한 여러 나라의 학자들이 참석한 가운데 〈한자 관련 학술대회〉가 열리고 있었다고 합니다.

그런데 대회 막바지 시간. 한 중국청년이 거친 말투로 진 교수를 몰아붙입니다. "**동이족이 한자를 만들었다는 논문을 읽었는데, 한국이 한자까지 뺏어가려고 하느냐?**" 한자에 자부심을 갖고 있는 중국에서 막무가내인 중국청년에게 망신을 당할 것은 뻔한 일이었지요.

그런데 예상치 못한 일이 벌어졌다고 합니다. 여기저기서 중국학자들이 들고 일어나면서. "당장 나가라! 나가!"라는 격한 표현들이 쏟아지고 결국 젊은이는 이러한 분위기에 눌려 스스로 자리를 뜰 수밖에 없었다는 것이지요.

이에 대해 '**한자가 한**(漢)**족이 아닌 동이**(東夷, 배달족)**족에 의해 만들어졌다는 학설이 이미 중국학자들 사이에서도 큰 거부감 없이 인정되고 있는 것**' 이라고 진교수는 말합니다.

'네 장미꽃이 그토록 소중한 것은 네가 네 장미꽃을 위해서 들인 시간 때문이야.'
생 텍쥐페리의 '어린 王子' 에서

💡 '한자(漢字)'라는 명칭의 시작

⇨ 역시 **진태하 교수**는 '한자는 곧 한족(漢族)의 문자라는 말로 몽고 문자와 대칭해서 말한 것이다.'라는 「중문대사전」(中文大辭典)의 예를 들면서 '공식적으로는 원(元)나라 때 몽고인들이 중국을 지배할 때 (한족이) 몽고문자와 구별하기 위해 나온 표현'이었음을 밝힙니다.

결국 중국인이 창안해서 한자라고 한 것이 아니라, 우리의 녹도문과 금문에서 발전된 갑골문을 조금 바꾸어 단지 '한(漢)나라가 바꾼 글자'라는 뜻으로 결코 한나라가 발명한 글자가 아니라는 것이지요.

다시 말하면, 중국인들이 동이국가인 은나라에서 쓰던 갑골문을 가져다가 자기네 말에 맞추어 쓰면서 진시황 때는 전자(篆字)로, 한나라 때는 예서(隸書)와 해서(楷書) 등으로 써내려 오던 것을 지금 우리는 한자라고 부르고 있다는 것입니다. 반면 삼국시대 초, 저들에 의해 변질된 한자가 오히려 우리에게 역수입되면서 우리의 사상과 말에 맞지 않게 되자 우리는 우리 조상이 만든 글자라는 사실을 까맣게 잊게 된 것이었습니다.

한자 명칭의 사용조차

조선시대까지 (원래 조상의 녹도문자에서 나온 글이기에) 참글, 진서(眞書) 라 불리던 것을 어느 날 일제가 강제로 '한자(漢字), 한문(漢文)'이라 부르게 하면서 나타난 말일 뿐이라 하며, 일본의 양식 있는 학자들도 이와 비슷한 말들을 하고 있다고 합니다.

그래도 중국은 자기네들이 현재 쓰고 있으니까 자기네 문자라고 합니다. 그래요 키운 사람도 부모라 한다면, 중국 또한 한자의 부모라 말할 수는 있지요. 지금 쓰이는 근 6만 자에 달하는 한자를 다 처음부터 우리가 만든 것은 분명 아니니까요. 그러나 우리 민족이 첫 단추를 꿰었고 지금은 중국인으로 살지만, 예전 한국의 문자를 갖고 가 갑골문자로 만들어 지금의 한자가 되기까지 지금 북경을 비롯한 하북지역과 하남, 산서, 산동과 그 외 지역에서 살던 당시 한국인의 영향이 있었음을 한자를 쓰는 나라들은 잊어서는 안 된다는 것입니다.

지금 우리는 '한자가 우리 한국의 소유권'을 주장하는 것이 아닙니다. (한자의) 고향과 근본도 모르면서 중국이 자기의 글자(한자를 발명)라고 해서는 안 되는 것이고 한자를 쓴다하여 다른 나라를 무시하는 한자 패권주의 즉 중화패권주의로 악용되어서는 안 된다는 것이지요. 한자는 한국이 만들고 아시아인이 함께 이룬 공동작이라고 생각하는 것이 옳을 것입니다.

그러하기에 우리 한국인은 우리의 조상님께서 처음 만들어 놓으신 한자와 한문을 남의 글자로 생각하고 배척해서도, 한자에 대해 비굴해서도 안 되며 오히려 가슴을 펴고 당당하게 앞으로 한자(漢字)라 부르지 말고 동방족 동이의 동방문자(東方文字) 또는 더 나아가 동철문자(東鐵文字: 철을 발명한 동이의 문자)라 불러야 한다는 것입니다. 한자의 부모의 나라로서 존경심을 되찾아와야 하고 조상이 만들어 놓은 동방문자에 대해 더 많은 애정과 관심을 가져야 할 것입니다.

우리의 〈한글학회〉 또한 누구를 위한 한글학회인지를 먼저 생각하고 가, 나, 다… 한글만을 고집할 것이 아니라 한민족의 글 전체를 지학회가 될 수는 없는지……? **한겨레가 만든 글자**(녹도문자, 동철 문자, 한글)에 대해 바르게 알아 우리 겨레를 옳은 길로 이끌어야 할 것입니다. 우리의 말과 글에는 배달겨레의 정신과 혼(魂)에 담겨 있기 때문이지요. 그리고 문화(文化, culture)는 마음을 열게 하는 힘이 있으며 우리를 뜨겁게 감동시키고 자부심으로 하나로 맺어주는 힘이 있음을 알아야 합니다. 우리가 알지 못하고 찾아내지 않아 다~ 중국인의 유산으로 되는 어부지리를 주어서는 안 되는 것이고, 그래서 중국인 앞에서 황송한 마음이 들어서는 더더욱 안되는 것이지요.

영원한 광복군 김준엽 총장은 그의 글 「장정」(長征)에서 말합니다.

"못난 조상이 되지 말자."

인류 최초의 문자인 녹도문자를 만들어 세계의 문자혁명을 일으킨 자랑스러운 겨레이고, 문자를 활자로 보급한 진정한 문화민족이었으며 인류 최고의 독보적인 문자 한글을 발명한 위대한 아리랑민족임을 언제나 잊지 말아야 할 것입니다. **아리랑**……!

인류의 시원민족으로서, 대륙과 해양을 아울러 의·식·주문명을 탄생시키고 문자와 활자를 발명하여 고매한 역사를 기록하고 문화를 보급시켰던, 인류의 어머니의 나라! 이 땅이 그런 땅이고 이 나라가 그런 아리랑나라였습니다.

"개인은 자기 민족을 위해 일함으로써,

　　인류와 하늘에 대한 의무를 수행한다."

　　　　　　　　　　　　　　　　　　　　도산 안창호

☯ 힐링(Healing), '코리아!'

　우리 한국인에겐 가슴 속에 응어리진 콤플렉스(complex)가 하나 있습니다.

　"언제나 세계의 변방으로서 중국과 서양의 문명과 문화의 혜택을 받았을 뿐, 세계문화에 기여하지를 못했다."는 지우고 싶은 부끄러운 역사인식입니다. 이 열등의식은 우리 사회에 커다란 암(癌)덩이와 같이 자라나서 한국의 정체성(正體性, identity)을 혼란시키며 한국인을 짓눌러 헤어날 수 없는 수렁에 빠트려버린 것이지요. 그래서 정체성이 없는 한국의 지성인들은 미국을 대할 때 현란한 자본주의적 세계성이나 논리성 앞에 지질리어 무릎을 꿇게 되었고 중국 앞에서는 뿌리 깊은 역사와 문화에서 느끼는 굴기(崛起: 우뚝 솟은 산 앞에서 느끼는 마음)에 몸을 움츠리며 한없이 우리 스스로를 작게 만들었나 봅니다.

　그러나 곰곰이 헤아려보니, '우리 겨레야말로, 이 세상에서 일어나는 그 무엇이든 생각하지 못하는 것이 없었으며, 보이는 것 안 보이는 것 할 것 없이 보지 못하는 것이 없었고, 느끼지 못하는 것이 없었고, 말로 표현하지 못하는 것이 없었고, 글로 나타내지 못하는 것이 없었고, 만들지 못하는 것이 없었으며, 먹지 못하는 것이 없었고, 가지 못한 곳이 없었고, 가지 않는 곳이 없었던 민족이었습니다.' 이것이 아리랑겨레였습니다. 그리고 이 모든 것을 처음으로 시작한 민족이었습니다.

　자! 여러분, 우리의 배꼽을 열어보니, 어떻습니까?
지금의 나를 있게 해 준 조상이 보이고 나의 출생의 비밀이 나타나고 조상의 생명의 무늬와 힘찬 삶의 맥박도 그리고 정겨웠던 우리와 명품 한국의 미래가 보이지 않습니까!

배꼽은 내 생명의 근원이고 나의 고향이고 나의 중심이고 내가 세상을 보는 눈이기 때문이지요. 그래서 우리는 정신없이 웃을 때도 배꼽 쥐고 웃으라고 했습니다. 그만큼 큰 자부심을 갖고 위대한 근본을 잊을 것을 걱정한 겨레입니다. '내 배꼽 어디로 갔냐?'고 '내 배꼽 찾아내라.' 고 말입니다.

부끄러운 마음으로 이제야 알겠습니다!

송나라 때, 아버지 소순(蘇洵)과 동생 소철(蘇轍)과 함께 '3소(三蘇)라고 일컬어지며, 당송8대가(唐宋八大家)에 속하는 대문장가(?)인 소식(蘇軾, 1036~1101 소동파)이 고려를 야만인이며 금수(禽獸짐승)라 하면서 그렇게도 고려 금수론(禁輸論: 고려에 책과 문화유출을 막음)을 주장하며 철저히 고려를 배격한 이유는 오히려 수많은 역대 사서를 통해 대륙의 천자국을 다스렸던 천제국(한국)의 역사와 그 속의 위대한 한국의 문화적 사실(史實)과 굴기에 대한 두려움과 열등의식 때문이었습니다.

한때, 문명과 문화에 대한 열등의식으로 조상을 부끄러워하고 조상을 부인했던 일과 이렇게 옹졸하고 편협한 국수주의자였던 소동파를 모화사상(慕華思想)에 젖어 사모했던 일을 조상님 앞에 깊이 깊이 사죄합니다. (힐링!)

우리 한국인은 인류의 시원문명(始原文明)을 일으키고 숱한 역경 속에서도 굿굿이 그 문명·문화의 원류를 붙안고 상처투성이의 문화를 지켜온 민족입니다. 그러하기에 우리의 몸에 인류시원의 피와 맥박이 뛰고 있는 것이고 인류 시원의 언어와 역사 속에 찬란한 문화를 간직하고 있는 것이며, 우리 겨레가 지구상에서 최고의 지능(IQ)을 갖고 최고의 문자를 사용하고 있는 것이며, 그래서 우리 몸에 인류 최고의 문화DNA가 흐르고 있다는 이 모든 것이 바로 우리가 우리 스스로의 문화를 제대로 알고 지켜야 하는 이유이며, 상처뿐인 이 나라를 바로 세워 놓아야 하는 이유이며, 세계의 문화유산으로 세계인의 아리랑이 된 이유이며, 우리의 문명·문화로써 세계를 선도해야 할 사명을 깨달아야 하는 이유이고, 세계가 한국을 존중하고 지켜야 하는 이유이며, 우리가 조상의 땅을 지켜내야 하는 이유이며, 한국인의 맥박으로 태어남을 자랑스러워해야 하는 이유입니다.

한국인으로 태어난 것이 가장 큰 축복이었음을 알아야 합니다.

'힐링— 코리아!'

"문화열차승객 여러분, 이제 여러분은 힐링 코리아 첫 번째 배꼽이야기의 마지막 역을 향하고 있습니다. 그 동안 '우리나라 역사 뭐 있어?' '우리에게 문화가 어디 있어!'라고 생각하셨던 분들 그리고 조상을 한없이 깔보았던 분들은, 아마 우리 승객 가운데 없겠지만, 이제 우리의 배꼽이 얼마나 아름답고 자랑스러운 것이었는지를 똑똑히 아셨을 것입니다. 이번 여행을 통해 한국에 태어난 것을 자랑스러워하고 뛰어난 성공문화유전자로 꼭들 성공하시길 바랍니다. 그럼 우리나라 한국에 대해 힐링 (Healing)이 되신 분들은 저에게 '힐링 코리아 첫 번째 배꼽이야기'라는 티켓에 역장의 도장을 받아가십시오.

그럼 이제 우리가 헤어져야 할 시간이군요. 참, 여러분의 배꼽은 다 찾으셨습니까? 아직 찾지 못하셨다고요. 그러나 평생 잊지 못한 멋진 여행이었다고요. 네 감사합니다!

그리고 티켓을 잘 보관하셨다가 다시 몇 번이고 열차를 이용하셔도 됩니다. 평생회원 천비지요. 그리고 앞으로 더 많은 여행으로 잃어버린 배꼽을 진정 원하시는 분은 '힐 링 코리아 두 번째 배꼽이야기' 표를 예매하시면 다음번에도 정성껏 모시겠습니다. 여러분의 보람된 여행을 모시게 되어서 영광이었고 감사합니다. 안녕히 가십시오."

● 안녕, 아리랑!

세계인이 가장 좋아하는 민요로 선정되기도 한 아리랑은 언제까지 한국의 아리랑이라는 보장이 없습니다.

중국은 우리의 '한복과 가야금, 태권도, 사물놀이, 판소리, 신화와 설화 등을 중국 문화'라고 소개하는 동영상을 세계와 15억 국민에게 방영하는가 하면, 심지어 초등학교 국사교과서를 통하여 북한 땅마 저 오랫동안 중국영토였다고 가르치고 있으며, 2005년에는 조선족의 '농악무'를 중국 국가무형유산에 올린 뒤 유네스코 세계무형유산에 기습 신청하여 등재에 성공하였고 아리랑마저 중국국가문화재에 등 재하고 이제는 세계무형유산에 등재를 준비하면서 우리의 시원문화 를 잇달아 자기의 문화로 부둥켜안으며 빼앗아가고 있습니다.

또한 '개똥같은 고구려놈'이라 하며 역적으로 몰아 죽였던 고선지장 군을 중국은 오히려 자기네 한족의 역사에 귀화시켜 실크로드의 주 인이 중국이 되게 하고 '한족의 원수'라던 한국의 배달국 시대 14대 임금님(환웅)이신 치우천황(蚩尤天皇, 자오지천황 BC 2707)을 역사왜곡과 세뇌교육으로 자기네 한족(漢族)의 역사에 귀화시킵니다.

노래 아리랑뿐 아니라, 우리 겨레의 정체성의 시작이며 핵(核)과도 같은 '한과 배달 그리고 우리나라'의 문화를 다 빼앗아 가고 있습니다. 지금 이 순간에도 수많은 왜곡으로 근거를 만들어 역사를 바꾸고 그것을 인터넷과 매체를 통하여 재빠르게 세계에 확산시키며 아름다운 한국의 문화와 혼을 약탈하고 선점하고 있습니다. 그리하여 위대한 한국의 문명과 문화와 역사는 중국인의 자부심이 되고 세계인들은 존경하는 마음으로 몰려와 달러를 퍼붓고 있습니다.

반면, 우리나라에선 아리랑이 정작 국가문화재(2012, 현재)도 아니고 겨우 '정선아리랑'만이 지방문화재로 지정됐을 뿐이며, 동양과 서양의 길을 만들어 '유럽문명의 아버지'로까지 추앙받고 있는 고선지장군과 중국인의 적으로, 원수(怨讐)로서, 지금의 한국인의 정체성에 절대적 영향을 끼친 전설같이 위대했던 한국의 뿌리조상 치우천황마저도 정작 많은 한국인들은 우리 조상인지도, 이름도 모르고 있으며 심지어 이러한 역사가 있었는지조차 모르고 있습니다. 그래서 우리의 아이들은 광개토대제와 강이식과 을지문덕의 나라와 겨레에 대한 뜨거운 사랑과 열정을 잊고 배달(配達)을 잘해서 배달민족(倍達民族)이라고들 키득키득 웃으며 살아갑니다.

이것이 우리와 이웃나라의 역사인식과 문화의식의 차이이지요.
"제~발, 이제는 정말이지 제~발 제~발! 정신(精神, 몸에 붙어 있는 신)을 차려야 합니다." 겨레의 소중한 문화나 역사를 가지고 농(弄)을 해서는 안 되는 것이고 더구나 인터넷시대라 너무나 빨리 변하고 인정되어가고 있는데 말입니다.

✓ 그리고 어떤 이는 말합니다.

"골치 아프게 역사고 뭐고 따질 필요 없이 중국이 되어 중국인으로 대국(大國)으로 사는 것도, 일본인이 되어 경제강국으로 사는 것도 나쁠 것 없다."고 말입니다.

이제 여러분은 진정 이렇게 밝고 맑고 아름다운 문화와 깊고 큰 자부심의 조상의 나라를 버릴 수 있습니까? 더구나 후손으로 하여금 남의 유산을 약탈하고 역사를 왜곡하면서도 조금도 부끄러워하지 않는 그런 국적의 사람으로 살게 하고 싶습니까? 부모를 바꾸고 조상을 부인하면서라도 단지 배부르게 먹으라고 말입니다. 이 나라는 우리가 바꾸고 싶다고 바꾸어서는 결코 안 되는 장엄한 나라입니다!

이젠 정말이지 시간도 없습니다! 설마라구요?

일제침략사관과 중국의 동북공정으로 고구려와 백제, 신라, 발해의 역사는 물론 고조선역사까지도 자기의 역사라고 중국은 이미 선언했습니다.

이를 두고 "우리나라의 학자들은 그동안 무엇을 하고 있었는가? 우리의 고유한 민족문화는 동양은 물론 세계의 중심문화였다. 우리 문화는 좁고 답답하고 오만한 민족주의 문화가 아니라 겸손하고 아름다운, 세계보편적인 문화이다. 그런 훌륭한 문화를 가지고도 그것을 모르면 아무 소용이 없다."라고 한탄하시는 노교수님(한국학중앙연구원 전 한국정신문화연구원 박성수 명예교수)의 쓸쓸한 그림자가 안타깝기만 합니다. 잘못된 응어리도 풀고 통일도 해야 하는데, 정작 우린 겨레의 기본적인 정체성조차 모릅니다.

아무리 태양처럼 뛰어난 한국인들이 최고의 아리랑문화를 이루어 내어도 이 문화를 담을 역사(歷史)라는 큰 틀(인식)이 없다면, 시간이 흘러 자연 남의 문화가 되고 마는 것을 어찌해야 안단 말입니까? 거대한 태풍도 구심체인 눈(핵)이 없어지면 그 태풍은 소멸하듯이, 하나의 겨레가 이어나가기 위해서는 구심체인 역사와 정체성이 있어야 합니다. 그리고 이 겨레의 역사와 정체성에 뜨거운 생명을 불어넣어 살아 움직이게 하는 것이 바로 문화(文化)인 것이지요!

우리가 알려고 하지 않았기에, 사랑하지 않았기에 빼앗기고 있습니다. 다 빼앗깁니다. 우리 한국을 둘러싸고 있는 이웃나라는 중국, 일본, 러시아, 미국. 세계의 초대 4강국! 앞으로 얼마만큼을 더 빼앗길까요? 얼마만큼을 지켜낼 수 있을까요? 그리고 우린 후손에게 과연 무엇을 남겨 줄 수 있을까요? 훗날 "너흰 도대체 무엇을 했느냐?" 하며 조상님이 꾸짖고, 또한 훗날 후손마저 "선조여, 어찌 조상의 뜨거운 숨결마저 빼앗겼단 말입니까!"라며 힐책하면, 그때 우린 정말이지 어떻게 고개를 들고 무어라 답해야 합니까?

⇨ 지금 이 순간, 새 대통령의 당선을 축하하는 축가(祝歌)가 들려옵니다.
"보라! 동해에 떠오르는 태양, 누구의 앞길에서 훤히 비치나
찬란한 선조의 문화 속에 고요히 기다려온 우리 민족 앞에
숨소리 점점 커져 맥박이 힘차게 뛴다. 이 땅에 순결하게 얽힌 겨레여,
보라! 동해에 떠오르는 태양,
우리가 간직함이 옳지 않겠나! 우리가 간직함이 옳ㅡ지 않겠나!"

하늘 아래 가장 귀하고 신성한 무리가 있었습니다.

다른 이들이 고개를 숙이고 땅만을 생각할 때, 머리를 들어 하늘을 보며 하늘(天)과 땅(地)과 사람(人)의 조화를 생각했던 이(夷)였지요. 그들은 태양같이 밝은 가치와 진리를 찾아 헤매었습니다. 그들이 한 민족입니다. 인류의 문명을 탄생시키고 문자와 활자와 최고의 문화를 창조해 내었음에도 이들은 끝없이 아리랑을 부르고 있습니다.

예전엔 이 하늘을 나는 새에서 초야의 풀 한 포기까지 자부심 아 닌 것이 없었는데, 지금 거대한 유물박물관이라는 우리 땅에 버려진 문화유산들은 한결같이 상처나지 않은 것이 없고 그래서 통곡(痛哭) 아닌 것이 없습니다. 그래서 아리랑 노래를 듣고 있으면 마치 잃어버린 고향을 그리는 멍든 슬픔이 솟구쳐 가슴이 메어지고 아립니다. 쓰린 그리움이 많았기에 쓰리랑이라 불렀나요? 이것이 우리의 아리랑이며 세계인이 찾아 헤매던 인류의 대서사시였습니다.

누군가 긴 한숨 지며 말합니다. "한국의 역사는 이끼로 덮인 거대한 바위였고, 캘수록 점점 더 굵고 깊게 뻗어내려간 칡뿌리였으며, 시작도 알 수 없는 하늘의 소리였고, 경계가 없는 바람의 노래였다. 바람에 새긴 역사였다." 라고……!

　그들 아리랑민족은 지구의 동북쪽(艮간)에서 살아왔습니다. 이(夷)들의 풀리지 않는 마음(忄)은 한(恨)이 되어 아리랑은 노래가 아닌, 영원한 그리움과 통곡으로 울립니다. "나를 버리지 말라!"고 "하늘겨레의 정체성을 잊지 말라!"고 "대-한사람 대-한으로 길-이 보전하라!"고. 지금도 아리랑은 수없이 변형되어 울려 퍼지고 있습니다. 우리의 아리랑은 단순한 가사의 내용이나 노래를 넘어 마치 암호처럼 쓰이면서, 지금도 울려 퍼지고 있습니다.

　지고지선의 가치를 찾아야 하는, 끝없는 방랑의 길! 세상을 이끌어야 할 천손민족의 무거운 운명입니다. "모가지가 길어서 슬픈 짐승이여……."

　아-리~랑! 아-리~랑! −

"글을 쓰면서 참 많이 울고 또 행복했습니다.
여러분도 함께 울어 주시면 무척 행복할 것입니다.
두 번째 이야기는 「한국인·자부심·문화편지」입니다."

개천 5911년 설날

2013년 04월 20일 1쇄 발행
2017년 04월 21일 4쇄 발행
지은이 · 박종원

펴낸이 · 김양수
디자인 · 이정은

펴낸곳 · 맑은샘 ｜ 출판등록 · 제2012-000035
주소 · (우 10387) 경기도 고양시 일산서구 중앙로 1456(주엽동) 서현프라자 604호
전화 · 031-906-5006 ｜ 팩스 · 031-906-5079
이메일 · okbook1234@naver.com ｜ 홈페이지 · www.booksam.co.kr

ISBN 978-89-98374-11-2 (03910)